古典文獻研究輯刊

九 編

潘美月・杜潔祥 主編

第18冊

李清照改嫁問題資料彙編

何 廣 棪 著

國家圖書館出版品預行編目資料

李清照改嫁問題資料彙編／何廣棪 著—初版—台北縣永和市：花木蘭文化出版社，2009〔民98〕

序 2+ 目 4+244 面；19×26 公分

（古典文獻研究輯刊 九編：第 18 冊）

ISBN：978-986-254-025-1（精裝）

1.（宋）李清照 2.傳記

782.8521 98014668

ISBN - 978-986-2540-25-1

古典文獻研究輯刊

九 編 第十八冊　　　　　　　　ISBN：978-986-254-025-1

李清照改嫁問題資料彙編

作　者　何廣棪
主　編　潘美月　杜潔祥
總編輯　杜潔祥
企劃出版　北京大學文化資源研究中心
出　版　花木蘭文化出版社
發 行 所　花木蘭文化出版社
發 行 人　高小娟
聯絡地址　台北縣永和市中正路五九五號七樓之三
　　　　　電話：02-2923-1455／傳眞：02-2923-1452
網　址　http://www.huamulan.tw 信箱 sut81518@ms59.hinet.net
印　刷　普羅文化出版廣告事業
初　版　2009 年 9 月
定　價　九編 20 冊（精裝）新台幣 31,000 元

李清照改嫁問題資料彙編

何廣棪　著

作者簡介

何廣棪，字碩堂，號弘齋，香港新亞研究所文學博士。歷任香港大專院校教職，現任臺灣華梵大學東方人文思想研究所教授。早歲研究李清照、楊樹達、陳寅恪、敦煌瓜沙史料，頗有著述。近年鑽研陳振孫及《直齋書錄解題》，出版之專書並發表之論文，甚受海峽兩岸士林關注與延譽。至其所撰有關李清照之專著，除本書外，尚編撰有《李易安集繫年校箋》、《李清照改嫁問題資料彙編》及相關論文十數篇。

提　　要

　　李清照，號易安居士。其改嫁問題，自南宋以還歷經前人紛紜聚訟，迄今仍餘波未了。其實，易安改嫁與否，殊無關宏旨；即令改嫁屬實，亦無損乎易安之人格。惟改嫁與否一事，其間牽涉史料之真贗與事實之是非，故其事猶有俟後人深入研究，以明真相。

　　本書編撰目的，即為解決易安改嫁問題提供較完備而系統之資料，故舉凡與此問題相關涉之文獻材料，洪纖不遺，均予采錄。肇自南宋，以迄當世，初得一百五十四則（篇），後又撰文補遺六則。全書概依資料歲月先後為序以作彙編。讀者手此一書，當可減省無數尋檢之勞也。

　　書末附〈編理後紀〉，編者將全部資料就內容加以類別，並作闡說。讀者用之以按圖索驥，檢閱所需材料，自可坐收事半功倍之效。

李清照改嫁問題資料彙編

潘重規署

目次

再論李清照之改嫁(代序)

凡　例

宋 1

　莊綽 1

　王灼 1

　朱彧 2

　謝伋 2

　胡仔　二則 2

　朱弁 3

　洪适 3

　周輝 4

　洪邁 4

　晁公武 5

　陸游　二則 5

　朱熹　二則 6

　趙師厚 6

　張端義 7

　陳振孫　二則 7

　岳珂 8

　李心傳 8

　趙彥衛 8

　劉克莊 10

　周密 10

　黃昇 11

　無名氏 11

元 13

　袁桷 13

　楊維楨 13

　脫脫等 13

　夏文彥 14

明 15

　宋濂 15

　瞿佑 15

葉盛 ⋯⋯⋯⋯⋯⋯⋯⋯⋯⋯⋯⋯⋯⋯⋯⋯⋯⋯⋯⋯⋯⋯⋯⋯⋯⋯⋯⋯⋯ 16
唐寅 ⋯⋯⋯⋯⋯⋯⋯⋯⋯⋯⋯⋯⋯⋯⋯⋯⋯⋯⋯⋯⋯⋯⋯⋯⋯⋯⋯⋯⋯ 16
郎瑛 ⋯⋯⋯⋯⋯⋯⋯⋯⋯⋯⋯⋯⋯⋯⋯⋯⋯⋯⋯⋯⋯⋯⋯⋯⋯⋯⋯⋯⋯ 16
董穀 ⋯⋯⋯⋯⋯⋯⋯⋯⋯⋯⋯⋯⋯⋯⋯⋯⋯⋯⋯⋯⋯⋯⋯⋯⋯⋯⋯⋯⋯ 16
張綖 ⋯⋯⋯⋯⋯⋯⋯⋯⋯⋯⋯⋯⋯⋯⋯⋯⋯⋯⋯⋯⋯⋯⋯⋯⋯⋯⋯⋯⋯ 17
酈琥 ⋯⋯⋯⋯⋯⋯⋯⋯⋯⋯⋯⋯⋯⋯⋯⋯⋯⋯⋯⋯⋯⋯⋯⋯⋯⋯⋯⋯⋯ 17
田藝蘅 ⋯⋯⋯⋯⋯⋯⋯⋯⋯⋯⋯⋯⋯⋯⋯⋯⋯⋯⋯⋯⋯⋯⋯⋯⋯⋯⋯⋯ 17
徐𤊹 ⋯⋯⋯⋯⋯⋯⋯⋯⋯⋯⋯⋯⋯⋯⋯⋯⋯⋯⋯⋯⋯⋯⋯⋯⋯⋯⋯⋯⋯ 18
江文淮 ⋯⋯⋯⋯⋯⋯⋯⋯⋯⋯⋯⋯⋯⋯⋯⋯⋯⋯⋯⋯⋯⋯⋯⋯⋯⋯⋯⋯ 18
徐伯齡 ⋯⋯⋯⋯⋯⋯⋯⋯⋯⋯⋯⋯⋯⋯⋯⋯⋯⋯⋯⋯⋯⋯⋯⋯⋯⋯⋯⋯ 18
黃溥 ⋯⋯⋯⋯⋯⋯⋯⋯⋯⋯⋯⋯⋯⋯⋯⋯⋯⋯⋯⋯⋯⋯⋯⋯⋯⋯⋯⋯⋯ 19
張嫻婧 ⋯⋯⋯⋯⋯⋯⋯⋯⋯⋯⋯⋯⋯⋯⋯⋯⋯⋯⋯⋯⋯⋯⋯⋯⋯⋯⋯⋯ 19
王鴻 ⋯⋯⋯⋯⋯⋯⋯⋯⋯⋯⋯⋯⋯⋯⋯⋯⋯⋯⋯⋯⋯⋯⋯⋯⋯⋯⋯⋯⋯ 19

清 ⋯⋯⋯⋯⋯⋯⋯⋯⋯⋯⋯⋯⋯⋯⋯⋯⋯⋯⋯⋯⋯⋯⋯⋯⋯⋯⋯⋯ 21
王士祿 ⋯⋯⋯⋯⋯⋯⋯⋯⋯⋯⋯⋯⋯⋯⋯⋯⋯⋯⋯⋯⋯⋯⋯⋯⋯⋯⋯⋯ 21
王士禎 ⋯⋯⋯⋯⋯⋯⋯⋯⋯⋯⋯⋯⋯⋯⋯⋯⋯⋯⋯⋯⋯⋯⋯⋯⋯⋯⋯⋯ 21
徐釚 ⋯⋯⋯⋯⋯⋯⋯⋯⋯⋯⋯⋯⋯⋯⋯⋯⋯⋯⋯⋯⋯⋯⋯⋯⋯⋯⋯⋯⋯ 21
宋長白 二則 ⋯⋯⋯⋯⋯⋯⋯⋯⋯⋯⋯⋯⋯⋯⋯⋯⋯⋯⋯⋯⋯⋯⋯⋯ 22
趙執信 ⋯⋯⋯⋯⋯⋯⋯⋯⋯⋯⋯⋯⋯⋯⋯⋯⋯⋯⋯⋯⋯⋯⋯⋯⋯⋯⋯⋯ 22
褚人穫 ⋯⋯⋯⋯⋯⋯⋯⋯⋯⋯⋯⋯⋯⋯⋯⋯⋯⋯⋯⋯⋯⋯⋯⋯⋯⋯⋯⋯ 22
盧見曾 ⋯⋯⋯⋯⋯⋯⋯⋯⋯⋯⋯⋯⋯⋯⋯⋯⋯⋯⋯⋯⋯⋯⋯⋯⋯⋯⋯⋯ 23
永瑢等 ⋯⋯⋯⋯⋯⋯⋯⋯⋯⋯⋯⋯⋯⋯⋯⋯⋯⋯⋯⋯⋯⋯⋯⋯⋯⋯⋯⋯ 23
孫原湘 ⋯⋯⋯⋯⋯⋯⋯⋯⋯⋯⋯⋯⋯⋯⋯⋯⋯⋯⋯⋯⋯⋯⋯⋯⋯⋯⋯⋯ 24
陸昶 ⋯⋯⋯⋯⋯⋯⋯⋯⋯⋯⋯⋯⋯⋯⋯⋯⋯⋯⋯⋯⋯⋯⋯⋯⋯⋯⋯⋯⋯ 24
陳文述 ⋯⋯⋯⋯⋯⋯⋯⋯⋯⋯⋯⋯⋯⋯⋯⋯⋯⋯⋯⋯⋯⋯⋯⋯⋯⋯⋯⋯ 24
俞正燮 ⋯⋯⋯⋯⋯⋯⋯⋯⋯⋯⋯⋯⋯⋯⋯⋯⋯⋯⋯⋯⋯⋯⋯⋯⋯⋯⋯⋯ 25
沈濤 二則 ⋯⋯⋯⋯⋯⋯⋯⋯⋯⋯⋯⋯⋯⋯⋯⋯⋯⋯⋯⋯⋯⋯⋯⋯⋯ 34
梁紹壬 ⋯⋯⋯⋯⋯⋯⋯⋯⋯⋯⋯⋯⋯⋯⋯⋯⋯⋯⋯⋯⋯⋯⋯⋯⋯⋯⋯⋯ 35
顧太清 ⋯⋯⋯⋯⋯⋯⋯⋯⋯⋯⋯⋯⋯⋯⋯⋯⋯⋯⋯⋯⋯⋯⋯⋯⋯⋯⋯⋯ 35
吳衡照 四則 ⋯⋯⋯⋯⋯⋯⋯⋯⋯⋯⋯⋯⋯⋯⋯⋯⋯⋯⋯⋯⋯⋯⋯⋯ 35
杜文瀾 ⋯⋯⋯⋯⋯⋯⋯⋯⋯⋯⋯⋯⋯⋯⋯⋯⋯⋯⋯⋯⋯⋯⋯⋯⋯⋯⋯⋯ 36
陸以湉 ⋯⋯⋯⋯⋯⋯⋯⋯⋯⋯⋯⋯⋯⋯⋯⋯⋯⋯⋯⋯⋯⋯⋯⋯⋯⋯⋯⋯ 37
陸鋆 ⋯⋯⋯⋯⋯⋯⋯⋯⋯⋯⋯⋯⋯⋯⋯⋯⋯⋯⋯⋯⋯⋯⋯⋯⋯⋯⋯⋯⋯ 37
周樂 ⋯⋯⋯⋯⋯⋯⋯⋯⋯⋯⋯⋯⋯⋯⋯⋯⋯⋯⋯⋯⋯⋯⋯⋯⋯⋯⋯⋯⋯ 37
史靜 ⋯⋯⋯⋯⋯⋯⋯⋯⋯⋯⋯⋯⋯⋯⋯⋯⋯⋯⋯⋯⋯⋯⋯⋯⋯⋯⋯⋯⋯ 38

黃友琴 38

吳連周 39

王培荀 39

伍崇曜 39

陸心源 40

李慈銘 41

丁丙 43

劉聲木 43

端木埰 43

王鵬運 44

謝章鋌 44

樊增祥 45

葉廷琯 46

許玉瑑 46

沈曾植 47

薛紹徽 47

蕭道管 48

徐宗浩 48

王守恂　二則 49

李葆恂 49

王志修 50

胡薇元　二則 50

楊士驤等 51

陳廷焯　四則 51

鄭孝胥 52

況周頤　三則 52

胡玉縉　二則 53

現代 55

郭則澐 55

王念曾 55

葉恭綽 56

謝无量 56

龍榆生 58

劉毓盤 59

夏承燾　二則 59

王延梯……61
黃盛璋　二則……62
鄭經生……74
唐圭璋等　四則……75
樸人……80
王仲聞　五則……82
李敖……92
謝康……96
原馬……97
李栖……98
葉樂……100
何廣棪　三則……101
王韶生……103
朱中逵……103
李獨清……121
黃墨谷　二則……136
劉憶萱……151
鄭國弼……155
榮斌……165
王光前……171
邵德潤……179
張以仁……202
羅慷烈……208
侯健等……209
陳蝶衣……209
徐培均……211
平慧善……213
陳友琴……215
陳祖英……216
王水照……219
《李清照改嫁問題資料彙編》編理後記……221
《李清照改嫁問題資料彙編》補遺六則……233
引用書籍及期刊報紙目錄……239
後　記……243

再論李清照之改嫁（代序）

　　自明誠病歿建康，易安隨高宗南渡，海山奔竄，不遑寧處。易安既罹此家國之痛，又加之以重病，倉皇造次，極不幸乃發生「忍以桑榆之晚節，配茲駔儈之下才」之悲劇。南宋記載清照改嫁張汝舟一事者，共有王灼《碧雞漫志》、朱彧《萍洲可談》、胡仔《苕溪漁隱叢話》、洪适《隸釋》、晁公武《郡齋讀書志》、陳振孫《直齋書錄解題》、李心傳《建炎以來繫年要錄》、趙彥衛《雲麓漫鈔》八家，〔註1〕事實俱在，故雖至愛清照，亦無庸爲諱。余前撰著《李清照研究》一書，及近日寫成〈李清照改嫁問題資料彙編編理後記〉一文，即曾依宋人八家之說，以證成清照改嫁之事實。惟明、清之際，若徐𤊹《徐氏筆精》、俞正燮《癸巳類稿》等及當世夏承燾、唐圭璋輩，皆甚不欲名媛之「抱詬含冤」，先後撰文以辨易安改嫁之「誣」，惜所論未能成立。〔註2〕今人黃盛璋因撰〈李清照事跡考辨〉、王仲聞亦撰〈李清照事迹作品雜考〉，於上述辨誣諸說，條分縷析，一一廓清其誤。近世考證易安居士改嫁之著述，莫善於此二家矣。〔註3〕

　　近日得讀清人周壽昌《思益堂日札》，其書卷二有「唐宋人不重婦節」一條。歷代言清照改嫁者，均未嘗徵引之以爲論證，殊屬難得。茲不吝辭費，特予迻錄，並略作申論如次：

　　　　唐宋人不甚重婦節，觀《唐書》所載，公主再醮者十常三四。以韓
　　　　文公一代山斗，而其長女初適李漢，改適樊宗懿。皇甫持正爲公作

〔註1〕上述八家之說均已收入拙編《李清照改嫁問題資料彙編》，書由台灣九思文化
　　　　事業有限公司發行，民國79年8月6日出版。
〔註2〕徐、俞、夏、唐諸氏之文，亦收入《李清照改嫁問題資料彙編》。
〔註3〕黃、王二氏之文，亦收入《李清照改嫁問題資料彙編》。

〈誌〉，書「壻右拾遺李漢、聟集賢校理樊宗懿」。聟，即壻別字也。時漢尚在，是夫存而改適，既改適矣，而仍壻之。漢與宗懿同爲朝士，又同居公門下，往還間作何稱謂，俱不可解。至宋，則以范文正公之母夫人改適朱氏，公後報朱教養之德，以恩蔭朱氏數人。王荊公因其子雱後有心疾，不禮於婦，公憐而嫁之。然或以貧，或以疾，猶有説也。乃宋景文作〈墓誌〉，書張景妻唐氏再適。陳了翁作〈太令人黃氏墓誌銘〉，曰：「先適太中大夫孫公諱迪，次適中奉大夫游公諱潛。」書子曰：「子男三人，謁爲孫氏子。」是所適皆顯官矣。又作〈仁壽縣君高氏墓誌〉，曰：「女適某官，姓某；再適某官，姓某。」所適皆官，卒膺封誥，其子孫求人誌墓不諱言，秉筆者亦直書不爲恥，豈一時風教所趨歟！又《南部新書》云：「殷僧辨、周僧達與牛相公同母異父兄弟也。」案：牛相公即僧孺，其母蓋三適人矣。〔註4〕

案：清照既嫁張汝舟，惟宋人著作仍多稱易安爲「趙令人」，或「建康守趙明誠德甫之妻」，故辨誣之士或有據是而生聚訟，遂謂清照無更嫁事。今僅觀韓文公長女改適樊宗懿矣，而皇甫持正作〈誌〉，仍以壻視李漢；是則宋人於清照改適後，仍稱之爲明誠妻，固無足異。前此辨誣紛紜諸訟，觀此或可渙然冰釋矣。至周壽昌此文，羅列眾證以暢論「唐宋人不重婦節」，其所舉之例，有公主而再醮者、有樞密之母而更嫁者、有顯宦之妻而改適者、有丞相子婦因憐而改嫁之者、有儒宗之女再擇夫壻者。且貴如牛僧孺之母，竟作三適之婦，豈眞一時風教所趨，致令若此耶！用是反觀易安居士，家亡夫喪，流蕩無依，戎馬倥傯，膏肓爲病。世既不以改嫁爲失節，因乃錯配張汝舟。其情固可哀，然其事則誠屬情理之常，實無庸爲易安諱。近得讀周壽昌「唐宋人不重婦節」之讜論，略反思易安暮年之遭際，益信改嫁之事爲不誣。是以不辭固陋，更作申論如此。

民國七十九年，庚午重九日，鶴山何廣棪撰於香港清華學院文史研究所。

〔註4〕 《思益堂日札》有五卷本，申報館作聚珍版式印行。另有十卷本，附載王先謙纂輯之《思益堂集》中。余所據者乃許逸民點校、中華書局 1987 年 4 月出版之《清代學術筆記叢刊》本，惟許氏僅作斷句，本條新式標點乃筆者所加。

凡　例

一、本書爲歷代評述李清照改嫁問題之資料彙編，全書分宋、元、明、清及
　　現代五部分以收錄資料。宋、元、明、清四部分之資料，其編理方法以
　　評述者生卒年代先後爲序，現代部分之資料，則以論文發表或書籍刊行
　　之年月先後爲序。

二、本書所收錄之資料，其中若干則雖其內容未明顯論及李清照改嫁與否者，
　　惟後人討論清照改嫁，往往引述之以爲助證。因考慮到上述原因，故本
　　書對此類資料一律予以收錄，並撰寫按語加以說明。

三、本書收錄資料，儘量使用評述者之原著，或最早之出處，由其他各家轉
　　引而重出者，一般不再另錄。惟遇有重要異文，則采錄後別出按語說明
　　之。

四、本書對若干資料所加按語，除說明資料所以重出及文字有異同等情況外，
　　間亦糾正某些誤考或誤記。部分資料以詩、詞等形式評述清照改嫁者，
　　因文辭較含蓄、隱晦，故亦撰按語以說明其意旨所在。

五、本書收錄資料，遇有可疑之處，均參校其他書籍以求其是；對資料中某
　　些較明顯之脫、衍、訛、倒，則不再出按語而逕行改正；標點符號之運
　　用，亦予統一。書末附〈引用書籍及期刊報紙目錄〉及〈編理後記〉，以
　　供參考。

六、書排版方竣，又發見若干資料，乃先後撰成〈《李清照改嫁問題資料彙編》
　　補遺三則〉、〈《李清照改嫁問題資料彙編》續補資料二則〉、〈《李清照改
　　嫁問題資料彙編》補遺六則〉三文，爰附〈編理後記〉之後，以補闕遺。

宋

莊 綽

靖康初，罷舒王王安石配享宣聖，復置《春秋》博士，又禁銷金。時皇弟肅王使虜，爲其拘留未歸。种師道欲擊虜，而議和既定，縱其去，遂不講防禦之備。太學輕薄子爲之語曰：「不救肅王廢舒王，不禦大金禁銷金，不議防秋治《春秋》。」其後，金人連年以深秋弓勁馬肥入寇，薄暑乃歸。遠至湖、湘、二浙，兵戈擾攘，所在未嘗有樂土也。自是越人至秋亦隱山間，逾春乃出。人又以〈千字文〉爲戲曰：「彼則寒來暑往，我乃秋收冬藏。」時趙明誠妻李氏清照，亦作詩以詆士大夫云：「南渡衣冠欠王導，北來消息少劉琨。」又云：「南遊尚覺吳江冷，北狩應悲易水寒。」後世皆當爲口實矣。（《雞肋編》卷中）

按：清照如改嫁張汝舟，依李心傳《建炎以來繫年要錄》卷五十八及趙彥衛《雲麓漫鈔》卷十四所載之資料推算，當在紹興二年（1132）壬子四五月間。莊氏《雞肋編》成於紹興三年，此條仍稱「趙明誠妻李氏清照」，則其撰就或在紹興二年之前，其時清照仍未有改適之事也。

王 灼

易安居士，京東路提刑李格非文叔之女，建康守趙明誠德甫之妻。自少年便有詩名，才力華贍，逼近前輩。在士大夫中已不多得，若本朝婦人，當推文采第一。趙死，再嫁某氏，訟而離之，晚節流蕩無歸。作長短句，能曲折盡人意，輕巧尖新，姿態百出，閭巷荒淫之語，肆意落筆，自古搢紳之家能文婦女，未

見如此無顧藉也。陳後主游宴，使女學生、狎客賦詩相贈答，采其尤豔麗者被以新聲，不過「璧月夜夜滿，瓊樹朝朝新」等語。李戡嘗痛元、白詩纖豔不逞，非莊士雅人，多為其破壞，流於民間，子父女母，交口教授，淫言媟語，多寒夏熱，入人肌骨，不可除去。二公集尚存，可考也。元〈與白書〉，自謂近世婦人，暈淡眉目，縮約頭鬢，衣服修廣之度，勻配色澤，尤劇怪豔，因為豔詩百餘首。今《集》中不載。元〈會眞〉詩、白〈游春〉詩，所謂「纖豔不逞」、「淫言媟語」，止此耳。溫飛卿號多作側詞豔曲，其甚者：「合歡桃葉終堪恨，裏許元來別有人。」「玲瓏骰子安紅豆，入骨相思知不知。」亦止此耳。今之士大夫，學曹組諸人鄙穢歌詞，則為豔麗如陳之女學士、狎客；為纖豔不逞、淫言媟語如元、白；為側詞、豔曲如溫飛卿；皆不敢也。其風至閨房婦女，誇張筆墨，無所羞畏，殆不可使李戡見也。（《碧雞漫志》卷二）

朱 彧

本朝婦女之有文者，李易安為首稱。易安名清照，元祐名人李格非之女。詩之典贍，無愧於古之作者；詞尤婉麗，往往出人意表，近未見其比。所著有《文集》十二卷、《漱玉集》一卷。然不終晚節，流落以死。天獨厚其才而嗇其遇，惜哉！（《萍洲可談》卷中）

按：明鈔本、影鈔本《萍洲可談》均無此條，此轉引自王仲聞《李清照集校註》。是則有宋一代，言清照改嫁者，又多朱彧一家。

謝 伋

趙令人李，號易安。其〈祭湖州文〉曰：「白日正中，嘆龐翁之機捷；堅城自墮，憐杞婦之悲深。」婦人四六之工者。（《四六談麈》卷一）

按：此條未明言清照改嫁與否，惟俞正燮《易安居士事輯》曰：「紹興十一年五月十三日，蔡崇禮婿陽夏謝伋，寓家臺州，自序《四六談麈》，時易安年已六十，伋稱為趙令人李，若崇禮為處張汝舟婚事，伋其親婿，不容不知。」則徵引此條以證明清照無改適事，特錄之，以備參考。

胡 仔 二則

近時婦人，能文詞如李易安，頗多佳句。小詞云：「昨夜雨疏風驟，濃睡不消

殘酒。試問捲簾人，却道海棠依舊。知否，知否，應是綠肥紅瘦。」「綠肥紅瘦」，此語甚新。又〈九日〉詞云：「簾捲西風，人似黃花瘦。」此語亦婦人所難到也。易安再適張汝舟，未幾反目，有〈啓事〉與綦處厚云：「猥以桑榆之晚景，配茲駔儈之下材。」傳者無不笑之。（《苕溪漁隱叢話》前集卷六十）

《詩說雋永》云：「今代婦人能詩者，前有曾夫人魏，後有易安李。李在趙氏時，建炎初，從秘閣守建康，作詩云：『南來尙怯吳江冷，北狩應悲易水寒。』又云：『南渡衣冠少王導，北來消息欠劉琨。』」（同上，後集卷三十三）

按：此條未明言清照更嫁，然黃盛璋〈李清照事迹考辨〉云：「胡仔《苕溪漁隱叢話》引了《詩說雋永》一條，（編者按：即此條）似乎此書作者俞正己也認爲清照改過嫁，否則不能有『李在趙氏時』一語。《詩說雋永》成書年代雖不可知，但一定比胡仔《苕溪漁隱叢話》爲早，亦即在清照生前。」黃氏因「李在趙氏時」一語，推知俞正己認爲清照曾改嫁，眞讀書得間也。

朱　弁

【李清照】趙明誠妻，李格非女也。善屬文，於詩尤工。晁無咎多對士大夫稱之。如「詩情如夜鵲，三繞未能安」，「少陵也是可憐人，更待來年試春草」之句，頗膾炙人口。格非，山東人，元祐間作館職。（《風月堂詩話》卷上）

按：《風月堂詩話》成於紹興十年（1140），此條仍稱「趙明誠妻」，或朱氏建炎元年（1127）使金，久留不歸，故未悉清照有改嫁事耶？

洪　适

【《金石錄》跋】右趙氏《金石錄》三卷。趙君名明誠，字德夫，密州諸城人，故相挺之之子也。所藏三代彝器及漢唐前後石刻，爲〈目錄〉十卷、〈辨證〉二十卷。其稱漢碑者百七十有七，其陰四十。今出其篆書者十四，非東漢者二。《隸釋》所關者，蓋未判也，掇其說載之。趙君之書，證據見謂精博，然以「衛彈」易「街彈」，以「絲竹令」爲「縣令」之類，亦時有誤者。紹興中，其妻易安居士李清照表上之。趙君無嗣，李又更嫁。其書行於世而碑亡矣。（《隸釋》卷二十六）

按：此條「右趙氏《金石錄》三卷」，當是「三十卷」之誤。

周　輝

〈浯溪中興頌碑〉，自唐至今，題詠實繁，零陵近雖刊行，止薈粹已入石者，曾未暇廣搜而博訪也。趙明誠待制妻易安李夫人，嘗和張文潛長篇二，以婦人而廁眾作，非深有思致者能之乎？「五十年功如電掃，華清花柳咸陽草。五坊供奉鬭雞兒，酒肉堆中不知老。胡兵忽自天上來，逆胡亦是姦雄才。勤政樓前走胡馬，珠翠踏盡香塵埃。何爲出戰輒披靡，傳置荔枝多馬死。堯功舜德本如天，安用區區紀文字。著碑銘德眞陋哉，乃令神鬼磨山崖。子儀、光弼不自猜，天心悔禍人心開。夏爲殷鑒當深戒，簡策汗青今具在。君不見當時張說最多機，雖生已被姚崇賣。」「君不見驚人廢興傳天寶，中興碑上今生草。不知負國有姦雄，但說成功尊國老。誰令妃子天上來，虢、秦、韓國皆天才。花桑羯鼓玉方響，春風不敢生塵埃。姓名誰復知安、史，健兒猛將安眠死。去天尺五抱甕峯，峯頭鑿出開元字。時移勢去眞可哀，姦人心醜深如崖。西蜀萬里尚能反，南內一閉何時開。可憐孝德如天大，反使將軍稱好在。嗚呼！奴輩乃不能道輔國用事張后尊，乃能念春薺長安作斤賣。」頃見易安族人，言明誠在建康日，易安每值天大雪，即頂笠披簑，循城遠覽以尋詩，得句必邀其夫賡和，明誠每苦之也。輝嘗欲裒今昔名人所賦〈廬山高〉、〈明妃曲〉、〈中興頌〉，用精紙爲軸，句工字畫者，隨意各書一篇，後誌姓名歲月，常常披展，爲醒心明目之玩，竟未克成。是極易辦，人必樂從，特坐因循耳。易安父文叔，元祐館職。（《清波雜志》卷八）

按：周輝《清波雜志》成於紹熙三年（1192），時距紹興二年（1132）已一甲子。此條仍稱清照爲「趙明誠待制妻易安李夫人」，文中亦無一語涉及清照再適事，此實堪注意者也。特迻錄之，以備參考。

洪　邁

【趙德甫《金石錄》】東武趙明誠德甫，清憲丞相中子也。著《金石錄》三十篇，上自三代，下訖五季，鼎、鐘、甗、鬲、槃、匜、尊、爵之款識；豐碑、大碣、顯人、晦士之事蹟，見於石刻者，皆是正訛謬，去取褒貶，凡爲卷二千。其妻易安李居士，平生與之同志，趙沒後，慇悼舊物之不存，乃作〈後序〉，極道遭罹變故本末。今龍舒郡庫刻其書，而此〈序〉不見取，比獲見元藁於王順伯，因爲撮述大槩，……時紹興四年也，易安年五十二矣，自敍如此。予讀其文而悲之，爲識於是書。（《容齋四筆》卷五）

按：此條於清照改嫁問題，未明確論及。惟清人吳衡照《蓮子居詞話》卷二一則曰：「易安居士再適張汝舟，卒至對簿，有〈與綦處厚啓〉云云，宋人說部多載其事，大抵彼此衍襲，未可盡信。……而容齋去德甫未遠，其載於《四筆》中，無微詞也。……反覆推之，易安當不其然。」今人黃墨谷〈翁方綱《金石錄》本讀後——兼評黃盛璋〈李清照事迹考辨〉中「改嫁新考」〉亦曰：「洪邁這段論述，不但對清照無微詞，而且給予深切同情。如清照果有改嫁之事，洪氏能如此措詞嗎？」均先後徵引容齋此文以辨清照無改適事，特錄之，以備參考。

晁公武

《李易安集》十二卷　右皇朝李氏格非之女，先嫁趙誠之，有才藻名。其舅正夫相徽宗朝，李氏嘗獻詩曰：「炙手可熱心可寒。」然無檢操，晚節流落江湖間以卒。（《郡齋讀書志》卷四下）

按：此條「趙誠之」，當爲「趙明誠」之誤。「先嫁趙誠之，有才藻名」，《郡齋讀書志》衢州本作「幼有才藻名，先嫁趙誠之」。「然無檢操」句下，衢州本有「後適張汝舟不終」七字。

陸　游　二則

【夫人孫氏墓志銘（節錄）】　夫人幼有淑質，故趙建康明誠之配李氏，以文辭名家，欲以其學傳夫人。時夫人始十餘歲，謝不可，曰：「才藻非女子事也。」（《渭南文集》卷三十五）

按：此條本未論及清照改嫁與否，惟清人沈濤《瑟榭叢談》卷下有云：「放翁不曰『張汝舟妻』，而曰『趙明誠妻』，可見易安無改適之事。」今人夏承燾〈「易安居士事輯」後語〉亦謂：「陸游稱易安爲故趙建康明誠之配，猶在謝伋爲《四六談麈》自序之後十餘年，亦可助證俞氏未改嫁之說。」皆引用此條資料以爲清照辨誣，故特錄之，以備參考。

張子韶對策，有「桂子飄香」之語。趙明誠妻李氏嘲之，曰：「露花倒影柳三變，桂子飄香張九成。」（《老學庵筆記》卷二）

按：子韶即九成，其對策有「夜桂飄香」之語，非「桂子飄香」，清照偶誤記。又此條亦未論及清照改嫁事，惟清人李慈銘〈書陸剛甫觀察「儀顧堂題

跋」後〉云:「張九成爲紹興二年進士第一人,其對策有『桂子飄香』之
語,易安因有『桂子飄香張九成』之謔,亦足證其嫠居無事。若方與後
夫爭訟仳離,豈尚有此暇力弄狡獪乎?」今人夏承燾〈「易安居士事輯」
後語〉亦云:「考《宋史》張九成舉進士即在紹興二年三月,易安爲詩誚
之,所謂『桂子飄香張九成』也。設易安於此時改嫁,是以四十八九歲
之名門老嫠,爲駔儈下才而墮節,方且匿恥掩羞之不暇,其敢爲諧笑刻
薄之辭誚科第新貴,以自取詬悔哉!以情理度之,必不致有此,此亦雪
誣之一旁證,爰拈出之。李越縵〈書陸剛甫觀察「儀顧堂題跋」後〉論
易安事,亦引『桂子飄香』之語,謂『足證其嫠居無事。若方與後夫爭
訟仳離,豈尚有此暇力弄狡獪乎』?然誚九成詩作於三月,汝舟涉訟則
在九月,予謂即在涉訟之前,亦不致爲此,却非因爲無暇。此與越縵之
説,義可相補也。」李、夏二氏均徵引此條資料以爲清照改嫁辨誣,特
迻錄之,以備參考。

朱 熹 二則

明誠,李易安之夫也。文筆最高,《金石錄》煞做得好。(《朱子語類》卷一百三
十)

本朝婦人能文,只有李易安與魏夫人。李有詩,大略云「兩漢本繼紹,新室
如贅疣。所以嵇中散,至死薄殷周」云云。中散非湯、武得國,引之以比王
莽。如此等語,豈女子所能?(同上,卷一百四十)

按:此二條於清照改嫁問題均未明言道及。惟清人吳衡照《蓮子居詞話》卷
二有「且失節之婦,子朱子又何以稱乎?反覆推之,易安當不其然」之
説,王守恂〈題李易安畫像詩〉亦云:「一代文宗作女師,更從絹本得
風姿;嚴嚴正氣朱元晦,未見吹求有貶詞。」是吳、王二氏皆認爲朱子
既推許清照,必其人無再適之事。特錄《朱子語類》所載,以資參考。

趙師厚

【《金石錄》跋 開禧改元上巳日】 趙德甫所著《金石錄》,鋟版於龍舒郡齋
久矣,尚多脱誤。茲幸假守獲覩其所親鈔於邦人張懷祖知縣,既得郡文學山
陰王君玉是正,且惜夫易安之〈跋〉不附焉,因刻以殿之。用慰德父之望,

亦以遂易安之志云。（雅雨堂本《金石錄》）

按：此條本未提及清照有否改適，惟今人黃墨谷〈翁方綱《金石錄》本讀後
　　——兼評黃盛璋〈李清照事迹考辨〉中「改嫁新考」〉曰：「南宋寧宗開
　　禧趙師厚重版《金石錄》，才刻李清照所作〈後序〉殿之，并爲跋云。……
　　趙師厚在跋中，德甫、易安并提。足見所謂『易安改嫁』，乃政敵謗傷，
　　非事實也。」則徵引此條資料以辨清照無更嫁。特錄之，以備參考。

張端義

易安居士李氏，趙明誠之妻，《金石錄》亦筆削其間。南渡以來，常懷京洛舊
事。晚年〈元宵‧永遇樂〉詞云：「落日鎔金，暮雲合璧。」已自工緻。至于
「染柳煙輕，吹梅笛怨，春意知幾許」，氣象更好。後疊云：「於今憔悴，風
鬟霜鬢，怕見夜間出去。」皆以尋常語度入音律。鍊句精巧則易，平淡入調
者難。且〈秋詞‧聲聲慢〉：「尋尋覓覓，冷冷清清，凄凄慘慘戚戚。」此乃
公孫大娘舞劍手。本朝非無能文之士，未曾有一下十四疊字者，用《文選》
諸賦格。後疊又云：「梧桐更兼細雨，到黃昏、點點滴滴。」又使疊字，俱無
斧鑿痕。更有一奇字云：「守定窗兒，獨自怎生得黑。」「黑」字不許第二人
押。婦人中有此文筆，殆間氣也。有《易安文集》。（《貴耳集》卷上）

按：此條亦未明言清照再適與否，惟俞正燮〈易安居士事輯〉云：「又下至淳
　　祐元年，時及百年。張端義作《貴耳集》，亦稱易安居士，趙明誠妻。易
　　安爲嫠，行跡章章可據。」特錄之，以作參考。

陳振孫　二則

《金石錄》三十卷，東武趙明誠德甫撰。其所藏二千卷，蓋倣歐陽《集古》，
而數則倍之。本朝諸家蓄古器物款式，其考訂詳洽，如劉原父、呂與叔、黃
長睿多矣。大抵好附會古人名字，如「丁」字即以爲祖丁，「舉」字即以爲伍
舉，方鼎即以爲子產，仲吉匜即以爲福姑之類。遂古以來，人之生世夥矣，
而僅見於簡冊者幾何？器物久用於人亦夥矣，而僅存於今世者幾何？迺以其
姓氏名物之偶同而實焉，余嘗竊笑之。惟其附會之過，並與其詳洽者，皆不
足取信矣。惟此書跋尾獨不然，好古之通人也。明誠，宰相挺之之子。其妻
易安居士爲作〈後序〉，頗可觀。（《直齋書錄解題》卷八）

《漱玉集》一卷，易安居士李氏清照撰。元祐名士格非文叔之女，嫁東武趙明誠德甫。晚歲頗失節。別本分五卷。(同上，卷二十一)

按：《直齋書錄解題》所載此二則，前一則曰：「明誠，宰相挺之之子。其妻易安居士爲作〈後序〉，頗可觀。」後一則云：清照「晚歲頗失節」。今人王仲聞《李清照事迹編年》曰：「陳振孫《直齋書錄解題》說清照『晚歲頗失節』，而仍稱爲趙明誠妻。足以說明凡稱之曰趙明誠妻者，並非即爲未改嫁之證據也。」王說足資參考。

岳　珂

【蔡忠惠〈趙氏神妙帖〉(三帖)跋】　右蔡忠惠公〈趙氏神妙帖〉三幅，待制趙明誠字德甫題跋眞蹟，共一卷。法書之存，付授罕覯，此獨有德甫的傳次第，而蔣仲遠遁、晁以道說之、張彥智縝，俱書其後。中有彥遠者，未詳其爲誰。承平文獻之盛，是蓋蔚然可觀矣。德甫之夫人易安居士，流離兵革間，負之不釋，篤好又如此！所憾德甫跋語，糜損姓名數字。〈帖〉故有石本，當求以足之。嘉定丁亥十月，予在京口，有鬻帖者持以來。叩其所從得，靳不肯言。予既從售，亦不復詰云。贊曰：公書在承平盛時，已售錢二十萬，趙氏所寶也。題跋皆中原名士，今又一百年，文獻足考也。易安之鑒裁，蓋與以身存亡之鼎，同此持保也。予得之京口，將與平生所寶之眞，俱供吾老也。(《真寶齋法書贊》卷九)

李心傳

右承奉郎監諸軍審計司張汝舟屬吏，以汝舟妻李氏訟其妄增舉數入官也。其後有司當汝舟私罪，徒，詔除名，柳州編管。十月己酉行遣。李氏，格非女，能爲歌詞，自號易安居士。(《建炎以來繫年要錄》卷五十八)

趙彥衛

李氏自號易安居士，趙明誠德夫之室，李文叔女。有才思，文章落紙，人爭傳之。小詞多膾炙人口，已版行於世，他文少有見者。〈上韓公樞密詩序〉云：「紹興癸丑五月，樞密韓公、工部尙書胡公使虜，通兩宮也。有易安室者，父祖皆出韓公門下，今家世淪替，子姓寒微，不敢望公之車塵。又貧病，但

神明未衰落。見此大號令，不能忘言，作古、律詩各一章，以寄區區之意，以待採詩者云。」「三月夏六月，天子視朝久。凝旒望南雲，垂衣思北狩。如聞帝若曰：『岳牧與群后。賢寧無半千，運已遇陽九。勿勒〈燕然銘〉，勿種金城柳。豈無純孝臣，識此霜露悲。何必羹捨肉，便可車載脂。土地非所惜，玉帛如塵泥。誰可當將命，幣厚辭益卑。』四岳僉曰：『俞，臣下帝所知。中朝第一人，春官有昌黎。身爲百夫特，行足萬人師。嘉祐與建中，爲政有皋、夔。匈奴畏王商，吐蕃尊子儀。夷狄已破膽，將命公所宜。』公拜手稽首，受命白玉墀。曰：『臣敢辭難，此亦何等時。家人安足謀，妻子不必辭。願奉天地靈，願奉宗廟威。徑持紫泥詔，直入黃龍城。單于定稽顙，侍子當來迎。仁君方恃信，狂生休請纓。或取犬馬血，與結天日盟。』」「胡公清德人所難，謀同德協心志安。脫衣已被漢恩暖，離歌不道易水寒。皇天久陰后土濕，雨勢未回風勢急。車聲轔轔馬蕭蕭，壯士懦夫俱感泣。閭閻嫠婦亦何知，瀝血投書干記室。夷虜從來性虎狼，不虞預備庸何傷。袠甲昔時聞楚幕，乘城前日記平涼。葵丘踐土非荒城，勿輕談士棄儒生。露布詞成馬猶倚，崤函關出雞未鳴。巧匠何曾棄樗櫟，芻蕘之言或有益。不乞隋珠與和璧，只乞鄉關新信息。靈光雖在應蕭蕭，草中翁仲今何若。遺氓豈尙種桑麻，殘虜如聞保城郭。嫠家父祖生齊魯，位下名高人比數。當時稷下縱談時，猶記人揮汗成雨。子孫南渡今幾年，飄流遂與流人伍。欲將血淚寄山河，去灑東山一坏土。」又：「想見皇華過二京，壺漿夾道萬人迎。連昌宮裏桃應在，華萼樓頭鵲定驚。但說帝心憐赤子，須知天意念蒼生。聖君大信明如日，長亂何須在屢盟。」又有〈投內翰綦公崇禮啓〉：「清照啓：素習義方，粗明詩禮。近因疾病，欲至膏肓，牛蟻不分，灰釘已具。嘗藥雖存弱弟，應門惟有老兵。既爾蒼皇，因成造次。信彼如簧之說，惑茲似錦之言。弟既可欺，持官文書來輒信；身幾欲死，非玉鏡架亦安知。俋俛難言，優柔莫決。呻吟未定，強以同歸。視聽才分，實難共處。忍以桑榆之晚節，配茲駔儈之下才。身既懷臭之可嫌，惟求脫去；彼素抱璧之將往，決欲殺之。遂肆侵凌，日加毆擊。可念劉伶之肋，難勝石勒之拳。局地扣天，敢效談娘之善訴；升堂入室，素非李赤之甘心。外援難求，自陳何害；豈期末事，乃得上聞；取自宸衷，付之廷尉。被桎梏而置對，同凶醜以陳詞。豈惟賈生羞絳灌爲儕，何啻老子與韓非同傳。但祈脫死，莫望償金。友凶橫者十旬，蓋非天降；居囹圄者九日，豈是人爲！抵雀捐金，利當安往；將頭碎璧，失固可知。實自謬愚，分知獄市。此蓋伏

遇內翰承旨，搢紳望族，冠蓋清流；日下無雙，人間第一。奉天克復，本緣陸贄之詞；淮蔡底平，實以會昌之詔。哀憐無告，雖未解驂；感戴鴻恩，如真出己。故茲白首，得免丹書。清照敢不省過知慚，捫心識愧。責全責智，已難逃萬世之譏；敗德敗名，何以見中朝之士。雖南山之竹，豈能窮多口之談；惟智者之言，可以止無根之謗。高鵬尺鷃，本異升沈；火鼠冰蠶，難同嗜好。達人共悉，童子皆知。願賜品題，與加湔洗。誓當布衣蔬食，溫故知新。再見江山，依舊一瓶一鉢；重歸畎畝，更須三沐三薰。喬在葭莩。敢茲塵瀆。」（《雲麓漫鈔》卷十四）

按：此條首則曰：「李氏自號易安居士，趙明誠德夫之室。」文末又載清照之〈投內翰綦公崇禮啟〉，有「忍以桑榆之晚節，配茲駔儈之下才」云云，所記與陳振孫《直齋書錄解題》略類，似矛盾實非矛盾。宋人記載清照改適事，行文大抵如此。

劉克莊

李格非，字文叔，濟南人。詩文四十五卷。文高雅條鬯有義味，在晁、秦之上；詩稍不逮。元祐末為博士，紹聖始為禮部郎。有〈挽蔡相確〉詩云：「邴吉勳勞猶未報，衛公精爽僅能歸。」豈蔡嘗汲引之乎？〈挽魯直〉五言八句，首云：「魯直今已矣，平生作小詩。」下六句亦無褒（辭）。文叔與蘇門諸人尤厚，其歿也，文潛誌其墓。獨于山谷在日，以詩往還，而此詞如此，良不可曉。其〈過臨淄絕句〉云：「擊鼓吹笙七百年，臨淄城闕尚依然。如今只有耕耘者，曾得當時九府錢。」〈試院〉五言云：「斗暗成小疾，亦稍敗吾勤。定是朱衣吏，乘時欲舞文。」亦佳作。文叔，李易安父也。文潛誌云：「長女能詩，嫁趙明誠。」（《後村先生大全集·詩話》卷一百七十九）

周　密

黃子由尚書夫人胡氏，與可元功尚書之女也。俊敏強記，經史諸書，略能成誦。善筆札，時作詩文，亦可觀。於琴、弈、寫竹等藝尤精。自號惠齋居士，時人比之李易安云。（《齊東野語》卷十）

按：此條本與清照改嫁問題無涉。惟清人俞正燮《易安居士事輯》謂：「《齊東野語》又云：『黃尚書由妻胡夫人惠齋居士，時人比之易安。嘗指摘趙師睪〈放生池文〉誤，惠齋已卒，趙為臨安府，誘其逃婢證惠齋前與棋

客鄭日新通，遂點配日新，而尚書以帷薄不修罷。』按《白獺髓》云：『師
龔初居吳郡及尹天府日，延喬木爲門客，喬教師龔子希蒼制古禮器，於
家釋菜，黄尚書欲發遣之，師龔乃毀器而逐喬。』是師龔與由以黥配門
客相報，及值惠齋有摘文之事，乃並誣惠齋，其事與易安同。夫小人何
足深責，吾獨惜易安與惠齋以美秀之才，好論文以中人忌也。」則徵引
此條爲旁證，以辨清照改適之誣。特錄之，以備參考。

黃　昇

李易安，趙明誠之妻，善爲詞，有《漱玉集》三卷。(《唐宋諸賢絕妙詞選》卷十)

無名氏

易安居士李氏，趙丞相挺之之子諱明誠字德夫之内子也。才高學博，近代鮮
倫。其詩詞行於世多。嘗見其爲乃夫作〈金石錄後序〉，使後之人嘆息而已。
今錄於此。(《瑞桂堂暇錄》)

按：此條引自《說郛》第四十六卷。

元

袁桷

【跋定武禊帖不損本】 趙明誠本，前有李龍眠蜀紙畫右軍像，後明誠親跋。明誠之妻李易安夫人，避難寓吾里之奉化，其書畫散落，往往故家多得之。後有紹勛小印，蓋史中令所用印圖畫者。今在燕山張氏家。(《清容居士集》卷四十六)

楊維楨

【《曹氏雪齋絃歌集》序 (節錄)**】** 女子誦書屬文者，史稱東漢曹大家氏。近代易安、淑眞之流，宣徽詞翰，一詩一簡，類有動於人。然出於小聰挾慧，拘於氣習之陋，而未適乎情性之正。比大家氏之才之行，足以師表六宮，一時文學而光父兄者，不得並議矣。(《東維子集》卷七)

按：此條與明人董穀之見，若合符契。董氏於其著《碧里雜存》卷上云：「自漢以下女子能詩文者，若唐山夫人、曹大家，立言垂訓，詞古學正，不可尚已。蔡文姬、李易安失節可議。薛濤倚門之流，又無足言。朱淑眞者，傷於悲怨，亦非良婦。竇滔之婦亦篤於情者耳。此外不多見矣。」蓋楊氏或亦以爲清照失節可議，淑眞亦非良婦，故抨擊李、朱二人「出於小聰挾慧，拘於氣習之陋，而未適乎情性之正」耶？

脫脫等

李格非字文叔，濟南人。其幼時，俊警異甚。有司方以詩賦取士，格非獨用

意經學，著《禮記說》至數十萬言，遂登進士第。調冀州司戶參軍，試學官，爲鄆州教授。郡守以其貧，欲使兼他官，謝不可。入補太學錄，再轉博士，以文章受知於蘇軾。嘗著〈洛陽名園記〉，謂「洛陽之盛衰，天下治亂之候也」。其後洛陽陷於金，人以爲知言。紹聖立局編元祐章奏，以爲檢討，不就，戾執政意，通判廣信軍。有道士說人禍福或中，出必乘車，眂俗信惑。格非遇之塗，叱左右取車中道士來，窮治其姦，杖而出諸境。召爲校書郎，遷著作佐郎、禮部員外郎，提點京東刑獄，以黨籍罷。卒，年六十一。格非苦心工於詞章，陵轢直前，無難易可否，筆力不少滯。嘗言：「文不可以苟作，誠不著焉，則不能工。且晉人能文者多矣，至劉伯倫〈酒德頌〉、陶淵明〈歸去來辭〉，字字如肺肝出，遂高步晉人之上，其誠著也。」妻王氏，拱辰孫女，亦善文。女清照，詩文尤有稱於時，嫁趙挺之之子明誠，自號易安居士。(《宋史》卷四百四十四〈李格非傳〉)

按：清人吳衡照《蓮子居詞話》卷二曰：「易安居士再適張汝舟，卒至對簿，有〈與綦處厚啓〉云云，宋人說部多載其事，大抵彼此衍襲，未可盡信。《宋史·李文叔傳》附見易安居士，不著此語。……反覆推之，易安當不其然。」吳氏據此條以辨清照改適之誣，特錄之，以備參考。

夏文彥

胡夫人，平江胡元功尙書女，黃尙書由之妻，自號惠齋居士。精於琴、書，畫梅、竹、小景俱不凡。時比李易安夫人。(《圖繪寶鑑》卷四)

按：清人俞正燮〈易安居士事輯〉曾以惠齋事爲旁證，以辨清照改嫁之誣。故特錄此條，以備參考。

明

宋　濂

【題李易安所書〈琵琶行〉後】　樂天謫居江州，聞商婦琵琶，抆淚悲歡，可謂不善處患難矣。然其詞之傳，讀者猶愴然，況聞其事者乎？李易安圖而書之，其意蓋有所寓。而永嘉陳傅良題識，其言則有可異者。余戲作一詩，正之於禮義，亦古詩人之遺意歟！其辭曰：「佳人薄命紛無數，豈獨潯陽老商婦。青衫司馬太多情，一曲琵琶淚如雨。此身已失將怨誰，世間哀樂常相隨。易安寫此別有意，字字似訴中心悲。永嘉陳侯好奇士，夢裏謬爲兒女語。花顏國色草上塵，朽骨何堪污脣齒。生男當如魯男子，生女當如夏侯女。千年穢跡吾欲洗，安得潯陽半江水。」（《宋學士集》卷三十二）

按：此條雖未明確道及清照改嫁問題，惟細味文中「易安寫此別有意，字字似訴中心悲」、「千年穢跡吾欲洗，安得潯陽半江水」諸語，則宋景濂矜憐清照被誣，欲爲其洗雪穢跡之意甚明。明人爲清照改嫁辨誣，應自景濂始也。

瞿　佑

【易安樂府】　趙明誠，清獻公之子。妻李氏，能文辭，號易安居士。有樂府詞三卷，名《漱玉集》。明誠卒，易安再適非類，既而反目。有啓與綦處厚學士：「猥以桑榆之暮景，配茲駔儈之下才。」見者笑之。然其詞頗多佳句。〈如夢令〉云：「應是綠肥紅瘦。」語甚新。又〈九日〉詞：「簾捲西風，人似黃花瘦。」亦婦人所難到也。「清獻名家厄運乖，羞將晚景對非才。

西風簾捲黃花瘦，誰與賡歌共一杯。」（《香臺集》卷下）

按：明誠之父挺之，諡清憲，此處誤作「清獻」。清獻乃趙抃之諡號。明人多
有把明誠誤作趙抃子者，後不復辨。

葉　盛

李易安〈武陵春〉詞：「風住塵香花已盡，日晚倦梳頭。物是人非事事休，欲
語淚先流。　　聞說雙溪春尚好，也擬泛輕舟。只恐雙溪舴艋舟，載不動，
許多愁。」玩其辭意，其作於序《金石錄》之後歟？抑再適張汝舟之後歟？
文叔不幸有此女，德夫不幸有此婦。其語言文字，誠所謂不祥之具，遺譏千
古者歟？（《水東日記》卷二十一）

唐　寅

【〈金石錄後序〉評語】　　李易安，名清照，濟南人。宋李格非之女，適東
武趙抃之子明誠爲妻。明誠字德甫。德甫早卒，再適張汝舟，未幾反目。有
啓與綦處厚云：「猥以桑榆之暮景，配茲駔儈之下才。」聞者無不笑。有《漱
玉集》三卷行於世，佳句甚多。茲〈金石錄序〉，乃其一斑耳。（劉士鱗編《古
今文致》卷三引）

按：〈金石錄序〉應作〈金石錄後序〉。

郎　瑛

趙明誠，字德甫，清獻公中子也。著《金石錄》一千卷。其妻李易安，又文
婦中傑出者，亦能博古窮奇，文詞清婉，有《漱玉集》行世。諸書皆曰與夫
同志，故相親相愛之極。予觀其敘《金石錄》後，誠然也。但不知何爲有再
醮張汝舟一事。嗚呼，去蔡琰幾何哉！此色之移人，雖中郎不免。（《七修類稿》
卷十七）

按：趙明誠《金石錄》僅三十卷，所收金石刻實爲二千卷，此條「著《金石
　　錄》一千卷」，顯誤。

董　穀

自漢以下女子能詩文者，若唐山夫人、曹大家，立言垂訓，詞古學正，不可

尚已。蔡文姬、李易安失節可議。薛濤倚門之流，又無足言。朱淑貞者，傷
於悲怨，亦非良婦。竇滔之婦亦篤於情者。此外不多見矣。(《碧里雜存》卷上)

按：「朱淑貞」，應作「朱淑眞」。

張綖

【〈武陵春〉「風住塵香花已盡」】　易安名清照，尚書李格非之女，適宰相
趙挺之子明誠。嘗集《金石錄》千卷，比諸六一所集更倍之矣。所著有《漱
玉集》，朱晦庵亦亟稱之。後改適人，頗不得意。此詞「物是人非事事休」，
正詠其事。水東葉文莊謂：「李公不幸而有此女，趙公不幸而有此婦。」詞固
不足錄也，結句稍可誦。朱淑眞「可憐禁載許多愁」祖之，豈女輩相傳心法
耶？(《草堂詩餘別錄》)

按：「尚書李格非」，誤，李格非未爲尚書。又「嘗集《金石錄》千卷」，所誤
與《七修類稿》正同，後不復辨。

酈琥

清照姓李氏，號易安居士，濟南人。李格非之女。適東武趙抃之子明誠爲妻。
明誠故，再適張汝舟，未幾反目。有啓與綦處厚云：「猥以桑榆之晚景，配茲
駔儈之下材。」傳者無不笑。有《漱玉集》三卷行於世，頗多佳句。(《彤管遺
編》續集卷十七)

田藝蘅

清照姓李氏，號易安居士，濟南人。李格非之女，趙明誠之妻。幼有才藻，
能文辭。明誠者，東武人，清獻丞相中子也。德甫著《金石錄》，其妻與之同
志，乃共相考究而成，由是名重一時。趙沒後，慇悼舊物之不存，乃作〈後
序〉。……其舅正夫相徽宗朝，獻詩曰：「炙手可熱心可寒。」且達于古今治
體。其〈詠史〉云：「兩漢本繼紹，新室如贅疣。」又云：「所以嵇中散，至
死薄殷周。」非婦人所能道者。然無檢操，再適張汝舟，未幾反目。有啓與
綦處厚云：「猥以桑榆之晚景，配茲駔儈之下材。」傳者笑之。晚節流落江湖
間以卒。有《文集》十二卷。(《詩女史》卷十一)

按：挺之非諡清獻，前已辨之。又明誠乃挺之少子，非中子，二者均誤。

徐　㶿

李易安，趙明誠之妻也。《漁隱叢話》云：「趙無嗣，李又更嫁非類。」且云：「其〈啓〉曰：『猥以桑榆之晚景，配此駔儈之下材。』」殊謬妄不足信。蓋易安自撰〈金石錄後序〉，言「明誠兩爲郡守，建炎己酉八月十八日疾卒。」曾云：「余自少陸機作賦之二年，至過蘧瑗知非之兩歲，三十四年之間，憂患得失，何其多也。」作〈序〉在紹興二年，李五十有二，老矣。清獻公之婦、郡守之妻，必無更嫁之理。今各書所載〈金石錄序〉，皆非全文，惟余家所藏舊本，序語全載。更嫁之說，不知起於何人，太誣賢媛也。《容齋隨筆》及《筆叢》、《古文品外錄》俱非全文。（《徐氏筆精》卷七）

按：胡仔《苕溪漁隱叢話》前後集，均無「趙無嗣，李又更嫁非類」之句。
　　此二語當出自洪适《隸釋》卷二十六，特徐興公誤記耳。「更嫁」下「非
　　類」二字，亦興公所添，原文無之。又「今各書所載〈金石錄序〉」、「〈金
　　石錄序〉」，應作「〈金石錄後序〉」。

江文淮

自古夫婦擅朋友之勝，從來未有如李易安與趙德甫者，佳子才子，千古絕唱。迨德甫逝而歸張汝舟，屬何意耶？文君忍耻，猶可以具眼相憐。易安更適，眞逐水桃花之不若矣。（《古今女史》卷一引）

徐伯齡

【女人詠史】　宋朱淑眞，錢塘民家女也。能詩詞，偶非其類，而悒悒不得志，往往形諸語言文字間。有詩云：「鷗鷺鴛鴦作一池，誰知羽翼不相宜。東君不與花爲主，何事休生連理枝。」所著有《斷腸詩》十卷，傳於世，王唐佐爲之傳。後村劉克莊嘗選其詩，若「竹搖清影罩紗窗，兩兩時禽噪夕陽。謝却海棠飛盡絮，困人天氣日初長」之句，爲世膾炙。嘗賦〈詠史〉詩云：「筆頭去取萬千端，後世從他恣意瞞。王伯謾分心與跡，到成功處一般難。」非婦人可造。當時趙明誠妻李氏，號易安居士，詩詞尤獨步，搢紳咸推重之。其「綠肥紅瘦」之句，曁「人與黃花俱瘦」之語，傳播古今。又「寵柳嬌花」之言，爲詞話所賞識。晦庵朱子云：「今時婦人能文，只有李易安與魏夫人。李有〈詠史〉詩云：『兩漢本繼紹，新室如贅疣。所以嵇中散，至死薄殷周。』」

中散非湯、武得國，引之以比王莽。如此等語，豈女子所能？」以是方之，淑眞似不及也。然易安晚年失節汝舟，而爲其反目。至與綦處厚手箚言：「猥以桑榆之晚景，配茲駔儈之下才。」而淑眞怨形流蕩，至云：「欲將一篋傷心淚，寄與南樓薄倖人。」雖有才致，令德寡矣。（《蟬精雋》卷十四）

按：「人與黃花俱瘦」應作「人比黃花瘦」。

黃　溥

予嘗讀〈檀弓〉，至子思之母死，子思哭於廟。門人至，曰：「庶氏之母死，何爲哭於孔氏之廟乎？」子思曰：「吾過矣。」遂哭於他室。註曰：「伯魚卒，其妻嫁於衛之庶氏。」以予論之，伯魚先孔子卒，時年五十，其妻之年，必與之相似。且上有聖人爲之翁，下有大賢爲之子，況年已及艾矣，何得再嫁庶氏？此予之疑已久。茲觀瞿宗吉所著《香臺集》，有〈易安樂府〉之目，引《漁隱叢話》云：「趙明誠，清獻公之子。妻李氏，能文詞，號易安居士，有樂府詞三卷，名《漱玉集》。明誠卒，易安再適非類，既而反目。有啓與綦處厚學士：『猥以桑榆之暮景，配此駔儈之下才。』見者笑之。」此宗吉所以有「清獻名家阨運乖，羞將晚景對非才」之句。予歎易安，翁則清獻，爲世名臣；夫則明誠，官至郡守，亦景薄桑榆，何爲而再適耶？事類〈檀弓〉所記，故錄之。（《閒中今古錄》）

張嫻婧

【讀李易安《漱玉集》】　從來才女果誰儔，錯玉編珠萬斛舟。自言人比黃花瘦，可似黃花奈晚秋？（《翠樓集》）

按：「莫道不消魂，簾捲西風，人比黃花瘦。」清照〈醉花陰〉詞中語。此條云：「自言人比黃花瘦，可似黃花奈晚秋？」雖未明言清照更嫁，然諷諭之意甚明。

王　鴻

【柳絮泉詩二首】　掃眉才子筆玲瓏，蓑笠尋詩白雪中。絮不沾泥心已老，任他蜂蝶笑東風。　名園曾訪歷亭西，一碧寒泉瀉野溪。欲覓遺詩編《漱玉》，多情轉覺遜山妻。內子擬編《漱玉集》。（《續修歷城縣志》引《歷下詠懷古蹟詩鈔》）

按:「絮不沾泥心已老,任他蜂蝶笑東風。」前句謂清照德行高潔,且年事已
　　老;後句謂雖讕言四起,而清照絕無更嫁事。

清

王士祿

李清照號易安居士,濟南李格非女,東武趙明誠妻,再適張汝舟,文筆最高,尤工於詞。《瑞桂堂暇錄》云:「易安才高學博,近代鮮倫。」〈宋志〉有《易安居士文集》七卷、詞六卷。《通考》:「《易安集》十二卷,《漱玉詞》一卷,別本分五卷。」胡仔《苕溪漁隱叢話》云:「易安有樂府詞三卷,名《漱玉集》。」黃叔暘《花庵詞選》載易安詞,卷數亦同。又所著《依經打馬圖》一卷,焦《志》作《打馬錄》,又與明誠共輯金石刻爲《金石錄》十卷。(《宮閨氏籍藝文考略》)

按:清照與明誠共輯金石刻爲《金石錄》共三十卷,前已言之,此作「十卷」,顯誤。

王士禛

《閩中今古錄》論李易安晚節改適云:「翁則清獻,爲時名臣。」又引瞿佑《詩話》「清獻名家厄運乖,羞將晚景對非才」云云。以挺之爲抃,謬矣。蓋以閩道諡清獻,而挺之諡清憲,故致此舛誤耳。(《香祖筆記》卷九)

按:《閩中今古錄》所引,乃瞿佑《香臺集》,此作《詩話》,亦誤。

徐　釚

明誠卒,易安祭之云:「白日正中,嘆龐翁之機捷;堅城自墮,憐杞婦之悲深。」文亦慘黯。惜其再適張汝舟,爲世所薄。易安既嫁汝舟,與之反目,嘗作札寄人曰:「猥以桑榆之暮景,配此駔儈之下材。」見者絕倒。(《詞苑叢談》卷三)

宋長白　二則

伉儷之篤者，莫如徐淑、秦嘉，往還贈答，何其悱惻纏綿耶！〈白頭吟〉可以卻茂陵之聘，〈織錦詩〉可以息陽臺之妒。吾獨怪夫王子敬之於郗，李易安之於趙，非所稱士女中之錚錚者，而何以迷謬至此耶？「一別懷萬恨，起坐為不寧。」「憂來如循環，匪席不可卷。」不能不三復於此言。（《柳亭詩話》卷二十七）

朱紫陽云：「今時婦人能文，只有李易安與魏夫人。李有詩曰：『兩漢本繼紹，新室如贅疣。所以嵇中散，至死薄殷周。』中散非湯武得國，引之以比王莽。如此等語，豈婦人所能！」愚案：易安在宋，自是閨房勝流。然以殷周比莽，殊覺不倫。況「桑榆」一札，未免被人點檢耶！若魏夫人〈詠虞美人草〉，方見英雄氣概。（同上，卷二十九）

趙執信

【登州雜詩之一】　朱榜雕牆擁達官，篇章雖在姓名殘。有人齒冷君知否？靜治堂中李易安。丹崖石刻姓名多毀。「靜治堂」，趙明誠守郡時故額。（《飴山詩集》）

按：此條於清照之再適，頗致諷意，細誦「有人齒冷君知否？靜治堂中李易安」兩語可知。

褚人穫

《漁隱叢話》：「趙明誠，清獻公閱道扐子。妻清照，號易安居士，濟南李格非之女，工詩詞，有《漱玉集》三卷行世。明誠卒，再適張汝舟，未幾，反目。易安〈與綦處厚啟〉有『猥以桑榆之暮景，配茲駔儈之下才』，傳者笑之。」按《氏族大全》亦以明誠為清獻子。觀東坡〈清獻公神道碑〉載二子曰屼、曰岏，並無明誠。葉文莊盛《水東日記》：「明誠，趙挺之子。」曹以寧安《讕言長語》：「易安，趙挺之子德夫之內。」《堯山堂》：「扐謚清獻，挺之亦謚清憲，故有此誤傳。」挺之附媚蔡京，致位權要，或有此失節之婦。若為清獻子婦，豈宜以桑榆晚景，再適非類，為天下笑耶？（《堅瓠集》七集，卷一）

按：《苕溪漁隱叢話》前後集均無「趙明誠，清獻公閱道扐子」之句，褚氏誤記。

盧見曾

【重刻《金石錄》序】 趙德夫《金石錄》三十卷，匪獨考訂之精覈也，其議論卓越，時有足發人意思者。顧世鮮善本，濟南謝世箕嘗梓以行，今其本亦不可得見。獨見有從謝氏本影鈔者，並何義門手校吳郡葉文莊公本，此二本庶幾稱善。其他鈔本猥多，目錄率被刪削，字句訛脫不足觀。學者未得見謝、葉二家本，得世俗所傳，猶不惜捐多金購求繕寫，珍弆爲枕中秘，蓋其書之可貴若此。余患其久而失眞也，因刊此以正之。德夫之室李清照，字易安，婦人之能文者。相傳以爲德夫之歿，易安更嫁。至有「桑榆晚景」、「駔儈下材」之言，貽世譏笑。余以是書所作跋語考之，而知其決無是也。德夫歿時，易安年四十六矣。遭時多難，流離往來，具有蹤蹟。又六年，始爲是書作跋，是時年已五十有二。匪夏姬之三少，等季隗之就木。以如是之年而猶嫁，嫁而猶望其才地之美、和好之情亦如德夫昔日，至大失所望而後悔，悔之又不肯飲恨自悼，輒諜諜然形諸簡牘。此常人所不肯爲，而謂易安之明達爲之乎？觀其涉經喪亂，猶復愛惜一二不全卷軸，如護頭目，如見故人。其惓惓德夫，不忘若是，安有一旦忍相背負之理？此子輿氏所謂好事者爲之，或造謗如《碧雲騢》之類，其又可信乎？易安父李文叔，即撰〈洛陽名園記〉者。文叔之妻，王拱辰孫女，亦善文。其家世若此，尤不應爾。余因刊是書，而並爲正之，毋令後千載下，易安猶蒙惡聲也。乾隆壬午，德州盧見曾序。（雅雨堂本《金石錄》）

永瑢等

《漱玉詞》一卷，宋李清照撰。清照號易安居士，濟南人，禮部郎提點京東刑獄格非之女，湖州守趙明誠之妻也。清照工詩文，尤以詞擅名。《苕溪漁隱叢話》稱其再適張汝舟，未幾反目，有啓事上綦處厚云：「猥以桑榆之晚景，配茲駔儈之下才。」傳者無不笑之。今其啓具載趙彥衛《雲麓漫鈔》中。李心傳《建炎以來繫年要錄》載其與後夫構訟事尤詳。此本爲毛晉汲古閣所刊，卷末備載其軼事逸文，而不錄此篇，蓋諱之也。案陳振孫《直齋書錄解題》載清照《漱玉詞》一卷，又云：「別本作五卷。」黃昇《花庵詞選》則稱《漱玉詞》三卷，今皆不傳。此本僅詞十七闋，附以〈金石錄後序〉一篇，蓋後人裒輯爲之，已非其舊。其〈金石錄後序〉，與刻本所載詳略迥殊，蓋從《容齋五筆》中鈔出，亦非完篇也。清照以一婦人，而詞格乃抗軼周、柳。張端義《貴耳集》極推其元宵詞〈永遇樂〉、秋詞〈聲聲慢〉，以爲閨閣有此文筆，

殆爲間氣。良非虛美。雖篇帙無多，固不能不寶而存之，爲詞家一大宗矣。(《四庫全書總目・集部・詞曲類》一)

按：此條謂毛晉本《漱玉詞》所附〈金石錄後序〉乃從《容齋五筆》中鈔出，微誤，《五筆》應作《四筆》。

孫原湘

【聲聲慢】　易安居士，千古絕調，當是德父亡後，無聊淒怨之作。玩其祭夫文云：「白日正中，嘆龐公之機捷；堅城自墮，憐杞婦之悲深。」此正所謂悲深也。豈有慕處厚書云云。偶與改七香言之，七香仿詞意作圖，予塡此解，爲居士一雪前謗，願普天下有心人同聲和之。

何須訴出，滿紙淒風，如聞欲語又咽。夢已無蹤，還似夢中尋覓。心頭幾許舊事，盡託與玉階殘葉。雨外雁，雁邊雲，併作去聲一天秋黑。　我讀秋聲愁絕。千古恨，除非見伊親說。畫不能言，却勝未曾省識。黃花尙憐瘦影，抱寒香共守寂寂。縱自怨，怎肯負霜後晚節。(張壽林輯本《漱玉詞》引)

按：此詞下闋云：「黃花尙憐瘦影，抱寒香共守寂寂。縱自怨，怎肯負霜後晚節。」蓋以喻清照暮年無改適事也。

陸　昶

李清照，李格非女，有才學，自號易安居士，適趙明誠，明誠故，再適張汝舟，常常反目。嘗與綦處厚書曰：「猥以桑楡之晚景，配茲駔儈之下材。」良可恨矣。有《漱玉集》三卷。朱晦庵《語類》云：「本朝婦人能文，只有李易安與魏夫人耳。」(《歷朝名媛詩詞》卷七)

陳文述

【題查伯葵撰〈李易安論〉後】　李清照再適之說，向竊疑之。宋人雖不諱再嫁，然考序《金石錄》時，年已五十有餘。《雲麓漫鈔》所載〈投綦處厚啓〉，殆好事者爲之。蓋宋人小說，往往污蔑賢者，如《四朝聞見錄》之於朱子，《東軒筆錄》之於歐公，比比皆是。嘗欲製一文以雪其誣，苦未得暇，今讀伯葵所作，可謂先得我心，因題二絕，以當跋語；舊有題《漱玉集》四詩，因併載焉。

談娘善訴語何誣？卓女琴心事本無。賴有琵琶查八十，清商一曲慰羅敷。

宛陵新序寫烏絲，微雨輕寒〈本事詩〉。一樣沉冤誰解雪，《斷腸集》裏上元詞。「去年元夜」一詞，本歐公作，後人誤編入《斷腸集》，遂疑淑真為佚女，與此正同，亦不可不辨也。

題《漱玉集》

漱玉新詞入大家，衛孃風貌亦芳華。桐蔭閒話芝芙夢，第一消魂是鬪茶。

解賦凌雲擅別裁，連錢玉鐙競龍媒。一篇〈打馬〉流傳遍，如此嬋娟是異才。

玉堂爭似紅閨好，柏帳金環寫早春。解製貴妃春帖子，翰林例有捉刀人。

歸來堂上燦銀缸，紗幔傳經小影幢。愁絕紅樓詩弟子，一篷寒雨過盰江。女士韓玉父受詩法於清照，見《四朝詩集》。（《頤道堂詩選》外集卷七）

俞正燮

【易安居士事輯】　易安居士李清照，宋濟南人。父格非，母王狀元拱辰孫女，皆工文章。《宋史·文苑傳》。居歷城城西之柳絮泉上。《古懽堂集》有〈柳絮泉訪李易安故宅〉詩。據《齊乘》，柳絮泉在金線泉東。易安幼有才藻。元符二年，年十八，適太學生諸城趙明誠。明誠父挺之，時為吏部侍郎，格非為禮部員外郎。俱《宋史》。明誠幼夢誦一書曰：「言與司合，安上已脫，芝芙草拔。」挺之曰：「此離合字，詞女之夫也。」結褵未久，明誠出遊，易安意殊不忍別，書〈一翦梅〉詞於錦帕送之，曰：「紅藕香殘玉簟秋。輕解羅裳，獨上蘭舟。雲中誰寄錦書來，雁字廻時月滿樓。　花自飄零水自流。一種相思，兩處閒愁。此情無計可消除，才下眉頭，却上心頭。」《瑯嬛記》、《草堂詩餘》俱如此。《詩餘圖譜》前段秋字句，輕解羅裳作一句，月滿下有西字。易安有小令云：「昨夜風疏雨驟，濃睡不消殘酒。試問卷簾人，却道海棠依舊。知否？知否？應是綠肥紅瘦。」《苕溪漁隱叢話》。〈壺中天慢〉云：「寵柳嬌花寒食近，種種惱人天氣。」黃暘評。其秋詞〈聲聲慢〉云：「守定窗兒，獨自怎生得黑。」「黑」字不許第二人押也。詞云：「尋尋覓覓，冷冷清清，淒淒慘慘寂寂。」一下十四疊字。後又云：「梧桐更兼細雨，到黃昏點點滴滴。」《貴耳集》云是晚年作，非也。又嘗以重陽〈醉花陰〉詞函致明誠，明誠思勝之，一切謝客，廢寢忘食者三日夜，得五十餘闋，雜易安作以示友人陸德夫，德夫玩誦再三，曰：「有三句乃絕佳。」明誠詰之。曰：「莫道不消魂，簾捲西風，人比黃花瘦。」政易安作也。易安之論曰：「唐開元天寶間，李八郎者，能歌擅天下。時新及第進士開宴曲江，榜中一名士先

召李，使易服隱姓名，衣冠故敝，精神慘沮，與之宴所，曰：『表弟，願與坐末。』
眾皆不顧。既酒行樂作，歌者進，以曹元念謙爲冠。歌罷，眾客皆嗟咨稱賞。
名士忽指李曰：『請表弟歌。』眾皆哂，或有怒者。及轉喉發聲，歌一曲，眾皆
泣下。起曰：『此必李八郎也。』自後鄭、衛聲熾，流靡煩變，有〈菩薩蠻〉、〈春
光好〉、〈莎雞子〉、〈更漏子〉、〈浣溪沙〉、〈夢江南〉、〈漁父〉等詞，不可遍舉。
五代時，江南李氏獨尚文雅，有『小樓吹徹玉笙寒』之句，及『吹皺一池春水』，
語雖甚奇，所謂亡國之音哀以思也。本朝柳屯田永，變舊聲作新聲，出《樂章
集》，大得聲稱於世；雖協音律，而詞語塵下。又有張子野、宋子京兄弟、沈唐、
元絳、晁次膺輩繼出，雖時時有妙語，而破碎何足名家。至晏丞相、歐陽永叔、
蘇子瞻，學際天人，作爲小歌詞，直如酌蠡水於大海，然皆句讀不葺之詩耳，
又往往不協音律。蓋詩文分平側，而歌詞分五音，又分六律，又分清濁輕重。
且如近世所謂〈聲聲慢〉、〈雨中花〉、〈喜遷鶯〉，既押平聲，又押入聲；〈玉樓
春〉平聲，又押上、去聲，又押入聲。其本押側韻者，如本上聲協，押入聲，
則不可通矣。謂本平，可通側，不拘上去入；若本側，則上去入不可相通。王介甫、
曾子固文章似西漢，若作小歌詞，則人必絕倒，不可讀也。乃知詞別是一家，
知之者少。後晏叔原、賀方回、黃魯直出，始能知之。而晏苦無鋪敘，賀苦少
典重，秦少游專主情致，而少故實，譬如貧家美女，雖極妍麗豐逸，而終乏富
貴態。黃即尚故實，而多疵病，譬如良玉有瑕，價自減半矣。」以上皆《漁隱叢
話》。易安譏彈前輩，既中其病，《老學庵筆記》。而詞日益工。李、趙宦族，然
素貧儉，每朔望，明誠太學謁告出，質衣取半千錢，步入相國寺，市碑文果實
歸，夫妻相對展玩咀嚼，嘗自謂葛天氏之民也。後二年，明誠出仕宦，挺之爲
宰相，居政府。親舊在館閣者，多有亡詩逸史、汲冢魯壁所未見之書，盡力傳
寫；或古今名人書畫，三代奇器，質衣物市之。崇寧時，有人持徐熙〈牡丹圖〉，
求錢二十萬，留信宿，計無所出，卷還之；夫婦相對惋悵者數日。〈金石錄後序〉。
挺之在徽宗時，易安進詩曰：『炙手可熱心可寒。』挺之排元祐黨人甚力。格非
以黨籍罷。易安上詩挺之曰：『何況人間父子情。』識者哀之。《郡齋讀書志》。
嘗和張文潛〈浯溪中興頌碑〉詩曰：『五十年功如電掃，華清花柳咸陽草。五坊
供奉鬬雞兒，酒肉堆中不知老。胡兵忽自天上來，逆胡亦自姦雄才。勤政樓前
走胡馬，珠翠蹋盡香塵埃。六師出戰輒披靡，傳置荔枝多馬死。堯功舜德誠如
天，安用區區紀文字。著碑刻銘眞陋哉，乃令神鬼磨山崖。子儀、光弼不自猜，
天心悔禍人心開。夏爲殷鑒當深戒，簡策汗青今具在。君不見當時張說最多機，

雖生已被姚崇賣。』又和曰：『君不見驚人廢興傳天寶，中興碑上今生草。不知負國有姦雄，但說成功尊國老。誰令妃子天上來，虢、秦、韓國皆仙才。苑中羯鼓玉方響，春風不敢生塵埃。姓名誰復知安、史，健兒猛將安眠死。去天尺五抱甕峯，峯頭鑿出開元字。時移勢去眞可哀，姦人心醜深如崖。西蜀萬里尙能返，南內一閉何時開。可憐孝德如天大，反使將軍稱好在。嗚呼！奴輩胡不能道輔國用事張后尊，祇能道春薺長安作斤賣。」《清波雜志》、《寒夜錄》。春薺長安作斤賣，乃高力士詩。易安自少年兼有詩名，才力華贍，逼近前輩。《碧雞漫志》。傳誦者『詩情如夜鵲，三繞未能安』，『少陵也是可憐人，更待明年試春草』。《風月堂詩話》。世又傳『兩漢本繼紹，新室如贅疣。所以嵇中散，至死薄殷周』。以爲佳境。朱子〈游藝論〉引評。又〈春殘〉詩云：『春殘何事苦思鄉，病裏梳頭恨髮長，梁燕語多終日在，薔薇風細一簾香。』《彤管遺編》。明誠後屛居鄉里十年，衣食有餘，及起知青、萊二州，皆政簡，日事鉛槧；易安與共校勘，作《金石錄》，考證精鑿，多足正史書之失。每獲一書，即校勘整集籤題；得書畫彝鼎，摩玩舒卷，指摘疵病，夜盡一燭爲率。所藏紙札精緻，字畫完整，冠諸收書家。易安性強記，每飯罷，與明誠坐歸來堂烹茶，指堆積書史，言某事在某書幾卷幾葉幾行，以中否決勝負，爲飲茶先後，中即舉杯，往往大笑，茶傾覆懷中，反不得飲而起。其收藏既富，歸來堂起書庫大櫥，簿甲乙，置書冊。當講讀，即請鑰上簿關出卷帙，或少損汙，必懲責指完塗改。又置副本便繙討，書史百家，字不刓、本不誤謬者，常兼三四本，皆精絕。家傳《周易》、《左氏春秋》，兩家文籍尤備，几案羅列枕藉，意會心謀，目注神授，樂在聲色狗馬之上。靖康二年春，〈金石錄後序〉作建炎丁未，是年五月始爲建炎，今正之。明誠奔母喪於金陵，〈金石錄後序〉作建康，其名建炎三年始改，今從其初。半棄所藏。其年十二月，金人陷青州，火其書十餘屋。建炎二年，明誠起復，知江寧府。以上皆〈金石錄後序〉。〈後序〉亦作建康，蓋追稱之，今改。易安自南渡以後，常懷京洛舊事，元宵賦〈永遇樂〉詞曰：『落日鎔金，暮雲合璧。』又曰：『染柳煙輕，吹梅笛怨，春意知幾許。』後疊曰：『於今憔悴，風鬟霜鬢，怕向花間重去。』《貴耳集》。在江寧日，每值天大雪，即頂笠披蓑，循城遠覽，得句必邀賡和，明誠每苦之。《清波雜志》。三年，明誠罷，將家於贛水。〈金石錄後序〉。四月，高宗如江寧，五月，改爲建康府。《宋史》紀。〈後序〉云，至行在，又言葬事，故依史實其地。詔明誠知湖州。明誠赴行在，感暑痁發，易安自明誠赴召時，暫住池陽，得病信，解纜急東下，至建康，病已危。八月，明誠卒。〈金石錄後序〉。易安爲

文祭之，有曰：『白日正中，歡龐公之機捷；堅城自墮，憐杞婦之悲深。』《四六談塵》。祭文唐人俱用駢體，官祭文亦不用韻也。閏八月，高宗如臨安。《宋史》紀。易安既葬明誠，乃遣送書籍於洪州。易安欲往洪。初，學士張飛卿者，於明誠至行在時，以玉壺示明誠，語久之，仍攜壺去；時建康置防秋安撫使，擾攘之際，或疑其饋璧北朝也。言者列以上聞，或言趙、張皆當置獄。易安方大病，僅存喘息，欲往洪不能，聞玉壺事，大懼。〈金石錄後序〉。十一月，盡以其家所有，赴越州行在投進，而高宗已奔明州。《宋史》、〈金石錄後序〉。時中書舍人綦崇禮左右之。《宋史》。按《雲麓漫鈔》云：『徽猷閣直學士沈該《翰苑題名壁記》：「綦崇禮建炎四年五月，以吏部侍郎兼權直院。十月，除徽猷閣直學士，知漳州。」』則學士在明年十月。且啓云：『內翰承旨。』故從《宋史》本傳，稱『中書舍人』。事解，清照以與綦舊親情，作啓謝之曰：『清照素習義方，粗明詩禮，近因疾病，欲至膏盲。牛蟻不分，灰釘已具。豈期末事，乃得上聞。取自宸衷，付之廷尉。』序欲投進家器曰：『抵雀捐金，利當安往？將頭碎璧，失固可知。實自繆愚，分知獄市。』序綦為解釋曰：『內翰承旨，搢紳望族，冠蓋清流，日下無雙，人間第一。奉天收復，本緣陸贄之詞；淮蔡底平，共傳昌黎之筆。哀憐無告，義同解驂；越石父事。戴感洪恩，事真出己。知瑩事。 故茲白首，得免丹書。』序頌金事無形跡曰：『雖南山之竹，豈能窮多口之談；惟智者之言，可以止無根之謗。』據《雲麓漫鈔》。綦字叔一作存。厚，高密人也。《宋史》。十二月，金人破洪州，易安所寄輜重盡失，遂往臺州，依其弟敕局刪定官李迒，泛海由章安輾轉至越州，四年，放散百官，遂偕迒至衢。〈金石錄後序〉。時綦崇禮以徽猷閣直學士知漳州。《翰苑題名壁記》、《建炎以來繫年要錄》。紹興元年，易安之越。二年，之杭，年五十有一矣。作〈金石錄後序〉曰：『右《金石錄》三十卷，趙侯德甫所著書也。取上自三代，下迄五季，鐘、鼎、甗、鬲、盤、匜、尊、敦之款識，豐碑大碣、顯人晦士之事跡，凡見於金石刻者二千卷，皆是正譌謬，去取褒貶，上足以合聖人之道，下足以訂史氏之失者，皆載之，可謂多矣。嗚呼！自王播、元載之禍，書畫與胡椒無異；長輿、元凱之病，錢癖與傳癖何殊。名雖不同，其為惑則一也。』本書。又自序遭離變故本末甚悉。《容齋四筆》。曰：『靖康丙午歲，侯守淄州，聞金人犯京師，四顧茫然，書畫溢箱篋，且戀戀，且悵悵，知必不為己物矣。建炎丁未春三月，五月始為建炎，此追溯之號。奔太夫人喪南來，謂江寧。既長物不能盡載，乃先去書之重大印本者，又去畫之多幅者，又去古器之無款識者；後又去書之有監板者、畫之平常者、器之重大者。凡屢減

去，尚載書十五車，至東海，連艫渡淮，至建康。亦迫稱。時青州故第尚鎖書冊什物用屋十餘間，期明年春具舟載之。十二月，金人陷青州，遂爲灰燼。戊申九月，侯起復，知建康。己酉三月罷，具舟上蕪湖，入姑孰，將卜居於贛水上。五月，至池陽，被旨知湖州，過闕上殿；建康為行在。遂住家池陽，獨赴召。六月十三日，負擔舍舟坐岸上，葛衣岸巾，精神如虎，目光爛爛射人，望舟中告別。余意甚惡，呼曰：「忽傳聞城中緩急，奈何？」戟手遙應曰：「從眾。必不得已，先去輜重，次衣服，次書冊卷軸，次古器；獨所謂宗器者，自抱負與身存亡，勿忘也。」遂馳馬去，途中奔馳，冒大暑，感疾；至行在，病痁。七月末，書報臥病。余驚怛，念侯性素急，奈何病痁！或熱，必服寒藥，疾可憂。遂解舟下，一日夜行三百里；比至，果大服柴胡、黃芩，瘧且痢，病危在膏肓。余悲泣，倉皇不忍問後事。八月十八日，遂不起，取筆作詩，絕筆而逝，殊無分香賣履之態。葬畢，余無所之。時朝廷已遣六宮，《宋史》言：七月，隆祐太后如洪州，宮人從之。又傳江當禁渡，《宋史》言：閏八月，杜充守建康，韓世忠守鎮江，劉光世守池州。後光世移屯江州。猶有書二萬餘卷、金石刻二千卷、器皿裀褥可待百客，他長物稱是。余又大病，僅存喘息，事勢日迫，念侯有妹婿任兵部侍郎，從衛在洪州，從衛六宮。遂遣二故吏，先部送行李往投之。十二月，金人陷洪州，遂盡委棄，獨餘少輕小卷軸書帖、寫本李、杜、韓、柳集、《世說》、《鹽鐵論》、漢、唐石刻副本數十軸、三代鼎彝十數事，又唐寫本書十數冊，偶病中把玩在臥內者獨存。上江既不可往，又虜勢叵測，有弟迒，任敕局刪定官，遂往依之。到台，台守已遁。此建炎四年事。之剡，出睦，棄衣被，走黃巖，雇舟入海，奔行朝，時駐蹕章安，臺州府治西南章安市。謂舟次於此，自此之溫。從御舟之溫，又之越。庚戌四年十二月，放散百官。百官自便，不扈從。謂自郎官以下。遂之衢。以上建炎四年以前事。紹興辛亥元年三月，復赴越。壬子二年，又赴杭。以上紹興二年事，作〈後序〉年也。此下復記建炎三年事。先，侯病亟時，建炎三年八月。有張飛卿學士攜玉壺過示侯，復攜去，其實珉也。不知何人傳道，妄言有頌金之語，或言有密論列者。余大惶怖，不敢言，亦不敢遂已，盡將家中所有銅器等物，欲赴外廷投進。到越，已幸四明。建炎三年十一月。不敢留家中，並寫本書寄剡，此建炎四年事。後官軍收叛卒取去，聞盡入李將軍家；惟有書畫硯墨六七簏，常在臥榻下，手自開合。在會稽，卜居士民鍾氏宅，忽一夕穿壁負五簏去。此紹興元年事。余悲痛不欲活，立重賞收贖；後二日，鄰人鍾復皓出十八軸求賞，故知其盜不遠。萬計求之，其餘遂牢不可出，今盡為吳說運使賤

價得之。所餘一二殘零不成部帙書冊、三數種平平書帖,猶復愛惜,如護頭目,何愚也耶!今開此書,如見故人。因憶侯在東萊靜治堂,裝卷初就,芸籤縹帶,束十卷作一帙,每日晚吏散,輒校勘二卷、題跋一卷。此二千卷,有題跋者五百二卷耳。今手澤如新,而墓木已拱,悲夫!昔蕭繹江陵陷沒,不惜國亡,而毀裂書畫;楊廣江都傾覆,不悲身死,而復取圖書;豈以性之所著,生死不能忘歟?或者天意以其菲薄,不足以享此尤物耶?抑死者有知,猶斤斤愛惜,不宜留人間耶?何得之難而失之易也!噫!余自少陸機作賦之二年,至過蘧瑗知非之兩歲,三十四年之間,憂患得失,何其多也!然有有必有無,有得必有失,乃理之常。人亡弓,人得之,又何足道。所以區區記此者,亦欲爲後世博雅好古者之戒云爾。紹興二年玄黓歲壯月甲寅朔,易安室題。』本書。三年,行都端午,易安親聯有爲內夫人者,代進帖子,〈皇帝閣〉曰:『日月堯天大,璇璣舜歷長,側聞行殿帳,多集上書囊。』〈皇后閣〉曰:『意帖初宜夏,金駒已過鬮;至尊千萬壽,行見百斯男。』意帖用上官昭容事。〈夫人閣〉曰:『三宮催解糉,團箭綵絲縈;便面天題字,歌頭御賜名。』團箭用唐開元內宮小角弓射糉事。於是翰林止金帛之賜,《浩然齋雅談》。咸以爲由易安也,時直翰林者秦楚材忌之。五月,命簽應作僉,押也。諸書皆從竹。書樞密院事韓肖胄、字似夫。工部尚書胡松年,字茂老,海州懷仁人。二人以七月行。充奉表通問使、副使,使金,通兩宮也。劉時舉《續通鑑》。又案《宋朝事實》其事在七月。其後八月十二月,韓又使金。易安上韓詩曰:『三年夏六月,天子視朝久;凝旒望南雲,垂衣思北狩。如聞帝若曰:「岳牧與群后。賢寧違半千,運已過陽九。勿勒〈燕然銘〉,勿種金城柳。豈無純孝臣,識此霜雪悲。何必舍羹肉,便可載車脂。土地非所惜,玉帛亦塵泥。誰可當將命,幣重辭益卑。」四岳僉曰「俞,臣下帝所知。中朝第一人,春官有昌黎。身爲百夫特,行爲萬人師。嘉祐與建中,爲政有皋、夔。漢家貴王商,唐室重子儀。見時應破膽,將命公所宜。」肖胄;韓琦曾孫。公拜手稽首,受命白玉墀。曰:「臣敢辭難,此亦何等時。家人安足謀,妻子不復辭。願奉宗廟靈,願奉天地威。徑持紫泥詔,直入黃龍城。北人懷舊德,侍子當來迎。聖孝定能達,勿復言請纓。倘持白馬血,與結天日盟。」』上胡詩曰:『胡公清德人所難,謀同德協置器安。解衣已道漢恩煖,離詩不怯關山寒。皇天久陰后土濕,雨勢未廻風勢急。車聲轔轔馬蕭蕭,壯士懦夫俱感泣。閭閻嫠婦亦何知,瀝血投詩干記室。葵丘莒父非荒城,勿輕談士棄儒生。憤王墓下馬猶倚,史言:項羽葬魯,在今穀城。寒號城邊雞未鳴。《水經注》:韓侯城,在金地。巧匠亦曾顧

樗櫟，芻蕘之詢或有益。不乞隋珠與和璧，但乞鄉關新信息。靈光雖在應蕭條，草中翁仲今何若？遺民定尚種桑麻，敗將如聞保城郭。嫠家祖父生齊魯，位下名高人比數。當年稷下縱談時，猶記人揮汗如雨。子孫南渡今幾年，漂零遂與流人伍。願將血淚寄河山，去灑青州一抔土。』其序云：『以上二公，亦欲以俟採詩者。』《雲麓漫鈔》。易安又有句云：『南來猶怯吳江冷，北狩應知易水寒。』又云：『南渡衣冠思王導，北來消息少劉琨。』《漁隱叢話》、《詩說雋永》。忠憤激發，意悲語明，所非刺者眾。又為詩誚應舉進士曰：『露花倒影柳三變，桂子飄香張九成。』《老學庵筆記》。九成，紹興二年進士。應舉者服其工對，傳誦而惡之。其〈感懷〉詩曰：『寒窗敗几無書史，公路生平竟至此，青州從事孔方兄，終日紛紛喜生事。作詩謝絕聊閉門，虛室香生有佳思。靜中吾乃見真吾，烏有先生子虛子。』《彤管遺編》。此詩上、去兩押，所謂詩止分平、側。四年，避亂西上，過嚴子陵釣臺，有『巨艦因利、扁舟為名』之歎，《打馬圖》、《釣臺集》。或以其二十字韻語為惡詩，蓋口占聊成之，非詩也，不復錄。至金華卜居焉。《打馬圖》。有〈曉夢〉詩曰：『曉夢隨疎鐘，飄然躋雲霞；因緣安期生，邂逅萼綠華。秋風正無賴，吹盡玉井花。共看藕如船，同食棗如瓜。翩翩垂髮女，貌妍語亦佳。嘲辭鬭詭辯，活火烹新茶。雖乏上元術，遊樂亦莫涯。人生能如此，何必歸故家？起來斂衣坐，掩耳厭喧譁。心知不可見，念念猶咨嗟。』《彤管遺編》。詩秀朗有仙骨也。又作《打馬圖》曰：『慧則通，通則無所不達；專則精，精則無所不妙。故庖丁解牛，郢人運斤；師曠之聽，離婁之察；大至堯舜之仁、桀紂之惡；小至擲豆起蠅、巾角拂棋，皆臻其極者，妙而已。夫博無他，爭先術耳，故專者勝。余性專博，凡所謂博者，皆耽之。南渡流離，盡散博具。今年冬十月朔，聞淮上警報，江、浙之人，自東走西，自南走北，居山林者謀入城市，居城市者謀入山林，旁午絡繹，莫知所之。余亦自臨安溯流，過嚴灘，抵金華，卜居陳氏第，乍釋舟楫而見窗軒，意頗適然。更長燭明，如此良夜何，於是乎博奕之事講矣。且長行葉子、博塞彈棋，世無傳者；打褐、大小豬窩、族鬼、胡畫、數倉、賭快之類，皆鄙俚不經見；藏酒、摴蒱、雙蹙融，近漸廢絕；選仙、加減、插關火，質魯任命，無所施智巧；大小象戲、弈棋，又止容二人；獨采選、打馬，特為閨房雅戲。嘗恨采選叢煩，勞於檢閱，又能通者少，難遇勁敵；打馬簡要，而苦無文采。按打馬世有二種，一種一將十馬者，謂之關西馬；一種無將二十馬者，謂之依經馬。流傳既久，各有圖經、凡例可考，行移賞罰互有同異。宣和間人，取二種馬參雜加減，大約交加僥倖，古意盡矣，所謂宣和馬

者是也。余獨愛依經法，因取其賞罰互度，每事作數語，隨事附見，使兒輩圖之；不獨施之博徒，亦足貽諸好事，使千百世後，知命辭打馬，始自易安居士也。時紹興四年十有二月二十四日。』其〈打馬賦〉曰：『歲令聿徂，盧或可呼。千金一擲，百萬十都。尊俎列陳，已行揖讓之禮；主賓言洽，不有博奕者乎？打馬爰興，撟蒱者退，實小道之上流，競深閨之雅戲。齊驅驥駬，疑穆王萬里之行；別起玄黃，類楊氏五家之隊。珊珊佩響，方驚玉鐙之敲；落落星羅，忽訝連錢之碎。若乃吳江楓落，燕山葉飛，玉門關閉，沙苑草肥，臨波不渡，似惜障泥。或出入騰驤，猛比昆陽之戰；或從容磐控，正如涿鹿之師；或聞望久高，脫復庾郎之失；或聲名素昧，倏驚癡叔之奇。亦有緩緩而歸，昂昂而駐，鳥道驚馳，蟻封安步。崎嶇峻坂，慨想王良；跼促鹽車，忽逢造父。且夫邱陵云遠，白雲在天，心無戀豆，志在著鞭。蹴踘黃葉，畫道金錢。用五十六采之間，行九十一路之內，明以賞罰，覈其殿最。運指揮於方寸之中，決勝負以幾微之介。且好勝者人之常情，爭籌者道之末技。說梅止渴，稍蘇奔競之心；畫餅充飢，亦寓踦騰之志。將求遠效，故臨難而不廻；留報厚恩，或相機而豫退。亦有銜枚緩進，已踰關塞之艱；豈致奮足爭先，莫悟穿塹之墜。至於不習軍行，必占尤悔，當知範我之馳驅，勿忘君子之箴佩。況乃爲之賢已，事實見於正經；行以無疆，義必合乎天德。牝乃叶地類之貞，反亦記魯姬之式。鑒髻墮於梁家，溯滸循於岐國。故宜繞牀大叫，五木皆盧；瀝酒一呼，六子盡赤。平生不負，遂成劍閣之勳；別墅未輸，決破淮淝之賊。今日豈無元子，明時不乏安石。又何必陶長沙博局之投，正當師袁彥道布帽之擲也。亂曰：佛貍定見卯年死，是歲甲寅。貴賤紛紛尚流徙。滿眼驊騮及騄駬，時危安得眞致此。木蘭橫戈好女子，老矣不復志千里，但願相將過淮水。』本書。時易安年五十三矣。居金華，有〈武陵春〉詞曰：『風住塵香花已盡，日晚倦梳頭。物是人非事事休，欲語淚先流。 聞說雙溪春尚好，也擬泛輕舟。只恐雙溪舴艋舟，載不動，許多愁。』流寓有故鄉之思，《水東日記》云：『玩其詞意，作於序《金石錄》之後。』其事非閨閤文筆自記者莫能知。或曰依弟迒，老於金華。後人集其所著爲文七卷、詞六卷，行於世。《宋史·藝文志》。其〈金石錄後序〉稿，在王厚之順伯家，洪邁見之，爲述其大概。《容齋四筆》。朱文公言：『本朝婦人能文章者，曾相布妻魏，及李易安二人而已。』《詞綜》。後有人於閩漠口舖見女子韓玉父題壁詩序：『幼在錢塘，師事易安。』《彤管遺編》。易安能詩、詞、文、四六，又能畫。明人陳查良藏有易安畫〈琵琶行圖〉。宋濂《學士集》。莫廷韓買得易安畫〈墨竹〉一幅。

《太平清話》。張居正在政府日，見部吏鍾姓浙音者，問曰：『汝會稽人耶？』曰：『然。』居正色變久之。吏曰：『新自湖廣遷往耳。』然卒黜之。《玉茗瑣談》。文忠蓋以鍾復皓故，時不悉其意，以為乖暴。而其時無學者不堪易安譏誚，改易安與綦學士啓，以張飛卿爲張汝舟，以玉壺爲玉臺，謂官文書使易安嫁汝舟，後結訟，又詔離之，有文案。詳趙彥衛《雲麓漫鈔》、胡仔《苕溪漁隱叢話》、李心傳《建炎以來繫年要錄》。宋方擾離，不糾言妖也。述曰：《宋史・李格非傳》云：『女清照，詩文尤有稱於時，嫁趙挺之之子明誠，自號易安居士。』無他說也。〈藝文志〉有易安詞六卷，《通考・經籍考》引《直齋書錄解題》止《漱玉集》一卷。《解題》云：『別本分五卷，詞今存。』《書錄》〈打馬賦〉一卷，《解題》云：『用二十馬，今世打馬，大約與擲蒲相類。』〈藝文志〉言文集七卷，明焦竑《國史經籍志》云十二卷，則並詞五卷，惜其文未見。《瑯嬛記》、《四六談麈》、《宋文粹拾遺》並載易安〈賀攣生啓〉云：『無午未二時之分，有伯仲兩楷之似；既繫臂而繫足，實難弟而難兄。玉刻雙璋，錦挑對褓。』注言：『任文二子攣生，德卿生於午，道卿生於未；張伯楷、仲楷兄弟相似，形狀無二；白伋兄弟，母不能辨，以五色采繩一繫於臂，一繫於足。其用事明當如此。』讀《雲麓漫鈔》所載〈謝綦崇禮啓〉，文筆劣下，中雜有佳語，定是竄改本。又夫婦訐訟，必自證之，啓何以云無根之謗？余素惡易安改嫁張汝舟之說，雅雨堂刻〈金石錄序〉，以情度易安不當有此事。及見李心傳《建炎以來繫年要錄》，采鄙惡小說，比其事爲文案，尤惡之。後讀《齊東野語》論韓忠繆事云：『李心傳在蜀，去天萬里，輕信記載，疎舛固宜。』又《謝枋得集》亦言：『《繫年要錄》爲辛棄疾造韓侂冑壽詞。則所言易安文案、謝啓事可知。』是非天下之公，非望易安以不嫁也。不甘小人言語，使才人下配駔儈，故以年分考之，凡詩文見類部小說詩話者，考合排次，至紹興四年，易安年五十三。又紹興十一年五月十三日，綦崇禮瑝陽夏謝伋，寓家臺州，自序《四六談麈》，時易安年已六十，伋稱爲趙令人李；若崇禮爲處張汝舟婚事，伋其親婿，不容不知。又下至淳祐元年，時及百年，張端義作《貴耳集》，亦稱易安居士，趙明誠妻。易安爲嫠，行跡章章可據。趙彥衛、胡仔、李心傳等，不明是非，至後人貌爲正論。《碧雞漫志》謂易安詞於婦人中爲最無顧藉，《水東日記》謂易安詞爲不祥之具，此何異謂直不疑盜嫂亂倫，狄仁傑謀反當誅滅也？且〈啓〉言：『牛蟻不分，灰釘已具。弟既可欺，持官文書來輒信；身幾欲死，非玉鏡架亦安知。呻吟未定，強以同歸。忍以桑榆之末景，配茲駔儈之下才。』易安，老命婦也，何以改嫁復與官告？又

言：『視聽才分，實難共處，惟求脫去，決欲殺之，遂肆欺凌，日加毆擊。豈期末事，乃得上聞，取自宸衷，付之廷尉。』是又閨房鄙論，竟達闕廷，帝察穩私，詔之離異。夫南渡倉皇，海山奔竄，乃舟車戎馬相接之時，爲一駔儈之婦，從容再降玉音，宋之不君，未應若此。審視〈金石錄後序〉，始知頌金事白，纂有湔洗之力，小人改易安〈謝啓〉，以飛卿玉壺爲汝舟玉臺，用輕薄之詞，作善謔之報，而不悟牽連君父，誣衊廟堂，則小人之不善於立言也。劉時舉《續通鑑》云：『紹興四年八月，趙鼎疏言：「草澤行伍，求張浚不遂者，人人投牒，醜詆及其母妻。」』《四朝聞見錄》有劾朱文公閨閫中穢事疏及朱謝罪表。蓋其時風氣如此。《齊東野語》又云：『黃尙書由妻胡夫人惠齋居士，時人比之易安，嘗指摘趙師罿〈放生池文〉誤；惠齋已卒，趙爲臨安府，誘其逃婢證惠齋前與棋客鄭日新通，遂黥配日新，而尙書以帷薄不修罷。』按《白獺髓》云：『師罿初居吳郡及尹天府日，延喬木爲門客，喬教師罿子希蒼制古禮器，於家釋菜，黃尙書欲發遣之，師罿乃毀器而逐喬。』是師罿與由以黥配門客相報，又值惠齋有摘文之事，乃並誣惠齋，其事與易安同。夫小人何足深責，吾獨惜易安與惠齋以美秀之才，好論文以中人忌也。易安《打馬圖》言：『使兒輩圖之。』合之〈上胡尙書詩〉，蓋易安無所出，兒輩乃格非子孫，故其事散落。今於詞之經批隙及好事傳述者亦輯之，於事實有益，可備好古明理者觀覽。其僅見《漱玉集》者，此不載也。」（《癸巳類稿》）

按：文中「以曹元謙念謙爲冠」句，各本作「以曹元謙、念奴爲冠」，此處誤，曹元謙不詳，疑是當時歌手。念奴乃當時歌妓。《開元天寶遺事》云：「念奴者，有姿色，善歌唱。」可證。

沈　濤　二則

次雲出所藏元人李易安小像索題，余爲賦二絕句云：「漱玉聲疑響珮環，春殘幽恨苦相關。易安有〈春殘〉詩。傷心柳絮泉頭水，種出蘼蕪綠遍山。」「月上新詞最斷腸，纏綿兒女意堪傷。不應人比黃花瘦，却道全無晚節香。」嘗謂朱淑眞〈梅花〉詩「寧可抱香枝上老，不隨黃葉舞秋風」，實鄭所南〈自題畫菊〉「寧可枝頭抱香死，何曾吹落北風中」二語所本。志節皦然，即此可見。《斷腸》一集，特以兒女纏綿寫其幽怨。「月上柳梢」，詞見《歐陽公集》，明人選本嫁名淑眞，致蒙不潔之名，亟應昭雪。易安何等女子，況未亡時年已垂暮，汝舟之適，亦恐近誣。（《瑟榭叢談》卷下）

《老學庵筆記》：「張子韶對策，有『桂子飄香』之語，趙明誠妻李氏嘲之曰：『露花倒影柳三變，桂子飄香張九成。』」放翁不曰「張汝舟」而曰「趙明誠妻」，可見易安無改適。（同上）

梁紹壬

《漱玉》、《斷腸》二詞，獨有千古。而一以「桑榆晚景」一書致誚，一以「柳梢月上」一詞貽譏。後人力辨易安無此事，淑眞無此詞，此不過爲才人開脫，其實改嫁本非聖賢所禁。〈生査子〉一闋，亦未見定是淫奔之詞。此與歐公簸錢一事，今古曉曉辨論，殊可不必。不若竹垞翁之直截痛快：「吾寧不食兩廡豚，不刪〈風懷〉二百韻」也。（《兩般秋雨庵隨筆》卷二）

顧太清

【金縷曲】　日暮來青鳥。啓芸囊、紙光如研，香雲縹緲。易安夫妻皆好古，夏鼎商彝細考。聚絕世人間奇寶。太息兵荒零落散，剩殘編幾卷當年藁。前人物，後人保。　雲臺相國親搜校。押紅泥、重重小印，篇篇玉藻。南渡君臣荒唐甚，誰寫亂離懷抱。抱遺憾、訛言顛倒。賴有先生爲昭雪，算生平特記伊人老。千古案，平反了。（《滂喜齋藏書記》引）

按：此條旨在爲清照改適辨誣，觀詞之下片云：「南渡君臣荒唐甚，誰寫亂離懷抱。抱遺憾、訛言顛倒。賴有先生爲昭雪，算生平特記伊人老。千古案，平反了。」語意甚明。

吳衡照　四則

妃子沼吳，重歸少伯。美人亡息，再醮荊王。簡牘工訛，殊難理遣。世傳易安居士再適張汝舟，卒至對簿，有〈與綦處厚啓〉云云，爲時訕笑。今以〈金石錄後序〉考之，易安之歸德甫，在建中辛巳，時年一十有八。後二年爲癸未，德甫出仕宦。越二十三年靖康丙午，德甫守淄川。其明年建炎丁未，奔母喪。又明年戊申，德甫起復知建康府。又明年己酉春，罷職；夏，被旨知湖州；秋，德甫遂病不起，時易安年四十有六矣。越五年，紹興甲寅，作〈金石錄後序〉，時年五十有一。其明年乙卯，有〈上韓胡二公〉詩，猶自稱閭閻嫠婦，時年五十有二。豈有就木之齡已過，隳城之淚方深，顧爲此不得已之

為，如漢文姬故事。意必當時嫉元祐君子者，攻之不已，而及其後。而文叔之女多才，尤適供謠諑之喙，致使世家帷薄，百世而下，蒙詬抱誣，可慨也已。(《蓮子居詞話》卷二)

易安居士再適張汝舟，卒至對簿，有〈與綦處厚啓〉云云，宋人說部多載其事，大抵彼此衍襲，未可盡信。《宋史・李文叔傳》附見易安居士，不著此語。而容齋去德甫未遠，其載於《四筆》中，無微詞也。且失節之婦，子朱子又何以稱乎？反覆推之，易安當不其然。(同上)

易安〈武陵春〉，其作於祭湖州以後歟？悲深婉篤，猶令人感伉儷之重。葉文莊乃謂語言文字誠所謂不祥之具，遺譏千古者矣。不察之論也。南康謝蘇潭方伯啓昆〈詠史〉詩云：「風鬟尚怯胥江冷，雨泣應含杞婦悲。回首靜治堂舊事，翻茶校帖最相思。」措語得詩人忠厚之致。(同上)

宋黃尚書由夫人，胡給事晉臣女也，能草書，詩文亦可觀，琴棋寫竹皆精，自號惠齋居士，時人以比易安居士。尚書帥蜀，夫人偕行，因几上塵，戲畫梅一枝，賦〈百字令〉云云，見《皇宋書錄外篇》。趙師罿知臨安府，浼少司成高文虎作〈西湖放生池記〉，誤以鳥獸魚鱉咸若屬商事，無名子有詞以嘲之，實夫人首摘其謬也，師罿銜之。會夫人卒，其婢竊物以逃，捕送臨安府。師罿鞫令指言主母平時與弈者鄭日新通，所失物乃主母自與。遂逮鄭，繫獄黥之。未幾，尚書以帷薄不修去國。眦眦細故，致令夫人負不白之冤於其身後，又何怪乎易安居士矣！後十餘年，師罿死，其家亦以曖昧被累。信乎人之存心不可以不厚，而報復之理昭昭不可揜也。(同上，卷四)

杜文瀾

秦澹如觀察緗業，字應華，江蘇無錫人。……所著《微盦詞錄》、《虹橋老屋詞賸》，秘不示人。從友人處借抄，僅得三闋。……又〈高陽臺・張荔門山人取易安居士醉花陰詞意圖其小象於扇屬題〉云：「碎玉無聲，凌波有影，分明靜治堂中。識盡凄涼，紗廚寶枕都空。黃花依舊如人瘦，悄無言，秋上眉峰。問緣何，關茗熏香，一例疏慵？　新詞自向烏闌譜，紀錄成《金石》，夫婦同功。散後雲煙，怕聽雨滴梧桐。風鬟霜鬢添憔悴，怎琴心，老去偏工？莫憑他，野史荒唐，試認驚鴻。」(《憩園詞話》卷四)

按：詞云：「風鬟霜鬢添憔悴，怎琴心，老去偏工？」蓋謂清照必無老而再醮事。

又云：「莫憑他，野史荒唐，試認驚鴻。」殆謂《建炎以來繫年要錄》、《雲麓漫鈔》等均屬荒唐野史，不足取信也。秦氏此詞，爲清照辨誣之意甚明。

陸以湉

【李易安朱淑真】 德州盧雅雨轉使見曾作〈金石錄序〉，力辨李易安再適之誣。謂德夫歿時，易安年四十六矣。又六年，始爲是書作跋，時年已五十有二。非夏姬之三少，等季隗之就木，以如是之年而猶嫁，嫁而猶望其才地之美，和好之情，亦如德夫昔日；至大失所望而後悔之，又不肯飲恨自悼，輒諜諜然形諸簡牘；此常人所不肯爲，而謂易安之明達爲之乎？觀其泝經喪亂，猶復愛惜一二不全卷軸，如護頭目，如見故人，其惓惓德夫，不忘若是！安有一日忍相背負之理？此子輿氏所謂好事者爲之，或造謗如《碧雲騢》之類，其又可信乎？陳雲伯大令亦云：「宋人小說往往污衊賢者，如《四朝聞見錄》之於朱子、《東軒筆錄》之於歐陽公，比比皆是。」……李易安再適趙汝舟事，詳趙彥衛《雲麓漫鈔》，諸家皆沿其說。盧氏獨力爲辨雪，其意良厚，特錄之，以俟論世者取裁焉。（《冷廬雜識》卷四）

按：此條「李易安再適趙汝舟」，「趙汝舟」當係「張汝舟」之筆誤。

陸 鎣

歐陽公，宋代大儒，詩文外，喜爲長短調。凡小詞多同時人作，公手輯以存者，與公無涉，一時忌公者藉口以興大獄。司馬溫公，兒童走卒咸共尊仰，輕薄子捏造豔詞以爲公作，轉相傳誦。小人之無忌憚如此。至洒趙明誠妻易安居士、黃尚書妻惠齋居士，皆以人才藻蒙污。易安文詞具在其全集中，雅雨堂〈金石錄序〉曾爲之辨。近世俞君理初就易安全集考證年月，引據舊聞，力爲昭雪，易安被謗之由，始白於世。惠齋居士胡氏始以尚書與趙師罻有隙，繼以指摘碑文、師罻守臨安，惠齋前卒，遂坐罪其門客，斥罷尚書。先廣文云：「南渡風氣，每藉端閨閫，陷人於罪。流傳至今，耳食者引爲故實，可慨之尤甚者。」（《問花樓詞話》）

周 樂

【題李易安遺像並序**】** 李清照，自號易安居士，濟南格非之女也。幼有才

藻，爲詞家大宗，嫁趙明誠。明誠好儲書籍，作《金石錄》，考據精鑿，清照實助成之。遭靖康亂，圖書散失，避亂於越。明誠卒，乃作〈金石錄後序〉，自述其流離狀，人皆憫之。按，明誠諸城人，而家於青，此圖之在諸城也，宜矣。觀其筆墨古雅，迥非近代畫手所能及，或即當時真本，亦未可知；第不知何年藏於縣署樓中，貯以竹筒，爲一邑紳所得，寶而藏之；今又入其邑裴玉樵手，攜歸濟南；得快瞻數百年故物，不可謂非深幸也。披覽之餘，並係短章，以誌景仰。道光庚戌重九日，歷下周樂二南識。

曲眉雲髻屏鉛華，《漱玉詞》高自一家。幾經滄桑遺像在，果然人瘦似黃花。

金石搜羅未覺疲，香焚燕寢伴吟詩。披簑頂笠裝尤好，風雪循城覓句時。
重敘遺編感故侯，艱難歷盡幾經秋。淒涼柳絮泉邊老，漫妒才人老不休。
（冷雪盦本《漱玉集》引）

按：此條所載詩，其第三首有句曰：「淒涼柳絮泉邊老，漫妒才人老不休。」是周氏以爲清照因才招忌，前人謂其晚而更嫁，未必然也。

史　靜

【蕊生長姒〈百美詩〉，於李易安、朱淑眞尚沿舊說，詩以辨之】　藁砧風雅重當時，金石心堅哪得移。人比黃花更消瘦，何緣晚節有參差。李易安（《閨秀正始集》引）

按：此條亦不信清照有改嫁事，觀其「人比黃花更消瘦，何緣晚節有參差」二語可知。

黃友琴

【書雅雨堂重刊《金石錄》後並引】　李易安作〈金石錄跋〉，時年已五十有二。國朝雅雨盧公重梓是書，序中決其必無更嫁事，謂是好事者爲之，殆造謗爲《碧雲騢》之類。數百年覆盆，遂得昭雪，自是易安可免被惡聲矣。詩以詠之：「李氏本清門，趙亦大族裔。淹通敵儒冠，文采蔑儕類。詎踰就木年，而違泛舟誓。金爲口所鑠，爨竟足不衛。卓哉都轉公，一語抉蒙翳！披雲始見天，湔雪洵快事。詞憐《漱玉》新，圖愛〈打馬〉慧。曠代有知己，九原當破涕。」（《閨秀正始集》引）

按：「〈金石錄跋〉」應作「〈金石錄後序〉」。

吳連周

李清照，格非女，適諸城趙明誠，自號易安居士。合詩詞雜著爲《漱玉集》三卷，其詞超絕古今，詩不多見。其舅挺之相徽宗，清照獻詩，有云：「炙手可熱心可寒。」格非以黨籍罷，清照上詩救格非，有云：「何況人間父子情。」識者哀之。建炎初，從秘閣守建康，作詩云：「南來尚怯吳江冷，北狩應悲易水寒。」王西樵撰《然脂集》，只得其詩二句云：「少陵亦是可憐人，更待明年試春草。」《風月堂詩話》載二句云：「詩情如夜鵲，三繞未能安。」愚按：易安多以文字中人忌。如建安詩：「南渡衣冠少王導，北來消息欠劉琨。」譏刺甚眾。張子韶對策，有「桂子飄香」之語，易安嘲之曰：「露花倒影柳三變，桂子飄香張九成。」應舉者服其工而心忌之。紹興三年端午，易安親聯有爲內夫人者，代進帖子，於是翰林止金帛之賜，咸以爲由易安也。時直翰林秦楚材尤忌之。嗚呼！此改嫁穢說之所由來也。（《繡水詩鈔》卷一）

王培荀

盧雅雨先生〈重刊金石錄敘〉，謂李易安作〈金石錄跋〉，時年已五十有二，必無更嫁之事，殆造謗如《碧雲騢》之類。宛平女史黃友琴，喜易安數百年覆盆昭雪，賦詩云：「李氏本清門，趙亦大族裔。淹通敵儒冠，文采蔑儕類。詎踰就木年，而違泛舟誓。金爲口所鑠，虁竟足不衛。卓哉都轉公，一語抉蒙翳。披雲始見天，湔雪洵快事。詞憐《漱玉》新，圖愛〈打馬〉慧。曠代有知己，九原當破涕。」按，易安不再嫁，前人已辨之，觀此詩益知盧公高識，非私於鄉人也。（《鄉園憶舊》卷一）

按：此條「〈金石錄跋〉」應作「〈金石錄後序〉」。

伍崇曜

【《打馬圖經》跋】　右《打馬圖經》一卷。宋李清照撰。按：清照，濟南人，號易安居士，禮部郎格非之女，湖州守趙明誠妻也。《苕溪漁隱叢話》稱其再適張汝舟，反目，有啓上綦處厚，具載《雲麓漫鈔》。李心傳《建炎以來繫年要錄》載其搆訟事尤詳。毛子晉刊其詞集，備載其軼事而不錄此段，蓋諱之也。易安爲詞家一大宗，張端義《貴耳錄》稱閨閣有此詞筆，殆爲間氣。然《雲麓漫鈔》又錄其〈上樞密韓公、工部尚書胡公兩詩並序〉。《詩說雋永》

又稱其從秘閣守建康，作詩云：「南來尙怯吳江冷，北狩應悲易水寒。」又云：「南渡衣冠少王導，北來消息欠劉琨。」則固工於詩矣。《四六談麈》又記其〈祭趙湖州文〉：「白日正中，嘆龐公之機捷；堅城自墮，憐杞婦之悲深。」云云。《宋稗類鈔》又記其〈賀人攀生啓〉：「玉刻雙璋，錦挑對褓」云云。則又工於儷體文矣。又《四朝詩集》：「閨秀韓玉父，秦人，家於杭，李易安教以詩。」又《太平清話》：「莫廷韓云：『向曾置李易安〈墨竹〉一幅。』亦奇女子矣。」而《老學庵筆記》又稱：「張子韶對策，有『桂子飄香』語，易安以詩嘲之，曰：『露花倒影柳三變，桂子飄香張九成。』」《宋稗類鈔》又稱：「明誠在建康日，易安每值天大雪，必戴笠披蓑，循城遠覽，以尋詩爲事。」亦風流放誕人矣。打馬戲今不傳，周櫟園《書影》稱：「予友虎林陸驤武近刻李易安之譜於閩，以犀象蜜蠟爲馬，盛行，近淮上人頗好此戲。」云云，而今實未見，殆失傳矣。此爲亡友黃石溪明經手寫本，序稱撰於紹興四年，固《貴耳錄》所稱南渡來常懷京洛舊事，晚年賦詞，有「於今憔悴，風鬟霧鬢」時也。時咸豐辛亥春盡日，南海伍崇曜跋。（粵雅堂叢書本《打馬圖經》）

按：「《宋稗類鈔》又稱：『明誠在建康日』云云」，「《宋稗類鈔》」疑係「《清波雜志》」之誤。

陸心源

【《癸巳類稿・易安事輯》書後】　李易安改嫁，千古厚誣。歙人俞理初爲《易安事輯》以辨之，詳矣，備矣。惟張汝舟崇寧五年進士，毘陵人，見《咸淳毘陵志》。欽宗時，知紹興府，見《會稽志》。建炎三年，以朝奉郎直秘閣，知明州；十二月，召爲中書門下檢正諸房文字。四年，兼管安撫使，復以直顯謨閣知明州，見《四明圖經》；五月，上過明州，歷奉儉簡遷一官；六月乞祠，主管江州太平觀。紹興元年三月，往池州措置軍務，尋爲監諸軍審計司。二年九月，以妻李氏訟其妄增舉數入官，有司當汝舟私罪，徒，詔除名，柳州編管，見《建炎以來繫年要錄》。則汝舟既確有其人，以李氏訟編管，亦確有其事。理初僅以怨家改啓，證易安無改嫁事，幾若汝舟亦屬子虛，不足以釋千古之疑，而折服李心傳之心。愚按：汝舟即飛卿之名，妻字上當奪「趙明誠」三字耳。高宗性好古玩，與徽宗同，汝舟必以進奉得官，因進奉而徵及玉壺，因玉壺之失而有獻璧北朝之誣，因獻璧北朝之誣，而易安有妄增舉數之報。復不然，妄增舉數，與妻何害？既不應興訟，朝廷亦豈爲準理耶？

惟李氏被獻璧北朝之誣，人人代抱不平，故李氏一控，而汝舟即奪職編管。汝舟無可洩憤，改其謝啓，誣爲改嫁，認爲伊妻；其啓即汝舟所改，非別有怨家也。請列五證以明之：汝舟先官祕閣直學士，復官顯謨直學士，故曰飛卿學士。其證一也。頌金之謗，崇禮爲之左右得解，事在建炎三年，是時崇禮官中書舍人，故曰內翰承旨。汝舟之貶，事在紹興二年，則崇禮已爲侍郎，翰林學士當曰學士侍郎，不得曰內翰承旨矣。其證二也。若《要錄》原本無「趙明誠」三字，注文既敘明李格非女矣，何不敘趙明誠妻改嫁汝舟乎？其證三也。男女婚嫁，世間常事，朝廷不須問，官吏豈有文書。啓云：「弟既可欺，持官文書來即信。」當指訾語上聞，置獄而言。改嫁不必由官，又何官文書之有？其證四也。獻璧北朝，可稱不根之言。若改嫁確有其事，何得云不根之言？其證五也。心傳誤據傳聞之辭，未免疏謬，若謂採鄙惡小說，比附文案，豈張汝舟亦無其人乎？必不然矣。（《儀顧堂題跋》）

李慈銘

【書陸剛甫觀察《儀顧堂題跋》後】　　陸氏心源《儀顧堂題跋》十六卷，其中可取者甚多。其書《癸巳類稿‧易安事輯後》謂張汝舟，毘陵人，崇寧五年進士，見《咸淳毘陵志》，又引《建炎以來繫年要錄》，紹興二年九月，張汝舟爲監諸軍審計司，以妻李氏訟其增舉數入官，詔除名，柳州編管。則汝舟既確有其人，以李氏訟編管，亦確有其事。汝舟即飛卿之名，妻子上當奪「趙明誠」三字。高宗性好古玩，汝舟必以進奉得官，因進奉而徵及玉壺，因玉壺之失而有獻璧北朝之誣，因獻璧北朝之誣而易安有妄增舉數之報。蓋獻璧北朝之誣，人人代抱不平，故李氏一控，而汝舟即奪職編管；汝舟無可洩憤，改其謝啓，誣爲改嫁，認爲伊妻；其啓即汝舟所改，非別有怨家也。則殊臆決不近理。案《嘉泰會稽志》載：「宣和五年，張汝舟以降授宣教郎直祕閣，知越州。」越爲望郡，是汝舟在徽宗時已通顯。《乾道四明圖經》載：「建炎四年，張汝舟以直顯謨閣知明州，兼管內安撫使，數月即罷。」《圖經》載：是年汝舟之前，已有劉洪道、向子忞二人。汝舟之後，爲吳懋，以建炎四年八月到任。是汝舟在州不過一、二月。《繫年要錄》載：「紹興二年九月，汝舟除名。」時官止右承奉郎，則仕宦頗極沈滯，安見其以進奉得官？高宗頗好書畫，未聞其好器玩。易安〈金石錄後序〉言，聞張飛卿玉壺事發，在建炎三年九、十月間。時明誠甫於八月卒，高宗方爲金人所迫，流離奔竄，即甚荒闇之主，尚安得留心玩好，令人以進奉

博官？汝舟之名，與飛卿之字，亦不相配合。且〈序〉言：「飛卿所示玉壺，實珉也，旋復攜去。」則壺並不在德甫所，安得妄告朝廷，徵之趙氏？且《要錄》言：「時建康置防秋安撫使，擾攘之際，或疑其饋璧北朝，言者列以上聞，或言趙、張皆當置獄。」是明謂言官所發，飛卿方有對獄之懼，豈有自發而自誣之理？易安〈後序〉亦謂：「何人傳道，妄言頌金。」是並無怨飛卿之事，安得謂人人代抱不平，易安故訟其妄增舉數以爲報復。至謂其〈啓〉即汝舟所改，尤非情理。汝舟以進士歷官已顯，豈肯自謂駔儈下才，及視聽才分，實難共處。且人即無良，豈有冒認嫠婦以爲己妻。趙、李皆名人貴家，易安婦人之傑，海內眾著，又將誰欺？雖喪心下愚，亦不至此。《要錄》大書「右承奉郎、監諸軍審計司張汝舟屬吏，以汝舟妻李氏訟其妄增舉數入官也」。其文甚明，安得謂妻上脫「趙明誠」三字？陸氏謂：「妄增舉數，何與妻事，朝廷亦豈爲準理？」則閨房之內，事有難言，增舉入官，欺罔朝廷，安得置之不理？此等事惟家人得知之，故發即得實。若他人之婦，何從知之。惟易安必無再嫁之事，理初排比歲月，證之甚明。今即《要錄》所載此一節，覈其年月，更可瞭然。易安〈金石錄後序〉，自題「紹興二年玄黓歲壯月甲寅朔，易安室題」。《要錄》繫訟增舉事於紹興二年九月戊午朔，相去一月，豈有三十日內，忽在趙氏爲嫠婦，忽在張氏訟其夫，此不待辨者也。又易安於紹興三年五月上使金工部尚書胡松年詩，有「嫠家祖父生齊魯」之句，則易安以老寡婦終，已無疑義。《要錄》又載：「紹興二年八月丙辰，是二十九日。是月戊子朔，〈後序〉題甲寅朔，蓋筆誤。甲寅是二十七日，或是戊子朔甲寅，脫戊子二字。又朔甲寅誤倒，古人題月日，多有此例：易安好古，觀其用歲陽紀歲，月名紀月可知。直秘閣、主管江州太平觀趙思誠守起居郎。」思誠，明誠兄也，則是時趙氏尚盛，尤不容有此事。《要錄》又載：「建炎三年閏八月，和安大夫開州團練使致仕王繼先，嘗以黃金三百兩，從故秘閣修撰趙明誠家市古器，兵部尚書謝克家言：『恐疏遠聞之，有累盛德，欲望寢罷。』上批令三省取問繼先。」則所云徵及玉壺，傳聞置獄，當在此時。王繼先本姦黠小人，時方得倖，必有恫喝趙氏之事。而綦崇禮爲左右之，得白，故易安作〈啓〉以謝。至張汝舟妻李氏，或本易安一家，與夫不咸，訟訐離異，當時忌易安之才如學士秦楚材者，秦檜之兄名梓。及被易安誚刺如張九成等者，因將此事移之易安。張九成爲紹興二年進士第一人，其對策有「桂子飄香」之語，易安因有「桂子飄香張九成」之謔，亦足證其嫠居無事。若方與後夫爭訟仳離，豈尚有此暇力弄狡獪乎？或汝舟之妻亦嫺文字，作文自述被夫欺凌毆擊之事，其訟妄增舉數時，亦必牽

及閨門乖忤，自求離絕。及置獄，根勘得實，並遂其請，後人因其適皆李姓，遂牽合之，李微之亦不察而誤采之。俗語不實，流爲丹青，遂以漱玉之清才，古今罕儷，且爲文叔之女、德甫之妻，橫被惡名，致爲千載宵人口實。余故申而辨之，補俞氏之闕，正陸氏之誤，可爲不易之定論矣。(《越縵堂乙集》)

丁 丙

《漱玉詞》一卷，舊抄本。宋李清照撰。清照姓李氏，號易安居士，濟南人，李格非之女，適東武趙挺之仲子明誠。有《漱玉詞》一卷，頗多佳句。末附〈金石錄後序〉，毛晉刻附《六十家詞》。世謂清照於明誠故後，再適張汝舟，未幾反目。其事見《雲麓漫鈔》及《繫年要錄》。近俞理初有〈事輯〉，凡七千言，辯誣析疑，洵足爲易安吐氣也。(《善本書室藏書志》卷四十)
按：「仲子明誠」，誤。趙明誠非「仲子」，已見前按。

劉聲木

婦人再醮，自古亦不禁。後以宋五子尚從一而終之義，稍知自愛，皆以再醮爲恥。程子言餓死事小，失節事大；天下後世，翕然宗之，無異辭。保全名節之功，亙萬世而不可沒也。吾獨怪李清照，號易安居士，生于宋南渡後，當理學大明之時，而又素工詩古文詞，詞尤傑出，可與周、柳抗行，儼然爲一時冠冕，夫死竟再嫁張汝舟，殊不可解，卒致與後夫搆訟離異。胡仔《苕溪漁隱叢話》中、趙彥衛《雲麓漫鈔》中、李心傳《建炎以來繫年要錄》中均詳載其事，無少隱諱，其當時不洽于眾口可知，決非駕空虛僞尤可知。我朝俞正燮《癸巳類稿》中力爲之辨白，究之皆事後之強詞，所謂欲蓋彌彰，非如胡、趙、李諸人當時所目擊記載翔實爲可據也。清照原爲禮部郎提點京東刑獄李格非之女、湖州守趙明誠之妻，母夫兩家皆雅好文學，而竟爲此寡廉鮮恥之事。其〈上綦內翰崇禮啟〉中尚自稱「素習義方，麤明詩禮」，可謂不知人間有羞恥事矣。(《萇楚齋三筆》)

端木埰

【《漱玉詞》序】 蛾眉見嫉，謠諑謂以善淫；驥足霑雲，駕駘誣其疒駕。有宋以降，無稽競鳴。燈籠織錦，潞國蒙讒。屏角簁錢，歐公受謗。青蠅玷

璧，赤舌燒天。越在偏安，益煽騰說。禮法如朱子，而有帷薄穢污之聞；忠勇如岳王，而有受詔逗遛之譖。矧茲閨闥，詎免讆言。易安以筆飛鸞聳之才，際紫色蛙聲之會。將杭作汴，膌水殘山。公卿容頭而過身，世事跋胡而疐尾。而乃鰌洋文史，跌宕詞華。頌舜曆之靈長，仰堯天之巍蕩。思渡淮水，志殲佛狸。風塵懷京洛之思，已增時忌；金帛止翰林之賜，益怒朝紳。宜乎飛短流長，變白爲黑。誣義方之閨彥，爲潦倒之夫娘。壺可爲臺，有類鹿馬之指；啓將作訟，何殊薏珠之冤？此義士之所拊心，貞媛之所扼腕者也。聖朝章志貞教，發潛闡幽，掃撼樹之蚍蜉，蕩含沙之蜮蜮，凡在咕嗶濡毫之彥，咸以彰善癉惡爲心。是以黟山俞理初先生著《癸巳類稿》，既爲昭雪於前；吾鄉金偉軍先生主戊申詞壇，復用參稽於後。皆援志乘，尚論古人，事有據依，語殊鑿空。吾友幼霞閣讀，家擅學林，人游藝圃，汲華劉井，擢秀謝庭。偶繙《漱玉》之詞，深恫鑠金之謬。將刊專集，藉雪厚誣，以僕同心，屬爲弁首。嗚呼！察詞於差，論古貴識。三至讒呱，終啓投杼之疑；〈十香〉詞淫，竟種焚椒之禍。所期哲士，力掃妄言。如吾子之用心，恨古人之不見。茗華琢玉，允光淑女之名；漆室鉅幽，齊下貞姬之拜。光緒七年正月，古黎陽端木埰子疇序。（四印齋所刻詞《漱玉詞》）

王鵬運

【《漱玉詞》跋】右易安居士《漱玉詞》一卷。按：此詞雖見於《宋史‧藝文志》、《直齋書錄解題》，世已久無傳本。古虞毛氏刻之《詩詞雜俎》中者，僅詞十七首，《四庫》所收，即是本也。此刻以宋曾端伯《樂府雅詞》所錄二十三首爲主，復旁搜宋人選本說部，又得二十七首，都爲一集，而以俞理初孝廉〈易安居士事輯〉附焉。易安晚節，世多訾議，甚至目其詞爲不祥。得理初作，發潛闡幽，並是集亦爲增重。獨是聞見無多，搜羅恐尚未備。然即此五十首中，假託污衊之作，亦已屢見。昔端伯錄六一翁詞，凡屬僞造者，皆從刊削，爲六一存眞。此則金沙雜糅，使人自得於披揀之下，固理初之心，亦猶之端伯之心云。光緒辛巳燕九日，臨桂王鵬運誌於都門半截胡同寓齋。（四印齋所刻詞《漱玉詞》）

謝章鋌

興公謂易安未嘗改嫁，以爲易安作〈金石錄後序〉在紹興二年，年五十有二，

老矣。清獻公之婦，清獻應為清憲。王阮亭《分甘餘話》曰：「《聞中今古錄》論李易安晚節改適，其翁則清獻，為時名臣。……而挺之謚清憲，故致此舛訛耳。」郡守之妻，必無更嫁之理。持論精審，足爲賢媛洗冤。（《賭棋山莊集‧詞話》卷七）

樊增祥

【題李易安遺像並序**】**　丁巳小春，武進徐君養吾以所藏易安居士小像見示，徵題。道光庚戌周二南詩跋謂：「趙明誠籍諸城而居於青。此圖設色古雅，或即當時原本，不知何年貯以竹筒，藏於諸城縣署。後爲邑紳某所得，今又轉入濟南裴玉樵家。」云云。易安生於北而歿於南。此圖閱八百餘年，復由濟南而入於吳。倘亦艷魄有靈，不忘江南烟水故耶？易安才高學贍，好詆訶人，遂爲忌者誣謗。幸得盧雅雨、俞理初輩爲之昭雪。其所爲古詩，放翁、遺山且猶不逮，誠齋、石湖以下勿論矣。寒夜無俚，爲製長句，以雪其冤，且伸夙昔論斷之意云爾。樊山樊增祥識。

趙侯一枕芝芙夢，難得駕衾詞女共。金堂茶事見恩彌，錦帕梅詞覺情重。
亭亭玉立傾城姝，文采風流蓋世無。自信真心貫金石，浪言晚節失桑榆。
父爲元祐黨人最，母是祥符狀元裔。母王氏，拱辰女孫。外氏親傳懿恪衣，
小時熟讀〈名園記〉。歸來堂裏小鴛鴦，翁佐崇寧政事堂。郎典春衣攜果餌，
姜鬻珠翠市琳琅。古今無此閨房艷，携手成歡分手念。無錢悵憶〈牡丹圖〉，
惜別悲吟紅藕簟。乘輿北狩太倉皇，猶保餘生守建康。烟水吳興教管領，
圖書東武半存亡。此時間道趨行在，六月池陽具鞍轡。目光如虎射船窗，
不作世間兒女態。秋雁銜來病裏書，深憂坫作誤芩胡。江路蘭橈三百里，
舊思錦帳卅年餘。易安以十八歸明誠，四十七而寡。旅中相見憂還怖，瘴痢既
綿傷二豎。當年顧影比黃花，今日召魂埋玉樹。從此流移歷數州，縹緗彝
鼎付沈浮。故知富貴能風雅，無福雙棲到白頭。紹興壬子臨安寓，已了玉
壺讒語事。一篇〈後序〉二千言，霧鬢風鬟五十二。〈序〉文詳密媲歐蘇，
語語靡蕪念故夫。隻雁何心隨騶儈，求凰誰見用官書？才高眾忌人情薄，
蛾眉從古多謠諑。歐陽且有盜甥疑，第五猶蒙箒翁惡。眼波電閃無餘子，
謗議由人亦由己。積怨龍頭張九成，僞投魚素蓺崇禮。知命衰年宰相家，
肯同商婦抱琵琶。憔悴已同金綫柳，荒唐誰信《碧雲騢》。姿才俊逸由天授，
太白、東坡比高秀。憶隨夫婿守金陵，已是思陵南渡後。騎出江天白鳳凰，
雪中戴笠金釵溜。歸倒奚囊索報章，西風吟得蕭郎瘦。晚年僑寄金華城，

明燭搖窗博乃興。玉軸三千俱掃地，海棠重五尚投瓊。見《打馬圖經》。曹藍謝絮猶難匹，萬古閨襜推第一。余之風論如此。〈松年〉、〈肖冑〉兩篇詩，南宋以來無此筆。妙繪猶傳〈墨竹圖〉，綺詞欲奪《金荃》席。龍輔粧樓枉費才，鷗波柔翰慚無力。今見芙蓉出鏡中，姑山冰雪擬清容。孤嫠八百年來淚，重灑蒼梧夕照紅。（《石雪齋詩集》卷三引）

葉廷琯

《頤道堂詩外集》有〈題查伯葵撰「李易安論」後〉絕句，序云：「李清照再適之說，向竊疑之。宋人雖不諱再嫁，然考易安作〈金石錄後序〉，時年已五十餘。《雲麓漫鈔》所載〈投綦處厚啓〉，殆好事者為之。嘗欲製一文以雪其誣，今讀伯葵所作，可謂先得我心矣。」詩云：「談娘善訴語何誣，卓女琴心事本無。賴有琵琶查八十，清商一曲慰羅敷。」但今所傳查梅史撰《篔谷集》，並無〈李易安論〉，詩中亦無一字辨及易安者，不知何故？考乾隆中，盧雅雨都轉嘗作〈金石錄序〉，已為易安辨冤，查君殆慮以蹈襲見譏，因此自刪所作。近見皖中俞理初孝廉正燮《癸巳類稿》有〈易安居士事輯〉一篇，亦力辨其再嫁之事，徵引詳博，似過盧序，微嫌文太繁冗。茲節采其大略附此，云……此段旁推曲證，尤見明暢。一篇名論，足洗漱玉沉冤。雖使查君出手，應亦不過如是，即雲翁亦不為盧賦題詞矣。（《鷗陂漁話》卷一）

許玉瑑

【校補《斷腸詞》序節錄】　宋代閨秀，淑真、易安並稱雋才，同被奇謗。而《漱玉》一編，既得盧抱孫諸君辨誣於先，又得幼霞同年重刊於後。《斷腸詞》則曙星孤懸，缺月空皎。《四庫提要》論定以後，迄無繼者。譬之姬姜，依然憔悴，雖有膏沐，尚淪風塵。乃白璧同完，新鉶疊發，此難得者一也。顧水流不停，雲散無迹，世罕善本，亦恝而置之耳。是本出自毛鈔，著錄甚富。兵燹以後，散在市廛，輾轉為常熟翁大農年丈所得。去冬假歸案頭，將乞幼霞補刊一二，以存其舊。夔笙乃欣賞不輟，眠餐並忘，撿得此詞，特任剞劂。依其篇第，存《玉臺》之遺；廣其蒐羅，補〈白華〉之逸。此難得者二也。《斷腸詞》就紀略所著，原有十卷，至陳振孫《書錄解題》僅存一卷。片玉易碎，單行良難。夔笙與幼霞居同里閈，近復合併。誠與《漱玉詞》都為一編，流傳藝苑，則二女同居，翔華表之鶴；百尺並峙，囀出谷之鶯。紅

顏不老，青塚常留。此難得者三也。雖然，由顯而晦，由屈而伸，無倖致之理，實賴有表章之人。藉非然者，投暗之珠，輒遭按劍；屢獻之璞，終於墜淵。《漱玉》歟！《斷腸》歟！雖潔比羊脂，啼盡鵑血，亦孰得而見也？況物論之顛倒哉！遂泚筆而序之如此。吳縣許玉瑑。（《四印齋所刻詞》引）

沈曾植

【二安】 易安跌宕昭彰，氣調極類少游，刻摯且兼山谷，篇章惜少，不過窺豹一斑，閨房之秀，固文士之豪也。才鋒太露，被謗殆亦因此。自明以來，墮情者醉其芬馨，飛想者賞其神駿，易安有靈，後者當許為知己。漁洋稱易安、幼安為濟南二安，難乎為繼；易安為婉約主，幼安為豪放主。此論非明代諸公所及。（《海日樓札叢》卷七）

薛紹徽

【李清照朱淑真論】 嗟夫！息嬀有同穴之稱，乃謂桃花不語；遼后著回心之什，竟蒙片月奇冤。謠諑興則蛾眉見疾，譸張幻而蠅璧易污。長舌屬階，實文人之好事；聖讒殄行，致淑媛以厚誣。黑白既淆，貞淫莫辨。竟使深閨扼腕，抱讀遺編；願教彤管揚輝，昭為信史。趙宋詞女，李、朱名家。《漱玉》則居臨柳絮，《斷腸》則家在桃村。市古寺之殘碑，品茶對酌；賀東軒之移學，舉案同心。槧鉛逐逐，隨宦青萊；絲管紛紛，勝遊吳楚。迨及殘山半壁，薄衾五更。阿婆白髮，已過大衍之年；怨女歸寧，莫寄傷心之淚。奚至桑榆晚景，更易初心；花市元宵，徘徊密約乎？大抵玉壺頒金之案，已肇妒才；花枝連理之詩，難言幽恨。露華桂子，招眾口以鑠金；細雨斜風，憶前歡而入夢。負盛名以致謗，因清怨而生疑。於是妄改綦崇禮之謝啓，雜竄《廬陵集》之豔詞。李心傳《要錄》，病在疏訛；楊升庵品詞，失於稽考。西蜀去浙數千里，傳聞不免異辭；有明後宋三百年，持論未曾檢點。且也張汝舟歷官清要，奚言駔儈下才？王唐佐傳述始終，誤作市井民婦。當君臣播越之時，安事文書催再醮？彼夫婦乖離而後，何必詞賦約幽期？實際可徵，疑團自破。所惜者，妄增舉數，姓氏偶同；為主東君，爵里俱逸。胡元任《叢話》，變俗諺為丹青；魏仲恭〈序言〉，仗耳食為口實。好惡支離，是非顛倒耳。然原心定論，據事探幽，編集雖零落不完，詩詞尚昭彰若揭。贈韓、胡二使者，嫠婦猶稱；宴謝、魏兩夫人者，貴遊可數。寒窗敗几，已醒曉夢疏鐘；鷗鷺鴛鴦，似嘆

小星奪月。願過淮水，猶存愛國之忱；仰望白雲，時起思親之念。忠孝已根其天性，綱常必熟於懷來。安敢別抱琵琶，偷貽芍藥；花殊旌節，樹異女貞哉？推原其故，或出有因。衣冠王導，斥將杭作汴之非；早晚平津，有稱夫為人之異。姦點者轉羞成怒，輕薄者飛短流長。胡惠齋摘文之忌，不知道高毀來；〈生查子〉大曲所傳，遂致移花接木。磽磽易缺，哆哆能張。毒生蠆尾，影射蟣沙。謗媚閨於身後，語涉無根；疑靜女於生前，冤幾不白。豈弗悖歟？吁可怪已！（《黛韻樓文集》）

蕭道管

【彙集易安居士詩文詞敘】 昔人有云：「自遜、抗、機、雲之死，天地清靈之氣，不鍾於男而鍾於女。」此響言也。其實自牝雞無晨之說起，雄飛雌伏，本有偏重之勢。故即文章一事，婦女者流，寥寥天壤。一有其人，譽之者遂為過情之言，詬之者反為負俗之累。譽與詬，皆由於少所見而多所詫而已。易安再適之說，根於恃才凌物，忌者造言。為之辨者，若盧雅雨之〈金石錄序〉、俞理初之《癸巳類稿》、吳子津之《蓮子居詞話》，亦詳且盡矣，然實有不煩言解者。世傳再適事，據所竄〈上綦崇禮啓〉耳，而中有內翰承旨之稱。按沈該〈翰苑題名壁記〉，建炎四年，崇禮除徽猷閣直學士，且出知漳州。而〈金石錄後序〉乃作於紹興二年。又明年〈上胡韓二公詩〉猶稱嫠婦，則其他尚何足與辨！夫易安五十三歲以前所作詩文，俱有年月事蹟可考，忌之者何不即其後之無可考者而誣之耶？殆所謂天奪之魄耶？易安所作，非尋常婦人女子批風抹月者所能。歸來堂之鬭茶，建康城上之披蓑戴笠，亦酸寒之樂事也。不幸而寡，又值天下大亂，奔遁靡有寧居，殆為造物所忌使然耶？抑悲與樂之相尋，固消長之理有必然者耶？余向者嘗謂：「人生子嗣，一身憂樂，不係乎是。而怪世之愚婦人，有子則不問賢愚美惡，愛惜有逾身命；無則終身大恨，凡百如意，不足以解憂，直若空生一世者。」今觀易安之被誣，且詩文詞零落殆盡，論者以為皆無子嗣之故。然則向之所謂愚婦人者，固不愚耶？抑子嗣之不肖者，亦雖有不必可恃耶？易安文字雖零落，而散見者猶復有此，故都為一集，敘而存之。癸未七月，道管書。（《道安室雜文》）

徐宗浩

【題李易安看竹圖小像】 宣統辛亥，得易安居士小像於京師。圖高晉尺

五尺八寸，闊二尺六寸五分，有周二南詩跋。易安晚節，世多訾議，盧見曾、俞理初、金偉軍三先生已爲之辨誣。後徵題於樊山、仁安兩先生，藉雪其冤。同時得王幼霞、錢納蘐兩刻本《漱玉集》，納蘐附錄二卷，考證尤詳。余覽其詞，悲其遇，爲重書影印，索俞滌煩撫〈看竹圖〉小照冠於卷首，並錄諸題於後。發潛闡幽，庶幾無憾。漫綴一絕，用志欣快。

高節凌雲自一時，嬋娟已有歲寒姿。借東坡句。霜竿特立誰能撼，寄語西風莫浪吹。(《石雪齋詩集》卷三引)

按：徐氏此詩辨誣雪冤之意甚明

王守恂　二則

【題李易安畫像】　一代文宗作女師，更從絹本得風姿；巖巖正氣朱元晦，未見吹求有貶詞。　五十孀幃已白頭，愴懷家國不勝愁。我朝自有盧、俞後，千載浮言早罷休。(《石雪齋詩集》卷三引)

【題李易安看竹圖】　律協宮商說詞伯，錄存金石作文豪。我今解得丹青意，欲表清風立節高。(同上)

按：「巖巖正氣朱元晦，未見吹求有貶詞。」「我朝自有盧、俞後，千載浮言早罷休。」「我今解得丹青意，欲表清風立節高。」王氏歷引前人之說，並附己見，以證清照無改嫁事。

李葆恂

小別明湖近十年，濟南名士各風煙。明湖四客王午橋、徐慕雲，皆去濟南矣。鵲華山色應無恙，誰弔詞人柳絮泉。

夫婿翩翩著作殊，三千金石自編摹。閨中別有消閑法，玉管新翻《打馬圖》。

白璧青蠅讕語疑，誰將史筆著冤詞。俞君〈事輯〉王郎刻，應感芳魂地下知。半塘新刊《漱玉詞》，附理初〈事輯〉於後。

小影荼蘼劫火紅，往見易安「荼蘼春去」小影於葉丈湘雲處，今為六丁取去矣。畫圖重見寫春風。裙邊袖角新題遍，若個詞華《漱玉》工。(四印齋所刻詞《漱玉詞》題詩)

按：此條所載詩之第三首，旨在爲清照改適事辨誣。詩之首、二兩句乃批評

李心傳等人之史筆著冤詞，三、四句則推譽王鵬運新刊《漱玉詞》，並能於書中附載俞正燮〈易安居士事輯〉也。

王志修

金石編排脫稿初，歸來堂上賦閑居。歸來堂舊址，乾隆中，同邑李氏改名易安園，今亦荒蕪矣。若論舊譜翻新調，夫婿才華恐不如。用鄉先輩漁洋先生韻。
衣冠南渡已無家，鐘鼎圖書載幾車？畢竟不須疑晚節，西風人自比黃花。詞客爭傳《漱玉詞》，半塘老人新刊《漱玉詞》。故鄉真恨我生遲。摩挲奇石題名在，石高五尺，玲瓏透豁，上有「雲巢」二隸書，其下小摩崖刻：「辛卯九月，德父、易安同記。」現置敝居仍圍竹中。應記花前寫照時。（四印齋所刻詞《漱玉詞》題詩）

按：此條第二首詩，末二句有云：「畢竟不須疑晚節，西風人自比黃花。」蓋謂清照具黃花高節，實不應懷疑其暮年有改醮事。

胡薇元　二則

南北宋之際，有趙明誠妻李清照所作《漱玉詞》，抗軼周、柳。張端義《貴耳集》錄元宵詞〈永遇樂〉、〈聲聲慢〉，以為閨閣有此文筆，良非虛語。明誠，宋宗室，父為宰輔。易安自記在汴京與夫共撰《金石錄》，典釵釧，得一碑版，互相搜校。家藏舊書畫極夥，亂離買舟南下，擇其精本攜之往西湖，尤相樂。夫死，戚友謀奪不得者。李心傳、趙彥衛，造為蜚謗，誣其再適駔儈。《雲麓漫鈔》、《建炎以來繫年要錄》，即彥衛、心傳之筆，小人不樂成人之美如此。況明誠守湖州，已中年，夫卒，年六旬，安有再適之理，矧在駔儈耶？（《歲寒居詞話》）

按：《宋史》卷三百五十一〈趙挺之傳〉，並未記挺之、明誠為宋宗室。《宋史・宰輔表》所列趙姓拜相者，有趙普、趙挺之、趙鼎、趙雄、趙汝愚、趙葵六人，其中唯汝愚（南宋）為宋宗室，餘皆非也。另胡氏所謂「易安自記」者，亦多有誤：如「在汴京與夫共撰《金石錄》」、「典釵釧」、「擇其精本攜之往西湖，尤相樂」，考之〈金石錄後序〉皆無據。明誠卒時，清照年四十六，言「六旬」，亦誤。

又海寧朱淑真，乃文公族姪女，有《斷腸詞》，亦清婉。作傳，乃因誤入歐陽永叔〈生查子〉一首「月上柳梢頭，人約黃昏後」云云，遂誣以桑濮之行，

指爲白璧微瑕。此詞今尚見《六一集》中，奈何以冤淑眞？宋兩女才人著作所傳，乃均造謗以誣之，遂爲千載口實。而心地欹斜者，則不信辨白之據，喜聞污衊之言，尤不知是何心肝矣！（同上）

按：此條謂朱淑眞，乃朱熹族姪女，大謬。淑眞北宋人，元晦南宋人，未悉薇元何以有此誤說。

楊士驤等

《李易安集》十二卷，李清照撰。清照有《打馬圖經》，見子部藝術類。其集〈宋志〉作《易安居士文集》七卷，茲依《讀書志》標題。朱子〈游藝論〉云：「本朝婦人能文，只有李易安與魏夫人。李有詩，大略云：『兩漢本繼紹，新室如贅疣。所以嵇中散，至死薄殷、周。』中散非湯、武得國，引之以比王莽，如此等語，豈女子所能？」《四六談麈》云：「李易安〈祭趙湖州文〉曰：『白日正中，嘆龐公之機捷；堅城自墮，憐杞婦之悲深。』婦人四六之工者。」吳連周《繡水詩鈔・清照小傳》云：「其詞超絕古今，詩不多見。其舅挺之相徽宗，清照獻詩，有云：『炙手可熱心可寒。』格非以黨籍罷，清照上詩救格非，有云：『何況人間父子情。』識者哀之。建炎初，從秘閣守建康，作詩云：『南來尚怯吳江冷，北狩應悲易水寒。』王西樵撰《然脂集》，只得其詩二句云：『少陵亦是可憐人，更待來年試春草。』《風月堂詩話》載二句云：『詩情如夜鵲，三繞未能安。』」又按語云：「易安多以文字中人忌。如〈建康〉詩：『南渡衣冠欠王導，北來消息少劉琨。』譏刺甚眾。張子韶對策有『桂子飄香』之語，易安嘲之曰：『露花倒影柳三變，桂子飄香張九成。』應舉者服其工而心忌之。紹興三年端午，易安親聯有爲內夫人者，代進帖子，於是翰林止金帛之賜，咸以爲由易安也，時直翰林秦楚材尤忌之。嗚呼！此改嫁穢說之所由來也。」案：清照詩《宋詩紀事》載八首，《繡水詩鈔》較《紀事》多八首，而無《紀事》所採《釣臺集》〈夜發嚴灘〉一首。（《山東通志》卷一百四十一〈藝文志〉）

陳廷焯　四則

易安〈武陵春〉詞後半闋云：「聞說雙溪春尚好，也擬泛輕舟。只恐雙溪舴艋舟，載不動，許多愁。」又淒婉，又勁直。觀此益信易安無再適趙汝舟事，即風人「豈不爾思，畏人之多言」意也。〈投綦公〉一啓，後人僞撰，以誣易安耳。（《白雨齋詞話》卷二）

按：「趙汝舟」應係「張汝舟」之誤，下同，不復辨。

易安名清照，格非之女，嫁趙明誠。趙彥衛《雲麓漫鈔》謂易安再適趙汝舟，諸家皆沿其說；又偽撰易安〈投內翰綦公崇禮啓〉，云：「清照啓：素習義方，粗明詩禮。……忝在葭莩，敢茲塵瀆。」《漁磯漫鈔》中謂：「易安再適趙汝舟，竟至對簿，〈啓〉在臨安時作。」案：易安並無再適事，〈啓〉乃好事者偽作無疑。考《金石錄》語，辨之於後。（《雲韶集・詞壇叢話》）

德州盧雅雨鹾使作〈金石錄序〉，力辨李易安再適之誣。……案：盧氏此辨，可謂精當。好古者慎勿隨波逐流，重誣古人也。余因錄易安詞而附論之於此。（同上）

【〈武陵春〉「風住塵香花已盡」】　又淒婉，又勁直。　婉曲辭之觀此詞，益信易安無再適趙汝舟之事，即風人「豈不爾思，畏人之多言」之意。（同上，卷十）

鄭孝胥

南渡遺孽流人伍，老去才名誰比數。歌詞憤激一世無，小朝廷人真愧汝。畫圖省識舊詞女，比似黃花瘦幾許。趙侯贊之署德父，政和四年歲甲午。戎馬未窺想安處，歸來堂中正媚嫵。金石圖書闕記取，生小聰明喜自睹；暮年作〈序〉戒好古，訴述亂離備悽苦。何來《雲麓》與《苕溪》，不識紹興老命婦；《建炎要錄》尤莽鹵，理初編輯年可譜。行迹章章儼對簿，半塘老人刻樂府。殷勤佚篇手搜補，摹圖徵題更誌語。表微事較好奇愈，荼藘雲巢今何所？惟有流傳《漱玉詞》，從此風霜照眉宇。（四印齋所刻詞《漱玉詞》）

按：詩曰：「何來《雲麓》與《苕溪》，不識紹興老命婦；《建炎要錄》尤莽鹵，理初編輯年可譜。行迹章章儼對簿，半塘老人刻樂府。」其為清照再適辨誣之意甚明。

況周頤　三則

【〈「書陸剛甫觀察儀顧堂題跋後」跋〉按語】　況周頤按：易安如有改嫁之事，當在建炎三年明誠卒後，紹興二年汝舟編管以前。今據俞、陸二家所引，建炎三年七月，易安至建康；八月，明誠卒。四年，易安住臺州，之越州；十二月，至衢州。紹興元年，復之越。二年，之杭。汝舟，建炎三年知

明州。四年，復知明州；六月，主管江州太平觀。紹興元年，往池州措置軍務，尋爲監諸軍審計司。二年九月，以增舉入官，除名，編管。此四年中，兩人蹤跡判然，何得有嫁娶之事？舊說冤謬，不辨而明矣。因校越縵跋尾，書此以廣所未備。（《越縵堂乙集》引）

【校補《斷腸詞》跋】　右校補汲古閣未刻本宋朱淑眞《斷腸詞》一卷。　詞學莫盛於宋，易安、淑眞尤爲閨閣雋才，而皆受奇謗。國朝盧抱孫、俞理初、金偉軍三先生並爲易安辨誣。吾鄉王幼遐前輩鵬運刻《漱玉詞》，即以理初先生〈易安事輯〉坿焉，顯微闡幽，庶幾無憾。淑眞〈生查子〉詞，欽定《四庫全書提要》辨之綦詳。宋曾慥《樂府雅詞》、明陳耀文《花草粹編》，並作永叔。慥錄歐詞特愼，《雅詞》序云：「當時或作豔曲，謬爲公詞，今悉刪除。」此闋適在選中，其爲歐詞明甚。毛刻《斷腸詞》校讎不精，跋尾又襲升庵臆說。青蠅玷壁，不足以傳賢媛。此本得自吳縣許鶴巢前輩玉琢，與《雜爼》本互有異同，訂誤補遺，得詞三十一闋，鈔付手民。書成，與四印齋《漱玉詞》合爲一集，亦詞林快事云。光緒己丑端陽，臨桂況周儀夔生識於都門寓齋。（四印齋所刻詞《漱玉詞》引）

【〈浪淘沙〉「簾外五更風」】　玉梅詞隱云：「前〈孤雁兒〉云：『吹簫人去玉樓空，腸斷與誰同倚？一枝折得，人間天上，沒箇人堪寄。』此闋云：『畫樓重上與誰同？記得玉釵斜撥火，寶篆成空。』皆悼亡詞也。」其清才也如彼，其深情也如此，玉臺晚節之誣，忍令斯人任受耶？（《漱玉詞箋》）

胡玉縉　二則

【《打馬圖經》跋】　《打馬圖經》一卷，宋李清照撰。清照號易安居士，有《漱玉詞》，《四庫》已著錄。是書記打馬之戲，有圖、有例、有論。論皆駢語，頗工雅。前有紹興四年〈自序〉，及〈打馬賦〉一篇。〈序〉稱：「打馬世有二種，一種一將十馬者，謂之關西焉；一種無將二十四馬者，謂之依經馬。流傳既久，各有圖經、凡例可考。余獨愛依經馬，因取其賞罰互度，每事作數語，隨事附見，使千萬世後，知命辭打馬，始自易安居士也。」據此，則打馬雖舊法，而是書則清照創新意爲之矣。打馬未詳所昉，其賦但云：「打馬爰興，摴蒱遂廢。」今考《唐書·地理志》：遂州遂寧郡，土貢摴蒱綾絲布。必其時摴蒱尙盛行，故有此布。今俗所稱骰子塊布，殆其類。而李翱《五木經》，

顧大韶以爲借古撝蒱、盧白、雉犢之名，以行打馬之法。然則其殆始自唐歟？周亮工《書影》稱陸氏有刻本。今未之見。此爲粵雅堂所刊，伍崇曜跋。歷引諸書，謂清照工詩，工儷體文，又能畫墨竹，而獨於更嫁事，未知盧見曾刻〈金石錄序〉已辨其誣，謂如《碧雲騢》之類，乃猶襲《四庫提要・漱玉詞》下所說。伍〈序〉類皆譚瑩代撰，不解瑩何以疏舛若此也。俞正燮《癸巳類稿》有〈易安事輯〉，視盧詳覈；其後陸心源〈儀顧堂題跋事輯書後〉、李慈銘〈越縵堂日記・書儀顧堂題跋後〉，遽加精密，為伍、譚所不及見。（《許廎學林》）

玉縉案：盧說甚是，毛晉備載其軼事逸文而不及更嫁事，蓋已知其誣，《提要》乃以爲諱之，謬矣。俞正燮《癸巳類稿》有〈易安事輯〉，辨別尤爲詳備；陸心源〈儀顧堂題跋事輯書後〉，以爲「《建炎以來要錄》，『妻』字上當脫『趙明誠』三字，其〈啓〉即汝舟所改，非別有怨家」，更推闡盡致。余謂〈洛陽名園記〉有紹興八年張琰〈序〉云：「文叔在元祐官太學，丁建中靖國再用邪朋，竄爲黨人，女適趙相挺之子，亦能詩，上趙相救其父，云『何況人間父子情』，識者哀之。」據此，則紹興八年，易安必未再嫁，故琰序及之。易安跋《金石錄》，在紹興二年，至是年且五十有八矣，豈有轉瞬六十之老婦而忽易操者乎？此亦足爲盧說推廣者也。陳漢章謹案：《李越縵日記・書儀顧堂題跋後》，視俞氏更詳。鄭翼謹案：俞、陸、李諸說並見《證璧集》；況氏案語，意謂「明誠卒建炎三年，即有改適必此數年；而此數年，易安、汝舟踪跡判然，安有此事？書之以廣諸家所未備」云云。（《四庫全書總目提要補正》）

現 代

郭則澐

【題《漱玉集》】

萬松金闕湖山限，醉人湖淥如春醅；佛貍不死白雁來，函憂漆室何時開。青
州爐後洪州災，幻妄變滅供一咍；最傷白日堅城頹，<small>用易安〈祭明誠文〉語。</small>
詞人例有江南哀。暮年詞賦驅龍媒，呼風愴絕金粟堆；黥山劓水徒澶洄，何
來蜚語成玉臺。人間瓦釜紛鳴雷，俞理<small>初</small>金偉<small>軍</small>王又選李越縵稱淹賅；□□□
□□□□，老筆一掃空浮埃。冷衷晚出矜鑒裁，零縑斷楮珍瓊瑰；荼蘼春影
沈寒灰，畫卷重見黃花回。風鬟霜鬢休相猜，鬥茶倘憶翻深杯；千年怨魄思
東萊，傷哉一代縱橫才。<small>（冷雪盦《漱玉集》引）</small>

王念曾

【冷衷先生新輯《易安居士全集》，授讀一過，有感於懷，走筆作長謠，題於卷端，時癸亥端陽前一日也】

懷古蒼茫天水碧，《漱玉》貞蕤薶怨魄；黟縣先生<small>俞理初</small>正變。始發矇，名論確
如矢破的。後來臨桂王<small>幼霞鵬運，</small>況夔笙<small>周儀，皆臨桂人。</small>嗜倚聲，併與《斷腸》
登棗刻；我得其本緘巾箱，兵燹艱難保無失。開卷沈吟掩卷思，如見中州全盛
日；燈火樊樓才藻多，晚霞詎料成金色。夫婿芝芙入夢初，掃眉才子稱良匹；
錦帕封題〈一剪梅〉，偎影跧氈守窗黑。相國精藍日市碑，繙閱夜談攜果實；倘
徉自謂葛天民，願作鴛鴦長比翼。價重兼金沒骨圖，傾篋典衣償未得；從此鄉
間且息形，竹符一旦新除檄。先守青州後守萊，吏有神君咸奉職；探支鶴料贍

餘贄，彝鼎斑然列几席。風流上紹六一翁，《金石》一編矜晚出；歸來堂中考訂精，鬥茶覆杯事奇絕。國家承平百餘年，運祚忽逢陽九厄；宣和戞嶽付煨塵，臣亦仳離走倉卒。江寧移郡虎口餘，無恙江山存半壁；循城蒦笠忿尋詩，玉妃萬騎紛馱雪。疇知哀樂理難窮，赴召池陽重惜別；最是江頭岸葛巾，刺刺不休語瑣屑。白日俄摧杞婦城，洗盡鉛華屬清節；天涯飄泊感雲萍，上江欲渡烽煙隔。臺睦衢杭轉徙頻，顑頷空舟艱夜泣。玉壺疑獄未分明，蜚語北庭訛饋璧。舍人左右事得解，啓事偶弄生花筆；親舊作謝亦尋常，桑榆蒙謗何由釋。大抵才人易招忌，倒影飄香近訐直；謠諑蛾眉競射沙，多口無根胡所恤。君今闡幽作年譜，編劃詩文蔚鉅帙；娉婷春影渺荼蘼，柳絮泉應香且潔。雲巢片石天壤留，好事爭繙《打馬》格；三復斯編觸我悲，自憐身世同蕭瑟。癸亥經年十又三，麒麟鬥多日薄蝕；試誦端陽帖子詞，紹興偏安猶可說。乾元用九六有悔，蒲觴泛綠心紆鬱；借爾一澆塊磊胸，掇拾前聞愧不律。（冷雪盦本《漱玉集》引）

按：詩云：「懷古蒼茫天水碧，《漱玉》貞蕤蘊怨魂；黟縣先生始發矇，名論確如矢破的。」又云：「玉壺疑獄未分明，蜚語北庭訛饋璧。舍人左右事得解，啓事偶弄生花筆；親舊作謝亦尋常，桑榆蒙謗何由釋。大抵才人易招忌，倒影飄香近訐直；謠諑蛾眉競射沙，多口無根胡所恤。」是念曾認為清照以「才人招忌」，故「桑榆蒙謗」。所論一依俞初。

葉恭綽

【題李易安三十一歲小像】

黃花人瘦鏡中鸞，可是丹青自寫眞；易安能畫。我若妝臺稱侍史，風前應作捲簾人。

當時讕語太悠悠，豈有佳篇餉汝舟；一例流傳輕薄甚，更言月上柳梢頭。

啼鵑感慨舊山河，《漱玉》哀音均轉和；吟到衣冠南渡句，風雲氣比女兒多。

（《遐庵彙稿》中編〈詩文〉）

按：此條旨在辨誣，「當時讕語太悠悠，豈有佳篇餉汝舟」二句，乃否定清照有再適之事。

謝无量

【兩宋詞人】（節錄）

只因她生性勇於批評，并雜諷譏，故恨她的人很多，於是李心傳《建炎以來繫年要錄》根據鄙惡小說之言，就說她改嫁張汝舟了。後來又不堪張之虐待，和張離婚，作有離婚啓，因此其事爲定案。但清照的歷史，據上面所述看來，她四十九歲時死了丈夫，後即依弟以居，生活很恬靜，怎樣會有改嫁的事呢？《齊東野語》說李心傳在蜀，去天萬里，輕信記載，疎舛固宜，又《謝枋得集》亦言《繫年要錄》爲辛棄疾造侂胄壽詞，那末宜乎此書慣作假話。可是因爲清照名聲太大，惹人注意，其改嫁之說，遂愈傳愈確。直至清代俞正燮，替她編排事實，作〈易安居士事輯〉，辨無其事。李慈銘又作輯補，事始大白。改嫁原不是醜事，然而她沒有改嫁，誣之爲改嫁，豈非太不公平麼？

清照改嫁之說是從何發生的呢？趙明誠從池陽到行在的時候，學士張飛卿（即汝舟）以玉壺示明誠，相語久之，仍攜壺去。時建康置防秋安撫使，擾攘之際，或疑其饋璧北朝，言者遂列以上聞，有人說趙、張皆當置獄。那時明誠已死，清照方大病，僅存喘息。聞玉壺事大懼，盡以其家所有，赴越州行在投進，而高宗已奔明州。時中書舍人綦崇禮爲趙明誠辯護，事乃得白。易安因爲與綦有舊親情，這回又極得其幫助，因作啓謝之，曰：

> 素習義方，粗明詩禮。近因疾病，欲至膏肓。牛蟻不分，灰釘已具。豈期末事，乃得上聞。取自宸衷，付之廷尉。序欲投進家器，曰抵雀捐金……

《繫年要錄》卻謂清照既改嫁張汝舟，不睦請離，是綦崇禮爲之處理的。後來清照有謝綦的信，就把上面的啓改了。改曰：

> 牛蟻不分，灰釘已具。弟既可欺，持官文書來輒信，身幾欲死，非玉鏡架亦安知。呻吟未定，強以同歸。猥以桑榆之末影，配茲駔儈之下才。……視聽才分，實難共處。惟求脫去，決欲殺之。遂肆欺凌，日加毆擊。豈期末事，乃得上聞，取自宸衷，付之廷尉。

據李慈銘說：也許張汝舟妻亦姓李，或竟是清照一家，與夫不咸，訟訐離異。或者她嫻於文字，作文自述被夫欺凌毆擊之事。她告其夫「妄增舉數」時，亦必牽及閨門乖忤，自求離絕，後人因其適皆李姓，遂牽合到清照了。這論據很有道理。此外證據尚多，今述其最重要的三個如次：

1. 李慈銘指出《繫年要錄》所載張汝舟妻李氏告她的丈夫「妄增舉數」，在紹興二年九月朔。而清照作〈金石錄後序〉在紹興二年十月朔，尚

自稱「易安室」，「豈有三十日內忽在趙氏爲嫠婦，忽在張氏訟其夫」
之理？

2. 紹興十一年（1141）五月十三日，綦崇禮壻陽夏謝伋寓家臺州，自序
《四六談麈》，時清照已六十，伋稱之爲趙令人李。若崇禮爲處理張汝
舟婚事，伋是他的親壻，還有不知道的嗎？

3. 淳祐元年（1241）張瑞義作《貴耳集》，尙稱「易安居士趙明誠妻」，
則清照之以寡婦終無疑。

其實改嫁在當時都視作平常的事，像范文正公之母謝氏，改適朱氏，程明道
的子婦亦改嫁，不一而足。造此以誣清照，殊太無意思了。（《中國婦女文學史》）

龍楡生

【漱玉詞敍論（節錄）】

自明誠歿後，易安遂陷於悲慘環境中，益以戎馬倉皇，流離播越，向日
夫婦所共以怡悅性靈之金石書畫，以次散亡。所有殘餘，一則曰「病中把玩，
搬在臥內」；再則曰「更不忍置他所，常在臥榻下，手自開闔」；三則曰「殘
零不成部帙書冊，三數種平平書帖，猶復愛惜如護頭目」。（〈金石錄後序〉）則
知易安既寡，所藉以消遣無聊歲月之資，仍惟此斷楮零縑耳。迨卜居金華，
年逾五十，又稍稍以博簺自遣，其〈打馬經圖序〉云：

> 乍釋舟檝而見軒窗，意頗適然，更長燭明，奈此良夜何！於是博奕
> 之事講矣。

離鸞別鵠，情實難堪，回首歸來堂之清歡，與「簾捲西風」之人面，前塵如
夢，生意幾何！而或者有改嫁張汝舟旋復涉訟仳離之說（見《雲麓漫鈔》及
《建炎以來繫年要錄》）清代俞正燮（〈易安居士事輯〉）、陸心源（〈儀顧堂題
跋〉）、李慈銘（《越縵堂乙集》）、吳衡照（《蓮子居詞話》）之屬，各有專篇爲
辨誣矣。《雲麓漫鈔》載易安〈上內翰綦公（崇禮）啓〉，略云：

> 近因疾病，欲至膏肓，牛蟻不分，灰釘已具。嘗藥雖存弱弟，應門
> 惟有老兵。既爾蒼皇，因成造次。信彼如簧之舌，惑茲似錦之言。
> 弟既可欺，持官文書來輒信；身幾欲死，非玉鏡架亦安知。儡俛難
> 言，優柔莫決；呻吟未定，強以同歸。視聽才分，實難共處；猥以
> 桑楡之暮景，配茲駔儈之下才。身既懷臭之可嫌，惟求脫去；彼素
> 抱璧之將往，決欲殺之。遂肆欺凌，日加毆擊。

使所言果實，則是汝舟蹈隙乘危，餌以甘言，欺人寡婦，震其才名之顯赫，因遂強迫以同居。藉令事實有之，吾輩當矜愍之不暇，寧忍責以失節乎？汝舟爲崇寧五年進士，以建炎三四年間，迭知明州；紹興二年九月，以妻李氏訟其妄增舉數入官，有司當汝舟私罪，徒，詔除名柳州編管。(《儀顧堂題跋》) 據〈金石錄後序〉，此四年中，清照方轉徙於台剡睦溫越衢杭等地，不遑寧居，則改嫁之說，殆爲「莫須有」矣。(《詞學季刊》第三卷第一號)

劉毓盤

【論宋七家詞（節錄）】

唐人善詩而不作詩話，宋人善詞而不作詞話，此亦善《易》者不言《易》也。不知善言詞者亦莫如宋人，李清照一婦人耳，其論詞曰……陸游《老學庵筆記》謂其譏彈前輩，既中其病，此但知其一也。至謂詞別是一家，此非深於詞者決不能爲此說。然而惟我獨尊，意在言外，「露花倒影柳三變，夜桂飄香張九成」之對句，亦見《老學庵筆記》，其爲惟口也同。再嫁之疑，玉壺之釁，李心傳《建炎以來繫年要錄》、趙彥衛《雲麓漫鈔》復曲信傳聞，肆爲誣謗。不有俞正燮《癸巳類稿・易安事輯》之作，且蒙垢於九泉矣。幽棲朱淑真自號幽棲居士。元夜之嫌，沖虛孫道絢自號沖虛居士回祿之慘，亦同此，可概也夫。(《詞史》)

夏承燾　二則

【〈易安居士事輯〉後語（節錄）】

盧雅雨、俞理初先後辨易安居士遺事，陸存齋、李蓴客又從而推證之，改嫁之誣，瞭然非實矣。去年衡山李佩秋先生涨，示予〈易安居士事輯書後〉一文；於俞、李諸家之外，重有發明。其考除名編管柳州之張汝舟，與以進士知越州、明州之張汝舟實非一人，尤是匡存齋之臆說，補李蓴客、況蕙風之偶疏。頃予詳繹〈金石錄後序〉，以爲其結尾署年之誤，諸家皆未是正，則此案猶有漏義，蓋諸家雪易安之誣，皆據其年歲推定，而因〈後序〉署年數字之譌，致於易安行年，推算多誤，並失其足爲雪誣之一左證，此非僅魯魚亥豕之細故也。爰書所見，以報佩秋。

案〈後序〉云：「余建中辛巳，始歸趙氏，時侯年二十一。」又云：「余自

少陸機作賦之二年，至過蘧瑗知非之兩歲，三十四年之間，憂患得失，何其多也。」以蘧瑗句推之，〈後序〉作於五十二歲無疑；五十二歲減三十四歲，為十八歲，與陸機作賦之語合。是建中辛巳歸趙年十八，亦屬無疑。然〈後序〉署作年為「紹興二年玄黓歲壯月朔甲寅」，紹興二年易安若五十二歲，當生元豐四年辛酉，與趙明誠同歲，辛巳歸趙之年，則為二十一，與陸機句不合，是其「建中辛巳」與「紹興二年」兩語必有一誤。俞理初、吳子律諸家於此各執枝詞，迄無定說（吳說見其《蓮子居詞話》卷二）。以常情推測，婦人自記婚嫁，當不致誤，且文尾署年如果無舛，則趙李為同歲，〈後序〉當云：「建中辛巳，始歸趙氏，與侯同年二十一」，不應僅記趙年。……今既定辛巳歸趙為較可信，則依其自述之文以載辛巳十八為始婚之年，五十二為作〈後序〉之歲，是易安實生於元豐七年甲子，〈後序〉當作於紹興五年乙卯也。（下略）

存齋據《繫年要錄》，張汝舟實有其人，為妻李氏所訟，亦確有其事。蕘客既據《要錄》駁之，以證成理初之說曰：「易安〈金石錄後序〉自題『紹興二年玄黓歲壯月甲寅朔易安室題』，《要錄》繫訟增舉事於紹興二年九月朔，相去一月，豈有三十日內，忽在趙氏為嫠婦，忽在張氏訟其夫，此不待辨云云。」今既知〈後序〉作於紹興五年，其時猶在張汝舟除年之後三年，即汝舟紹興二年與其妻李氏涉訟之時，易安確猶為趙家之一嫠。有此以為雪誣之一證，何待引其紹興三年上胡松年閭閻嫠婦之詩哉！予文雖細，使蕘客而知此，存齋臆說，不煩一哂矣。

易安年十八嫁趙明誠，〈金石錄後序〉明云：「建中辛巳」。俞氏〈事輯〉誤云在元符二年，遂誤推其全文行年兩載，予曩為〈「事輯」後語〉，嘗略辨之。〈事輯〉謂易安紹興四年為〈打馬賦〉，時年五十有三（當云五十一），紹興十一年謝伋為《四六談麈》稱易安為趙令人，時易安年六十（當云五十八），俞氏敘易安行事蓋止於此。案陸游《渭南文集》三十五〈夫人孫氏墓誌銘〉（孫氏，蘇洞母）謂：「夫人幼有淑質，故趙建康明誠之配李氏，以文辭名家，欲以其學傳夫人，時夫人始十餘歲，謝不可，曰：『才藻非女子事也。』宣義（夫人父宣義郎綜）奇之，乃手書列女事數十授夫人。」誌稱孫氏卒於紹熙四年，年五十有三。依此上推，實生於紹興十一年；誌謂其遇易安時「始十餘歲」，以十五計，則為紹興二十六年，時易安已七十有三。此殆易安遺事最後之紀年矣（陸游稱易安為故趙建康明誠之配，猶在謝伋為《四六談麈》自序之後十餘年，亦可助證俞氏未改嫁之說。又孫氏山陰人，誌稱其父綜銜為宣義郎，似未嘗出仕；

孫氏少遇易安，若在鄉里，則易安晚節或終老越土。〈事輯〉謂「依弟远，老於金華」，亦臆度之辭也。）

況周頤謂易安如嘗改嫁，當在建炎三年明誠卒後，紹興二年汝舟編管以前，因歷舉易安汝舟此四年間行實，決其無嫁娶之事。李佩秋先生考定建炎間知明州之張汝舟，乃毘陵進士，與編管柳州之張汝舟實非一人；然則況氏所舉皆毘陵進士之事，蓋與易安無涉矣。予細案易安此四年間事，建炎三年十二月，依弟远於臺州；建炎四年十二月，又依远至衢州；此兩年姊弟相依，當無改嫁之事。次年（紹興元年）三月赴越，卜居土民鍾氏宅，若改嫁當在此時至明年（紹興二年）九月間（汝舟九月除名，十月行遣）。考《宋史》張九成舉進士即在紹興二年三月，易安為詩誚之，所謂「桂子飄香張九成」也。設易安於此時改嫁，是以四十八九歲之名門老嫠，為駔儈下才而墮節，方且匿恥掩羞之不暇，其敢為諧笑刻薄之辭誚科第新貴，以自取詬侮哉？以情理度之，必不致有此。此亦雪誣之一旁證，爰拈出之。李越縵〈書陸剛甫「儀顧堂題跋」後〉論易安事，亦引「桂子飄香」之語，謂「足證其嫠居無事，若方與後夫爭訟仳離，豈尚有此暇力弄狡獪乎？」然謂九成詩作於三月，汝舟涉訟在九月；予謂即在涉訟之前，亦不致為此，却非因為無暇。此與越縵之說，義可相補也。（《唐宋詞論叢》）

【論詞絕句】

目空歐晏幾宗工，身後流言亦意中；放汝倚聲逃伏斧，渡江人敢頌重瞳。
西湖臺閣氣沉沉，霧鬢風鬟感不禁；喚起過河老宗澤，聽君打馬渡淮吟。
大句軒昂隘九州，么絃稠疊滿閨愁；但憐雖好依然小，看放雙溪舴艋舟。
掃除疆界望蘇門，一脈詩詞本不分；絕代易安誰繼起，渡江隻手合黃秦。
中原父老望旌旗，兩戒山河哭子規；過眼西湖無一句，易安心事岳王知。（《瞿髯論詞絕句》）

按：「目空歐晏幾宗工，身後流言亦意中」二句，亦為改適辨誣也。

王延梯

【《漱玉集注》前言】（節錄）

紹興二年（1132）四、五月間，清照再嫁張汝舟。婚後，因不堪忍受張的虐待，同居不過百日，即行離婚。本來，改嫁一事，在宋人的許多記載（如胡仔《苕

溪漁隱叢話》、王灼《碧雞漫志》等）中已有定論；且有李清照的〈上內翰綦（崇禮）公啓〉作爲鐵證，無容懷疑。但是，明清之際，又有許多人（如俞正燮、陸心源、李慈銘等）出來爲李清照辯護。有的說清照年近半百，必無更嫁之理；有的則說此事出於小人虛造，不足爲據。不管怎樣說法，他們都沒有提出有力的證據，更無法證明〈上內翰綦（崇禮）公啓〉係僞作。而胡仔、王灼等人，都是與李清照同時代的人，應該說，他們關於李清照改嫁的記載是比較可靠的。其實，改嫁一事，完全不影響對她的藝術評價，辯護是不必要的。（《漱玉集注》）

黃盛璋 二則

【趙明誠李清照夫婦年譜（節錄）】

紹興二年（1132）壬子，清照四十九歲。夏，清照更嫁張汝舟，未幾反目。清照訟張汝舟妄增舉數入官，九月戊子朔，以汝舟屬吏，除名柳州編管。

《建炎以來繫年要錄》卷五八：「（紹興二年九月戊子朔）右承奉郎監諸軍審計司張汝舟屬吏，以汝舟妻李氏訟其妄增舉數入官也。其後有司當汝舟私罪，徒，詔除名，柳州編管（自注：十月己酉行遣）。李氏，格非女，能爲歌詞，自號易安居士。」案清照〈謝綦崇禮啓〉云：「友凶橫者十旬。」是同居不過百日，嫁張汝舟應在四月五月間。

清照得綦崇禮援助，免受刑法，事解後作啓謝之。

啓見趙彥衛《雲麓漫鈔》卷一四。據《建炎以來繫年要錄》，此年九月乙亥，綦崇禮由兵部侍郎兼權直學士院，御筆除翰林學士，啓稱綦爲「內翰承旨」。而汝舟行遣又在十月己酉，清照謝綦之啓應在九、十月間。

綦崇禮與趙氏有親姻之誼，據《宋宰輔編年錄》卷十六載〈秦檜上高宗箚子〉：「綦崇禮有女嫁謝克家之孫、伋之子。」謝克家與明誠爲中表，同爲郭槩外孫，而謝伋有弟傑字景英，爲趙氏之甥，見《止齋題跋‧跋邢氏廣國夫人手書》。啓稱「忝在葭莩」，與事實皆合，綦崇禮爲之援手，當亦因此。啓文又云：「哀憐無告，雖未解驂，感戴鴻恩，如眞出己。清照僅處「囹圄者九日」，而未受二年之徒刑，即啓所謂「白首得免丹書」。此事出於綦崇禮之援手，故清照不能不「感戴鴻恩」，謝綦啓之主旨全在於此。（《李清照集‧參考資料》）

【李清照事跡考辨（節錄）】

　　明徐燉《筆精》首先提出清照改嫁說的不可信，其理由是：易安紹興二年作〈金石錄後序〉，年五十二，老矣，以清獻公之婦、郡守之妻，必無更嫁之理。徐氏以後不斷有人為清照改嫁辨誣，例如黃溥《閒中今古錄》、瞿佑《香臺集》、朱彝尊《明詩綜》、王士禎《分甘餘話》、盧見曾〈重刊金石錄序〉⋯⋯都提出類似的主張，但都沒有超出徐氏提出那兩點範圍（一、年老，二、宦家名門）。直到俞氏〈事輯〉才用猛虎搏獅之力為清照辯護。〈事輯〉撰寫目的可以說就是為證明這一件事出於小人虛造：「余素惡易安改嫁張汝舟之說」，「是非天下之公，非望易安以不嫁也，不甘小人言語，使才人下配馹僧，故以年分考之，凡詩文見類部小說詩話者，考合排次，至紹興四年，易安年五十三」；他用史家的編年法，先排比清照行實，在這個基礎上加以分析判斷，其所費的氣力實在不小。由於此篇為一很有分量的考證文字，頗具權威，影響非小；加上後來陸心源、李慈銘等把俞氏沒有見到或理由不充分的又加以補充修正，好像就格外充分，經過三百年來十多人的不斷討論，於是這事就似乎成為定論。

　　說清照改嫁的是出於宋人的記載，宋代並沒有人懷疑這件事的真實性，懷疑它並予以全部否定的乃是其後數百年明、清時代的人。他們為什麼要起懷疑並用了很大的氣力為她辯護呢？其原因不外兩點：一是愛才，二是傳統觀點。俞氏所說的：「不甘小人言語，使才人下配馹僧」就是屬於第一；俞氏所謂「余素惡易安改嫁張汝舟之說」，並同意「雅雨堂刻《金石錄》序」以情度易安不當有此事的說法，就是屬於第二。認為改嫁就是失節，傳統的觀念由來已久，明、清封建社會特別是上層對婦女守節要求異常嚴格，婦女改嫁輿論上總是予以歧視認為不道德與不體面的事。雖然俞正燮在〈節婦說〉中並不主張男權至上，以為夫婦應該平等，不應對於婦女要求獨刻，守節固可敬，改嫁亦不為非；但他為所處的社會環境所限，並不能夠全然超脫，他的〈節婦說〉中仍然有傳統思想的因素，如以守節為可敬，就是思想中仍把守節看成比改嫁好，加上他愛惜清照之才，所以一遇到這個具體問題，自然就感到可惡，而發憤為她大力辯護了。

　　改嫁不改嫁本不關緊要，但這裏牽涉到史料的真偽與事實的是非兩個問題。學術討論首先應該求是，全部案件材料經過詳細的檢查，我們認為經明、清三百年來討論已無異議的這件學術公案實有重新考慮的必要。

改嫁與否先不作任何假定，第一步應該看看事實，宋代記載清照改嫁明確無疑的共有七家，茲全部抄錄，並把每書作者有關事跡，成書年代、地點一併考證附後，以便參考。

一、胡仔《苕溪漁隱叢話》前集卷六十（《海山仙館叢書》本）：

> 易安再適張汝舟，未幾反目，有啓與綦處厚學士：「猥以桑榆之晚景，配茲駔儈之下才。」傳者無不笑之。

胡仔，績溪人，做過常州晉陵縣的縣官。後來居住湖州（浙江吳興）。這部書據其前面的自序，就是作於湖州，時在紹興十八年（1148）。

二、王灼《碧雞漫志》卷二（知不足齋本）：

> 易安居士，京東路提刑李格非文叔之女，建康守趙明誠之妻。……趙死後，再嫁某氏，訟而離之。晚節流蕩無依。

王灼，遂寧人。曾經做過幕官，這部書據其自序：「紹興十九年（1149）寫於成都。」

三、晁公武《昭德先生郡齋讀書志》卷四下（《續古逸叢書》本）：

> 《李易安集》十二卷：右皇朝李氏，格非之女，先嫁趙誠之。……然無檢操，晚節流落江湖間以卒。

晁公武，鉅野人，做過臨安少尹、敷文閣直學士。這部書據其自序，成於守榮州（四川榮縣）日，時紹興二十一年（1151）。（序年頗可疑，姑依衢本如此作）

四、洪适《隸釋》卷二十四〈跋趙明誠金石錄〉（晦木齋刻樓松書屋本）：

> （《金石錄》）紹興中其妻易安居士表上於朝。趙君無嗣，李又更嫁。

洪适（1117～1184），饒州鄱陽人。紹興十二年博學鴻詞科，十三年在臨安官秘書省正字，官至尚書右僕射，《宋史》有傳。是書據其自序，成於乾道二年，時方罷尚書右僕射，以觀文殿學士知紹興府，安撫浙東，到了第二年（1167）才「序而刻之」。

五、趙彥衛《雲麓漫鈔》卷十四（《涉聞梓舊》本）：

> 〈投內翰綦公崇禮啓〉：「清照啓：素習義方，粗明詩禮。近因疾病，欲至膏肓，牛蟻不分，灰釘已具；嘗藥雖存弱弟，應門惟有老兵。既爾蒼皇，因成造次；信彼如簧之說，惑茲似錦之言。弟既可欺，持官文書來輒信；身幾欲死，非玉鏡

架亦安知。僵偋難言，優柔莫決；呻吟未定，強以同歸。視聽才分，實難共處。忍以桑榆之晚景，配茲駔儈之下才。身既懷臭之可嫌，惟求脫去；彼素抱璧之將往，決欲殺之。遂肆欺凌，日加毆擊。可念劉伶之肋，難勝石勒之拳。局地扣天，敢效談娘之善訴？升堂入室，素非李赤之甘心。外援難求，自陳何害？豈期末事，乃得上聞，取自宸衷，付之廷尉。被桎梏而置對，同凶醜以陳詞。豈惟賈生羞絳灌爲儕，何曾老子與韓非同傳？但祈脫死，莫望償金。友凶橫者十旬，蓋非天降；居囹圄者九日，豈是人爲？抵雀捐金，利當安往？將頭碎璧，失固可知。實自繆愚，分知獄市。此蓋伏遇內翰承旨，搢紳望族，冠蓋清流，日下無雙，人間第一。奉天克復，本緣陸贄之詞；淮蔡底平，實以會昌之詔。哀憐無告，雖未解驂；感戴鴻恩，如眞出己。故茲白首，得免丹書。清照敢不省過知慚，捫心識愧？責全責智，已難逃萬世之譏；敗德敗名，何以見中朝之士？雖南山之竹，豈能窮多口之談；惟智者之言，可以止無根之謗。高鵬尺鷃，本異升沈；火鼠冰蠶，難同嗜好。達者共悉，童子皆知；願賜品題，與加湔洗。誓當布衣蔬食，溫故知新。再見江山，依舊一瓶一鉢；重歸畎畝，更須三沐三薰。忝在葭莩，敢茲塵瀆。」

趙彥衛，宋宗室。書首有開禧二年（1206）序，時署新安郡（江西婺源）守。

六、李心傳《建炎以來繫年要錄》卷五十八（《叢書集成》本）：

（紹興二年九月戊子朔）右承奉郎監諸軍審計司張汝舟屬吏，以汝舟妻李氏訟其妄增舉數入官也。其後有司當汝舟私罪，徒，詔除名，柳州編管（自注：十月己酉行遣）。李氏，格非女，能爲歌詞，自號易安居士。

李心傳（1166～1243），隆州井研人，官至工部侍郎。幼年隨父官杭州，喜歡從長老前輩訪問故事，「曾竊窺玉牒所藏金匱之副」，回四川後就撰述是書。嘉定三年（1209）曾噩等奏請宜取其書。

七、陳振孫《直齋書錄解題》卷二十一（江蘇書局本）：

《漱玉集》一卷：易安居士李氏清照撰。名士李格非文叔之

女，嫁東武趙明誠德甫，晚節頗失節。

書因爲沒有序，確切年代不可知。

除此七家外，胡仔《苕溪漁隱叢話》引了《詩說雋永》一條：

今代婦人能詩者，前有曾夫人，後有易安李。李在趙氏時，建炎初，

從秘閣守建康，作詩云：「南來尚怯吳江冷，北狩應知易水寒。」

似乎此書作者俞正己也認爲清照改過嫁，否則不能有「李在趙氏時」一語。《詩說雋永》成書年代雖不可知，但一定比胡仔《苕溪漁隱叢話》爲早，亦即在清照生前。

宋人記載清照改嫁可信與否，我們不妨從幾方面加以分析：

上述七條改嫁材料中，就時間論，胡仔、王灼、晁公武、洪适都是清照同時人；就地域論，胡仔、洪适之書，一成於湖州，一成於越州，並不是「去天萬里」，而胡仔、王灼成書時，清照仍然健在，要是說在清照生前，他們就敢明目張膽造她的謠言，僞造謝啓，這很不近情理。南渡後明誠的哥哥存誠、思誠都曾做到不小的官，趙家那時並不是沒有權勢。

根據書的性質考察：李心傳《建炎以來繫年要錄》是倣《資治通鑑》，這種按照年、月、日排比的編年體需要足夠可以依據的材料。據他的《朝野雜記》序自稱十四五歲隨父在杭州就喜歡從故老長輩訪問故事，又「曾竊窺玉牒所藏金匱之副」，撰《要錄》時，大抵以國史《日曆》爲主，又參考家乘志狀、案牘奏報、百官題名，倘有異同，常自注於下。我們根據他自注的材料來源看，他的話並沒有誇大，這部書基本上是南宋的一部可靠史料。《要錄》記清照訟張汝舟，不但年、月、日明確，汝舟定罪以及在那一天行遣，都有記載，要是說他「比附文案」，全無事實根據，那是很難叫人信服的，何況在他以前已有四、五個人都留有相同的記載。

晁公武的《郡齋讀書志》是一部講目錄版本之書，跟小說筆記性質不同。書雖成於四川，但公武不久就到杭州供職。晁氏隨宋室南渡，很有幾個人在南方供職，〈金石錄後序〉裏所謂「到台，台守已遁」，這個人就跟他是堂兄弟，晁補之之子晁公爲。據我們考證：晁氏、趙氏間接還有親戚關係，[1] 而晁補之跟李格非都出自蘇軾之門，其贊清照的詩，[2] 公武更不可能要造她的謠言。

尤其不可解釋的是洪适《隸釋》。《隸釋》是一部研究碑石文字之書，跟《金石錄》性質一樣，無緣要破壞清照聲名，洪适又是非常推崇趙明誠的人，

《隸釋》曾把《金石錄》有關漢隸的題跋，錄爲三卷，後附一跋說：「趙君之書，證據見謂精博。」而在這篇跋的最後，就說「趙君無嗣，李又更嫁，其書行於世，而碑亡矣」；言外很有惋惜之意，絕不是說人壞話的口吻。紹興十三年洪适在臨安中博學鴻詞科，十三年任秘書省正字，這一年清照也正在臨安，《金石錄》清照「表上於朝」就是洪适說的，很可能就在這一年，這時他供職秘書省，職掌圖籍，當然知道得清楚。《隸釋》是在他尚書右僕射任內寫成，書雖刻於越，實寫於杭，憑他這時的地位、名望，也沒有理由要造一個婦女的謠言。

記載清照改嫁既有這麼多人，有的寫書時還在清照生前，有的還是趙、李兩家親戚或世交；書的性質又是史部、目錄、金石都有，不僅都是小說筆記；連洪适這樣有資格清楚她晚年事跡的人，《隸釋》這樣一部純粹學術著作也都說她改嫁，那麼材料的眞實性就不能不令人鄭重考慮了。要說這些材料還不可信，那麼我們不能不迷惑，究竟什麼材料才能使人相信呢？

爲改嫁辨誣的理由雖多，但歸納不外三項：第一，論證宋代有關改嫁的記載都是僞造；第二，列舉若干反證，說明改嫁的不可能；第三，從情理上認爲改嫁不會發生。茲先討論第一項，他們攻擊最烈的即爲李心傳《繫年要錄》，因爲《要錄》此條記載月、日，最爲確鑿，這是「擒賊先擒王」的辦法。《要錄》此條如何不可信呢？俞氏的理由是：

> 余素惡易安改嫁張汝舟之説……及見李心傳《建炎以來繫年要錄》，采鄙惡小説，比其事爲文案，尤惡之。後讀《齊東野語》論韓忠繆事云：「李心傳在蜀，去天萬里，輕信記載，疏舛固宜。」又《謝枋得集》亦言：「《繫年要錄》爲辛棄疾造韓侂胄壽詞。則所言易安文案、謝啓事可知。」

我們仔細檢查一下，此說非特不公，而且違反實事求是的論證方法。《齊東野語》云云指的是李心傳另一部著作《建炎以來朝野雜記》，與《要錄》無涉〔3〕。謝枋得《疊山集》提到辛棄疾事只有卷七〈宋辛稼軒先生墓記〉那裏只說「誣公者非腐儒即詞臣」，沒有說李心傳僞造壽詞，更沒有涉及《繫年要錄》。《要錄》只記高宗一代事，止於紹興三十一年，而韓侂胄做壽在寧宗開禧間，不可能記載。又《要錄》並沒有說清照謝綦崇禮的啓，李心傳無論那一部著作也沒有提到，俞氏想藉此把謝啓也歸之於李心傳僞造，如此就可連帶予以推翻，實違反討論的邏輯。很可能俞氏是把《建炎以來朝野雜記》與《建炎以

來繫年要錄》混爲一談，但不論無意或有意，這種任意把莫須有的事牽連別人都是不應當的。倘據此斷定文案，謝啓全出心傳虛造，當然絲毫站不住腳。

除《要錄》外，謝綦崇禮的啓也是改嫁很重要的材料，所以俞、陸、李三氏都集中這一點。俞氏〈事輯〉說：

> 謝綦崇禮啓文筆劣下，中雜有佳語，定是竄改之本。

文筆劣下，標準難定，應該找出具體事實，何況其中雜有佳語？而最沒有根據的是俞、陸諸人一方面肯定這封信不可信，另一方面又承認原啓確爲清照所作，謝綦是因爲頒金事白，[4] 綦有湔洗之力，後來小人竄改易安謝啓以飛卿玉壺爲汝舟玉臺。玉壺頒金事的謠言在建炎三年明誠死後不久，具見〈後序〉，〈事輯〉也把此事列在建炎三年，這是對的；但謝綦之啓一定不在是年，因爲：一、啓中恭維崇禮有云：「奉天克復，本緣陸贄之詞；淮蔡底平，實以會昌之詔。」這幾句〈事輯〉也認爲出於清照之手。金兵自建炎三年進兵，直到建炎四年五月才稍稍渡江北去，是年十二月胡騎猶在江淮間，所以高宗始終只敢「駐蹕」越州，紹興元年高宗才由越州回到杭州。當建炎三、四年間，正是南宋的小朝廷倉皇避亂，奔竄海上的時候，那裏還能談到「克復」，「底平」？要是相信清照「用事明當」，那就知道謝啓一定是在紹興元年以後的事了。二、綦崇禮在建炎三年止官中書舍人，但啓稱他「內翰承旨」，《雲麓漫鈔》載此啓之題爲〈投內翰綦公崇禮啓〉，這該是當時傳寫的標題如此，「內翰」是翰林的號稱，不能加到中書舍人的頭上去。

謝綦啓究竟那些經過竄改，俞氏舉不出證據。陸心源曾爲補充一條，《儀顧堂題跋・〈癸巳類稿易安事輯〉書後》：

> 頒金之謗，崇禮爲之左右，得解，事在建炎三年，是時崇禮官中書
> 舍人，故曰：「內翰承旨」。汝舟之貶，事在紹興二年，則崇禮已爲
> 侍郎、翰林學士，當日學士侍郎，不得曰「內翰承旨」。

此啓無論眞僞，都不能寫於建炎三、四年間（作僞也要人相信），中書舍人雖也管制誥，但怎麼也不能尊稱爲「翰林承旨」，紹興二年九月崇禮由兵部侍郎除爲翰林學士，已經不兼侍郎，這時正是清照投啓的時候，如何能稱爲「學士侍郎」？陸氏未仔細檢查《繫年要錄》致有此失。

這封謝啓據我們研究很難說它是假的，不合事實的可說是沒有，而合乎事實的倒很有幾處，現在舉出顯著的幾點：

（一）啓最後兩句：「忝在葭莩，敢茲塵瀆。」意思是說她跟綦崇禮有親

戚關係，我們恰恰在宋人的記載裏把他們這點關係找了出來，可以解釋綦崇禮爲什麼要營救她。綦崇禮「有女嫁謝克家之孫，伋之子」，[5] 他跟謝伋是親家，而謝克家跟趙明誠是表兄弟，同是郭槩的外孫，[6] 母親是姊妹，謝伋的弟弟謝傑字景英又是趙氏的外孫，[7] 這關係當然是密切的。南渡以後，他們並沒失去聯繫，仍然有來往，明誠做建康守時，曾經把謝伋藏的唐閻立本書〈蘭亭〉一軸借去沒有還，這幅字畫後來還留存下來。[8] 而在建炎三年明誠死後不久（一個月），爲高宗所寵幸的醫生王繼先曾趕這機會以黃金三百兩到趙家買古物，謝克家時做兵部尚書，曾經向高宗幫趙家說過話。[9] 紹興二年九月克家時已罷參知政事，以前執政領京祠，不像從前有機會說話，崇禮跟他兒子謝伋是兒女親家，正爲高宗所信任，那麼崇禮爲什麼要幫清照解說，清照又爲什麼要寫信謝他，從這裏似乎可以找出線索。

（二）據《繫年要錄》：張汝舟事件告發是在紹興二年九月，十月定罪行遣，綦崇禮就在這年九月乙亥由兵部侍郎兼權直學士院，御筆除爲翰林學士，三年二月兼侍讀。清照謝綦之啓當在紹興二年十月事定以後，啓稱綦爲「內翰承旨」。「內翰」就是翰林，陸心源以爲稱謂不合，我們以爲正跟他這時官職相符。宋翰林承旨不常除官，有時候以學士官久次者給他這個頭銜。崇禮數爲翰林學士，「承旨」雖未見記載，也許當時曾經給他這個頭銜，要不然就是書翰的尊稱。這時候正是崇禮得意的時候，他的敵對派秦檜也恰恰在這年九月罷相，罷免令跟褫職的詔書就是出於崇禮之手。[10] 崇禮跟高宗是有一段患難關係的，當建炎三年多天金兵在後頭窮追，高宗被迫入海的時候，好多人都不願意跟他入海受苦，丟官不幹。隨高宗入海的沒有幾個人，只有崇禮等幾個人還忠心耿耿地隨著他，[11] 掌管他的公文詔令，同他共渡過這段患難，高宗心裏是清楚的，所以回來以後，對崇禮是相當信任，那麼這時崇禮也確是有力量幫她說話。

（三）啓又說：「嘗藥雖存弱弟，應門雖有老兵。」從〈後序〉裏我們知道清照確有一弟名李迒，任勅局刪定官，建炎三年清照追御舟入海避亂，就是往依此人；四年十二月放散百官，李迒自亦在解散之列，所以清照才自越赴衢，姊弟相依，事有明證，清照確無子息（詳後），嘗藥弱弟之語，實與事實相符。

（四）《苕溪漁隱叢話》與《雲麓漫鈔》都載有「忍以桑榆之晚景，配茲駔儈之下才」，相差只有一「猥」字。紹興二年她已經四十九歲快五十歲的人

了，「桑榆晚景」與「故茲白首」之語並沒有說錯，啟文若非真實，造謠總要人相信，無端造出此語，該對事實如何不利？此啟傳出早在清照生前（詳後），她敢於向官告發張汝舟，胡仔、王灼並非不知（兩書都記其爭訟事），何況這時趙家、謝家、綦家都還相當有權勢？更何況「玷在葭莩」與「嘗藥弱弟」這是人家私事，別人如何調查這麼清楚？

（五）啟文記事如「奉天克復」「淮蔡底平」云云及稱綦崇禮爲「內翰承旨」等時間也都非常切合，並無矛盾。啟文說：「哀憐無告，雖未解驂，感戴鴻恩，如真出己，『故茲白首，得免丹書』。」大概她求綦崇禮而綦幫助了她，使她在白頭的時候，免受刑法；這就是她所以要作啟謝綦的原因所在，她的「感戴鴻恩」和綦的幫助最主要的就在於「白首得免丹書」這一點。清照訟張汝舟妄增舉數入官，既然屬實，後來有司以汝舟屬吏，徒，柳州編管，就是明證，那麼主告者爲什麼還要受刑法？這好像是一個謎。近人從宋《刑統》中查到宋代有這麼一條刑法，即妻告夫者雖屬實，仍須徒二年，給這個謎初步揭開了底，同時也使啟文有好幾處都有了著落：啟文提到：「實自繆愚，分知獄市。」這是說她告發了張汝舟自己是知道要受刑法處置，而她告發之後，確是坐了牢房，啟文「處囹圄者九日」就是證據，這些都和《刑統》記載情形符合。可是她畢竟只坐了九天牢房，並沒有受二年的徒刑，這是出於綦崇禮的幫助，「故茲白首，得免丹書」，所指就是免受二年徒刑，她所以要「感戴鴻恩」，也就完全有著落。解決了這個問題，這封謝啟的真實性又多了一層保證。

第二，俞氏及其後辨誣者舉出幾種反證說明改嫁說的不可信，我們公正地加以考查，大多都不能成立，茲逐一辨明如次：

一、俞氏〈事輯〉舉紹興十一年謝伋《四六談麈》稱「趙令人李」，及淳祐元年張端義作《貴耳集》稱「易安居士，趙明誠妻」，以爲清照爲嫠行跡章章可據之證；按洪适跋《金石錄》云：「其妻李清照表上於朝，而适亦謂清照更嫁，舉此一條，即足證俞說之無效。

二、況周頤據建炎三年以後清照與張汝舟蹤跡，判斷兩人不能有嫁娶之事，其說似能動人，照錄如後：

> 易安如有改嫁之事，當在建炎三年明誠卒後，紹興二年汝舟編管以
> 前。今據俞、陸二家所引，建炎三年七月易安至建康；八月明誠卒；
> 四年易安住臺州，之越州；十二月至衢州。紹興元年，復之越。二

年之杭。汝舟建炎三年知臺州；四年，復知明州；六月，主管江州
太平觀；紹興元年往池州措置軍務，尋爲監諸軍審計司。二年九月
以增舉入官，除名編管。此四年中兩人蹤跡判然，何得有嫁娶之事？
舊說冤謬不辨而明矣，因校越縵跋尾，書此以廣所未備。

據《繫年要錄》，汝舟往池州措置軍務在紹興元年三月；而改嫁發生，據
謝慕崇禮的信推算，應該在紹興二年五、六月間，中間相隔已經一年多。池
州去杭州又是並不怎麼遠，從宜城，廣德經吳興有一條「獨松嶺道」，是唐宋
時江南通杭州的大道，建炎四年金完顏宗弼就從這裏打到杭州，爲時只有一
個多月，我們沒有證據或方法證明在池州措置軍務的張汝舟就不可能到杭州
去。至於明州的張汝舟據近人李渼的考證，他跟往池州措置軍務的並不是一
個人，[12] 況氏所舉這個反證顯然又落了空。

三、俞氏〈事輯〉：

　　且啓言：「牛蟻不分，灰釘已具。弟既可欺，持官文書來輒信；身幾
　　欲死，非玉鏡架亦安知。呻吟未定，強以同歸。猥以桑榆之末景，
　　配茲駔儈之下才。」易安，老命婦也，何以改嫁復與官告？又言：「視
　　聽才分，實難共處，惟求脫去，決欲殺之，遂肆欺凌，日加毆擊；
　　豈期末事，乃得上聞，取自宸衷，付之廷尉。」是又閨房鄙論，竟
　　達闕庭，帝察隱私，詔之離異。夫南渡倉皇，海山奔竄；乃舟車戎
　　馬相接之時，爲一駔儈之婦，從容再降玉音，宋之不君，未應若此？

按此詰仍然不能成立，（一）據《繫年要錄》，清照所告發的是「妄增舉數入
官」，汝舟職掌諸軍審計，而欺騙上級，貪污虛報，直接影響執政者本身利益，
何況此時軍務最重，既經揭發，朝廷豈能置之不問。（二）「海山奔竄」云云，
乃建炎三、四年間事，改嫁發生在紹興二年，東南靜謐已有兩年，自非戎馬
倉皇時期可比。（三）啓文云：「弟既可欺，持官文書來輒信。」「持官文書」
乃用韓愈《昌黎先生集》卷二十八〈試大理評事王君墓誌銘〉中故事，俞氏
不知此一典故來源，所以才有「易安，老命婦也，何以改嫁復與官告？」的
誤語，如果要搞清楚這一故事的意義，那麼這一反詰也就沒有著落。茲將墓
誌銘中有關官文書故事部分錄後，以證官文書實與官告無關：

　　初，處士將嫁其女，懲曰：「吾以齟齬窮，一女憐之，必嫁官人，不
　　以與凡子。」君曰：「吾求婦氏久矣，唯此翁可人意，且聞其女賢，
　　不可以失。」即謾謀媒嫗：「吾明經及第，且選即官人，侯翁女幸嫁，

若能令翁許我，請進百金爲嫗謝。」諾許白翁。翁曰：「誠官人耶，取文書來。」君計窮，吐實，嫗曰：「無苦，翁丈人，不疑人欺，我得一卷書，粗若告身者，我袖以往，翁見未必取視，幸而聽我行其謀。」翁望見文書銜袖，果信不疑，曰：「足矣。」以女與王氏。

據此用官文書事，意在說明張汝舟央媒嫗欺騙，與給官告無涉。啓文下文又云：「身幾欲死，非玉鏡架亦安知。」亦用《世說新語》溫嶠下玉鏡台聘其姑女事，亦與欺蒙有關，可以互證。

　　張汝舟何以要用欺騙手段迎娶一個年近半百的寡婦，看來好像不近情理；可是仔細玩索謝啓，其中也有蛛絲馬跡可尋。啓敍張汝舟對她的虐待時說：「彼素抱璧之將往，決欲殺之。」這是用《左傳》「殺汝璧將焉往」的故事，意思是說張汝舟爲了錢財能到手，所以存心虐待。汝舟所以要用欺騙的手段，所以要迎娶年近半百的寡婦爲妻，大概主要是貪圖清照的財物，所以娶回以後，財物到手，即加虐待，毫無夫妻誠意。明誠死後，王繼先曾以黃金三百兩市趙家古器，而清照至晚年仍然保存一些值錢的名字畫（詳後），翟耆年《籀史・跋趙明誠古器物銘》也說「又無子能保其遺留」，可證明誠死後雖屢經焚失、盜竊，遺留的東西畢竟多少還有些，張汝舟「妄增舉數入官」，證明他是貪財好利，既敢貪污枉法，那麼未嘗不可以不擇手段，騙取錢財。這種事究竟眞像如何，現在已很難考明，上面所說，也只是一種推測，但是我們也無法否定這種可能存在。

　　最後，爲改嫁辨誣的還從事理上根據名門命婦與年老兩點，認爲此事絕不會發生，這也是不足爲據。婦女守節直到明、清兩代才愈趨嚴格，尤其是清代帝王特別加以鼓勵提倡。清代所謂「旌節」之典的記載，多至不可勝計，其名義皆由清帝直接管理頒發。所以如此，目的實在轉移人民反清的視線。儒家所主張的「節操」觀念對異族統治很是不利，因此就設法想把「節操」重點轉爲婦女守節問題。封建社會雖也認爲改嫁是失節，當然不怎樣好，但在明、清以前，並沒有把此事看成十分不道德。《宋史・禮樂志》記治平、熙寧都有詔許宗女、宗婦再嫁。《續資治通鑑長編》也載元符二年八月丁酉詔宗女夫亡服闋，歸宮、改嫁者聽。范仲淹義田規制，曾立族女再嫁給錢三十千一條。葉水心是南宋的「理學名家」，但他爲人撰墓志，於改嫁皆直書不諱。范仲淹、賈似道、宋度宗的母親都曾改嫁過。雖然清照改嫁也曾受到若干人的譏議，但從以上事實可以看出宋代的情形畢竟與明清時代相差很遠。當建

炎三年秋季以後，也就是明誠死後的幾個年頭，江南一帶人民完全過著水深火熱的災難生活，兇猛殘酷的金兵瘋狂地向東南追趕高宗，鐵蹄所及就遍遭焚擄屠殺，亂離時代的人民生活痛苦當然用不著說。清照以前四十多年太平日子完全生長深閨，過著養尊處優的生活，正當此時丈夫剛一死去，接隨而來的就是這樣長期亂離的生活，「葬畢，余無所之」，說明她當時的心境怎樣空虛、徬徨。六宮早已往上江疏散，皇帝也離開建康，而謠言四起，長江又傳要禁渡，自己絲毫沒有主意，最後想不出辦法，好像只有跟皇帝逃難是比較安全的辦法。此後一連串的倉皇逃命，狀況很是悲慘，迄今我們讀〈後序〉，對於她在明誠死後一段遭遇仍不能不寄予深切的同情。封建社會丈夫死了婦女就失去依靠，而恰恰不幸又遭遇這樣災難時代。過去幾年逃難的生活是夠慘痛的，紹興二年時局雖然粗定，但強大的金兵仍時時有蠢動的可能，宋朝的江山雖早已被佔去大半，敵人的野心顯然並不以此為足，長江並非天險，高宗又一貫採取逃跑主義，一個舊社會婦女哪裏有應付災難的經驗？兵荒馬亂所最需要的就是照顧與依託，若就情理論，這樣的考慮未始不合乎情理？王灼說她「晚節流蕩無依」，晁公武說她「晚節流落江湖間以卒」，足證她晚年生活也很悲慘；流蕩江湖，至無依靠，實與夫死有關；年老而猶考慮改嫁，正說明出於不得已；謝綮啟中自述其改嫁時猶豫不決心情，與情理也無違反之處，很難認為出於別人捏造。過去有的人對她改嫁加以詆責，有的人又為她辯護，由於看問題的角度，多少都不免帶有偏見。今天要是拋除傳統道德的觀點來考察這個問題，我們認為她之改嫁並不是不能理解。

附註

〔1〕據《揮麈後錄》謝伋為晁說之（公武從叔）之甥，謝伋的《四六談麈》也有「外家晁氏」之語，而謝家跟趙氏有兩重親戚關係，詳後。

〔2〕《風月堂詩話》：「趙明誠妻，李格非女也，善屬文，於詩尤工，晁無咎多對士大夫稱之。」

〔3〕見周密《齊東野語》卷三〈誅韓始末〉，《四庫全書提要》也提到這一點，可參看。

〔4〕〈後序〉：「先侯病亟時，有張飛卿學士攜玉壺過示侯，復攜去，其實珉也。不知何人傳道，妄言有頒金之語。」「頒」依呂無黨手抄本，他本多作「頌」，俞正燮、陸心源、李慈銘等據此序撮述亦作「頌」，於是此語遂難索解。按「頌」實「頒」字之誤，「頒金」謂以財物頒賜金人，意即通敵。

〔5〕《宋宰輔編年錄》卷十六：〈秦檜上高宗箚子〉。

〔6〕王明清《揮麈後錄》卷七：「元祐中有郭槩者，東平人，法家者流，遍歷諸路提點刑獄，善於擇婿。趙清憲、陳無己、高昌庸、謝良弼，名位皆優，而謝獨不甚顯，其子娵任伯，後爲知政事。」任伯就是克家的字。

〔7〕《止齋題跋·跋邢氏廣國夫人手書》，「余與天台謝傑景英爲忘年交，謝，趙出也，爲余言外氏丞相家法甚悉。今見邢氏趙夫人手書……」案邢氏趙夫人係趙挺之的姊妹嫁邢恕者，丞相即挺之。

〔8〕《雲自在盦筆記·閻立本書蘭亭》條。

〔9〕見《繫年要錄》卷二十七建炎三年閏八月壬辰條。

〔10〕見王明清《揮麈後錄》卷七、《宋宰輔編年錄》卷十六。

〔11〕《繫年要錄》卷三十：「建炎三年十二月庚寅，從官以次行，吏部侍郎鄭望之，以疾辭不至，給事中兼權直學院汪藻以不便海舶，請陸行以從。於是扈從泛海者，宰執外惟御史中丞趙鼎、右諫議大夫富柔、直權戶部侍郎葉份、中書舍人李正民、綦崇禮、太常少卿陳戩六人而已。」

〔12〕李文未見，此承夏瞿禪師見告者。(《李清照集·參考資料》)

鄭經生

【李清照之再嫁】

　　偶讀南宋趙彥衛《雲麓漫鈔》載有李易安（清照）〈投內翰綦崇禮啓〉全文，細敍其再嫁張汝舟以及反目經過甚詳。此文各家未見記載，用錄之如下：「清照啓：素習義方，粗明詩禮。近因疾病，欲至膏肓；牛蟻不分，灰釘已具。嘗藥雖存弱弟，應門惟有老兵。既爾倉皇，因成造次。信彼如簧之舌，惑茲似錦之言；弟既可欺，持官文書來輒信；身幾欲死，非玉鏡架亦安知。傴僂難言，優柔莫決。呻吟未定，強以同歸。視聽才分，實難共處。忍以桑榆之晚景，配茲駔儈之下才。身既懷臭之可嫌，惟求脫去；彼素抱璧之將往，決欲殺之。遂肆侵凌，日加毆擊。可念劉伶之肋，難勝石勒之拳。……豈期末事，乃得上聞；取自宸衷，付之廷尉。……清照敢不省過知慚，捫心識媿。責全責智，已難逃萬世之譏；敗德敗名，何以見中朝之士？……」

　　宋儒對婦女盛倡餓死事小，失節事大之說。我們的女詞人，不幸生當不近人情之理學家全盛時期之社會中，其不能見諒於人，自不難想像。清代文人因愛清照才華，遽爲翻案，辯無其事。其實女子喪夫再醮，與男子亡偶續絃，究竟何傷人格，訐之辨之，均未免封建時代思想。

　　至張汝舟究何如人也？史無所考，惟宋人筆記謂張汝舟娶清照後，意見

未合，竟至涉訟，事聞於朝，詔除名，徒，柳州編管。是汝舟不幸娶才女，落得身敗名裂，得罪免官，在當時這一桃色糾紛，必甚轟動社會無疑。

又考宋人筆記牽涉清照再嫁，不下十餘家之多，手頭無書，姑就記憶所及，摘錄數家如下：

李心傳，南宋絳州人，曾隨父遊宦杭州，筆記載：「宋高宗紹興二年九月，詔付審計司張汝舟屬吏，以其妻李易安（格非女）訟其妄增舉數入官也。」陳振孫《直齋書錄》載：「《漱玉詞》，易安居士李清照撰。清照，名士李格非之女，嫁趙明誠，晚年頗失節。」（所謂失節，自指再嫁。——筆者）

王灼《碧雞漫志》：「易安居士，京東路提刑李格非文叔之女、建康守趙明誠之妻。……趙死後再嫁某氏，訟而離之，晚節流蕩無依。」

李心傳、陳振孫、王灼三人，均生南宋，與清照為同時代人物，所記載自比後人之考證臆斷當較為可信。筆者多年前摘錄南宋人筆記有關清照再嫁，憶有十二家之多；今事隔多年，箚記零落，手頭又乏存書可考。李、陳、王諸記原文容或有出入，惟記其大體如此。（《蕉陰雜話》）

唐圭璋　四則

【論李清照的後期詞（節錄）】

我們知道，在南渡以後，除了和當時許多士大夫有著同樣的流亡經歷之外，李清照的生活裏還發生了一連串特殊的不幸事故：先是丈夫的病逝，接著便是被誣陷為通敵，逼得她在兵荒馬亂之中「盡將家中所有銅器等物，欲赴外庭投進」，[1] 立即往趙構逃跑的方向追踪而去，以便及時進行剖辯。這次奔波，對她的思想和健康，威脅都很大。她所携帶南下的古物書畫，也在事變中喪失幾盡了。之後，又是一段被誣蔑為「失節改嫁」，因為備受責難非議的痛苦經歷。從目前所能見到的資料看，南宋的文人就沒有一個對她表示同情，為她辯護過；相反的，在有關的記載中，都是用否定語氣予以貶斥的。胡仔曾渲染其詞，說她「再嫁張汝舟，未幾，反目，……傳者無不笑之」。[2] 王灼指責她「再嫁某氏，訟而離之，晚節流蕩無依」。[3] 晁公武斥她「然無檢操，晚節流落江湖間以卒」。[4] 陳振孫亦非難她「晚年頗失節」。[5] 從這裏，我們可以知道，南渡後的李清照，不僅迭逢意外變故，而且還橫遭上層社會的攻擊和誹謗，晚年無依無靠，流落江湖。一個「世家」女子而竟陷入如此境地，可以設想，其間必然有著複雜的政治和社會原因。

在封建社會中，傾向於進步的文人，總是屢受誣陷貶謫，有才難展，以致潦倒終生的。稍後於李清照的愛國文人陸游和辛棄疾，由於他們力主抗戰，正直不阿，因而就受到各種各樣的打擊。而南渡之初，才名卓著的女詩人李清照，在趙構小王朝剛建立的時候，就用詩筆表示了她的鮮明的政治態度：反對偏安，主張北伐（南渡衣冠少王導，北來消息欠劉琨）；指斥統治者不願趙佶父子南返的卑鄙心理（南來尚怯吳江冷，北狩應悲易水寒）。這種尖銳明朗的態度，當然是主和派所絕對不能容忍的；再加上她那灑脫不羈、無所顧忌的越出禮教閨範界限的舉止行為，如周煇在《清波雜志》中描繪的「頃見易安族人，言明誠在建康日，易安每值天大雪，即頂笠披蓑，循城遠覽以尋詩；得句必邀其夫賡和，明誠每苦之也」，又是封建禮法所深惡痛絕的。因此，李清照的遭受打擊，乃是事態發展的必然結果。她的被誣為通敵，就顯然是一個惡毒的陰謀；至於因「改嫁」一事而引起的風波，則更明顯地是衛道者的製造輿論，蓄意中傷。他們承認她很有才華，但同時就反戈一擊，斥責她「失節」。在「女子無才便是德」的道德標準下，她就被指責為違背封建禮教、「有才無德」的女子。由於封建禮法對女子所加的壓迫束縛特別來得沉重殘酷，所以陸游在謫居以後，還能以「風月」為軒名表示反抗；而受到封建勢力集中攻擊以後的李清照，卻不可能為自己進行辯解，因為她本身已成為輿論壓力下不幸的犧牲者，也就是已經成為一個被上層社會所擯棄，連生活都發生問題的「天涯淪落人」了。陸游在〈夫人孫氏墓志〉中記著：「……故趙建康之配李氏以文辭名家，欲以其學傳夫人，時夫人年始十餘歲，謝不可，曰：『才藻非女子事也。』宣義奇之，乃手書古列女事數十授夫人……」〔6〕這個記載說明了士大夫階層對這位被目之為「有才無德」的女詞人，是抱著何等明顯的對立和排斥的態度。從這裏，我們也不難理解到：李清照暮年的飄零困頓，正是封建禮教對她施以無情打擊的結果！（《文學遺產》三八○、三八一期）

附註

〔1〕見李清照：〈金石錄後序〉。

〔2〕胡仔《苕溪漁隱叢話》前集卷六十。據自序，成於紹興十八年。

〔3〕王灼《碧雞漫志》卷二。據自序，紹興十九年寫於成都。

〔4〕晁公武《昭德先生郡齋讀書志》卷四十。據自序，成於守榮州日，時紹興二十一年。

〔5〕陳振孫《直齋書錄解題》卷二十一。書無序，確切年代不可知。

〔6〕陸游《渭南文集》卷三十五。

【改嫁說再議】

關於李清照改嫁之說，自宋七家著錄，似成定論。明徐𤊹首揭其僞，清盧雅雨、俞理初、陸心源、李蓴客、況蕙風諸家反覆研討，皆辨此說爲僞。乃近人復翻舊案，據〈謝綦崇禮〉僞啓，憑主觀臆測，多方羅織，橫加誣蔑，以爲李清照確曾改嫁。余以爲，自來社會上婦女，因夫死而改嫁，原屬常事，但必須實事求是，確有明證，方足以令人信服。清照果有改嫁之事，自不必爲之隱諱；若實無其事，誤信市井小人之謠言，誣蔑賢媛，亦係巨謬。余不揣愚昧，特再述淺見，以供參考。

清照爲有宋一代傑出之女詞人，品格高尚，心靈純潔，文采精妙。自十八歲與趙明誠結婚以來，二人愛好金石書畫，志同道合，考訂不倦，日常節衣縮食，專心治學，出入必偕，奇文共賞，自古閨房之樂，未有勝於此者。不幸金兵入侵，國破家亡，舉家出逃，金石書畫大都散失。當明誠臥病建康之時，清照自池州乘舟，日夜行三百里往視，伉儷之情，一何深厚！觀其所爲詩，如〈浯溪中興頌〉及〈上韓肖胄胡松年詩〉，皆悲憤鬱勃，大義凜然。至其詞之沉哀入骨，尤爲世所稱道。夫以如此堅強明智，素抱「雖處憂患困窮而志不屈」之人，何致有「猥以桑榆之暮景，配茲駔儈之下才」之語；更何致因病而改嫁，因對方誘惑而改嫁，因媒婦巧言勸說而改嫁。

清照才高遭忌，市井小人慣於不樂成人之美，好騰說浪言以資笑樂，以改嫁足以爲清照致命之傷，於是廣泛流傳，人皆訕笑。此小人行徑原不足道，不圖一時文人亦不信清照自撰之生平實錄，而反信小人讕言，其亦不思之甚矣。〈金石錄後序〉爲清照自作之文，眞情流露，千古傳誦，此爲清照最詳盡、最眞實、最可信、最可貴之生平實錄；讀其文，察其人，亦可知清照斷非忘恩忘義、棄舊戀新之人。觀其詞如「舊時天氣舊時衣，只有情懷，不似舊家時」、「試燈無意思，踏雪沒心情」、「物是人非事事休，欲語淚先流」，其淒苦之情正與〈後序〉相符。情深一往，生死不渝，清照絕不致忘懷明誠，另結新歡。(《讀李清照詞札記》)

【李清照絕無改嫁之事】

近人多有以爲李清照曾改嫁之說，眾口鑠金，爲害甚大。察其理由，不

外有二：
　　一、宋代有李心傳、胡仔、王灼、晁公武、洪适、趙彥衛、陳振孫七人
　　　　書中記載李清照改嫁。
　　二、李清照有〈投內翰綦公崇禮啓〉，自言改嫁、離婚、下獄等事，時在
　　　　高宗紹興二年（1132）。
余謂李清照既是傑出詞家，又是愛國志士，人格高尚，才華超群。當汴京淪
亡，她堅決主張抗敵，反對投降，以中興勵君，以王導、劉琨勵臣。其建炎
年間所作〈夏日絕句〉：「生當作人傑，死亦爲鬼雄。至今思項羽，不肯過江
東。」「南渡衣冠少王導，北來消息欠劉琨」等詩，大義凜然，世所稱頌。其
自撰之〈金石錄後序〉，首述十八歲時與明誠結婚，二人志同道合，搜采金石
書畫，不遺餘力，載笑載言，一往情深。後述金寇南侵，明誠病死，孤身流
亡，備極艱苦。通篇描繪細節，生動眞切，哀樂畢陳，曲折淋漓。末云：「今
手澤如新，而墓木已拱。」其悼念明誠之深情，可以想見。明誠之表甥謝伋
著《四六談塵》云：「趙令人李號易安，其〈祭湖州文〉曰：『白日正中，嘆
龐公之機捷；堅城自墮，憐杞婦之悲深。』婦人四六之工者。」〈後序〉爲李
清照最眞摯最可信之生平實錄，作於紹興五年（1135）；據此，完全可以佐證
李清照絕無於紹興二年改嫁之事。
　　至於〈投內翰綦公崇禮啓〉中「忍以桑榆之晚景，配茲駔儈之下才」之
語，顯然是別人誣蔑口吻，決非清照明知其下材，而寧甘以晚景配之。白雨
齋斷其僞作，余亦以爲然。黃墨谷〈「投內翰綦公崇禮啓」考〉（見《文史哲》
1981 年第 6 期）及〈「投內翰綦公崇禮啓」考辨——兼評黃盛章「李清照事迹
考辨」中的「改嫁新考」〉（見《重輯李清照集》）二文，已辨其非清照原作。
端木埰〈四印齋重刻漱玉詞序〉云：「有宋以降，無稽競鳴，……越在偏安，
益煽騰說。」市井小人好誣賢良以資笑謔，原不足道；不圖文人竟亦不信清
照自撰〈金石錄後序〉之生平實錄，反信市井小人散布之流言，顚倒是非，
混淆黑白，致令清照千古蒙冤，可慨孰甚！
　　余以爲李清照乃貧賤不能移，富貴不能淫，威武不能屈之女中丈夫，對
明誠之感情，始終如一，生死不渝，絕無改嫁之事。
　　況周頤校越縵跋尾所記，爲清照「改嫁」辨誣堅確有力之鐵證。茲采於
後，以結束全文：
　　　易安如有改嫁之事，當在建炎三年明誠卒後，紹興二年張汝舟編管

以前。今據俞、陸二家所引，建炎三年七月，易安在建康；八月明
誠卒。四年易安往臺州，之越州；十二月至衢州。紹興元年復之越，
二年之杭。汝舟建炎三年知臺州。四年復知明州，六月主管江州太
平觀。紹興元年往池州措置軍務，尋爲諸軍審計司。二年九月以增
舉入官，除名編管。此四年之中兩人踪迹判然，何得有嫁娶之事，
舊說冤謬不辨而明矣。因校越縵跋尾，書以廣所未備。（《讀詞四記》）

【李清照研究·序】

　　李清照乃我國宋代傑出之愛國女文學家，詩文詞俱高妙。詩沉雄，文眞
摯，詞尤神秀。清照，濟南章丘綉江人，李格非之女，嫁金石家諸城趙明誠。
清照生當北宋末造，南渡之初，在建康行在，她力主抗金，恢復中原。建炎
年間所作詩〈夏日絕句〉云：「生當作人傑，死亦爲鬼雄。至今思項羽，不肯
過江東。」及斷句云：「南渡衣冠少王導，北來消息欠劉琨」；「南來尚怯吳江
冷，北狩應悲易水寒」；皆大義凜然，而所譏刺者眾，爲投降派權貴所不容。
於是趙明誠罷建康守與暴卒，玉壺頒金通敵之誣陷，「改嫁」之謗傷，種種迫
害，接踵而至。市井喧騰，資爲笑謔，積非爲是，貽害無窮。直至今日，猶
未澄清李清照之純潔本質，可慨孰甚！

　　關於清照「改嫁」之事，自南宋七家著錄，以訛傳訛，迄明代徐燉之《筆
精》，始首揭其僞。清代盧雅雨、俞理初、陸心源、李蓴客、況蕙風、陳廷焯
反覆研討，皆辨此說爲僞，已成定論。乃近人復翻舊案，據〈謝綦崇禮〉僞
啓，憑主觀臆測，多方羅織，橫加誣蔑，以爲李清照確曾改嫁。女詞人黃潛
墨谷女士曾撰〈「投內翰綦崇禮啓」考辨〉一文（見《文史哲》1981 年第 6
期），已辨其爲僞作。黃女士又於一九八一年十一月由山東齊魯書社出版《重
輯李清照集》，爲《漱玉詞》編年存眞。自來社會上婦女，因夫死而再改嫁，
原屬常事。東漢蔡琰夫死再嫁，無人爲其隱諱；宋代范仲淹之母改嫁，亦無
人議其非是。南宋說部著錄清照「改嫁」，按諸地點、時間，與清照生平蹤跡
俱不合。清代況蕙風越縵跋尾，明確指出：「此四年（即建炎三年明誠卒後，
紹興二年張汝舟編管以前）之中，兩人蹤跡判然，何得有嫁娶之事，舊說冤
謬，不辨自明矣。」清代盧雅雨〈重刻「金石錄」序〉爲清照「改嫁」辨誣
指出：「《四六談塵》云：『趙令人李，號易安，其祭湖州文曰：白日正中，嘆
龐翁之機捷；堅城自墮，憐杞婦之悲深。婦人四六之工者。』」又謂：「按謝
伋《四六談塵》作於紹興十一年，距易安之跋《金石錄》又十年矣，顧猶稱

之曰趙令人，亦可證其無改嫁之事也。」

李清照自十八歲與趙明誠結褵以來，二人愛好金石書畫，志同道合，考訂不倦。日常節衣縮食，專心治學，出入必偕，奇文共賞，自古閨房之樂，未有勝於此者。不幸金兵入侵，國破家亡，舉家出逃，金石書畫，大都散失。當明誠建康彌留之際，清照自池州乘舟，日行三百里趕至，親視含殮。伉儷之情，一何深厚。至其悼亡之詞，沉哀入骨，尤為世所稱道。夫以如此堅強明智素抱「雖處憂患困窮而志不屈」之人，何至因病而改嫁，因對方誘惑而改嫁，因媒人巧言勸說而改嫁；不察其人，不考其經歷，不讀其詩文詞，不實事求是，仍信僞啓，厚誣清照，其亦不思之甚矣。

一九八四年為李清照誕生九百周年紀念，墨谷女士特再撰《李清照評傳》，根據李清照之時代歷史背景、歷史文獻，以宏觀並結合微觀，研究清照之生平；並具體分析清照著作思想內容、藝術造詣及在詞學上之貢獻，修訂《李清照易安居士年譜》及有關考證、論文若干篇，都為《李清照研究》一書，藉以紀念其誕生九百周年。求序於余，余以為書中議論精確，足折妄言，爰書歸之，以志欽佩之忱。時一九八六年丙寅夏日。（1986 年 10 月 13 日《藝林》新 331 期）

樸　人

【李易安的再嫁】

宋代作家李清照（易安），工詩及古文，詞尤傑出，集名《漱玉》，清新婉麗，卓然為一時冠冕。夫趙明誠死後，再嫁張汝舟。易安的文學為舉世所稱頌，而她所處的南宋時代，理學大行，再嫁每為論者所不諒。胡仔《苕溪漁隱叢話》，成書於南宋高宗紹興戊辰，他與易安時代相同。云：

> 易安再適張汝舟，未幾反目，有啓事與綦處厚云：「猥以桑榆之晚景，
> 配茲駔儈之下才。」傳者無不笑之。

直到清代，劉聲木《萇楚齋隨筆》尚加以斥責。其言云：「清照原為禮部郎提點京東刑獄李格非女、湖州守趙明誠之妻。母夫兩家，皆雅好文學，而竟為此寡廉鮮恥之事。其〈上綦內翰崇禮（處厚）啓〉中，尚自稱素習義方，粗明詩禮，可謂不知人間有羞恥事矣。」

易安再嫁後生活極不愉快，其原因，所配張汝舟不僅為「駔儈之下才」，對她且凌暴虐待，而輿情的「無不笑之」，更增加了她的悔憾；於是不歡而散，

成了悲劇中的悲劇。

南宋李心傳《建炎以來繫年要錄》，說她是與後夫涉訟而後離異的，大約還經綦處厚運用政治地位加以協助。上面所提易安致綦內翰啟，即是披瀝苦衷，感謝他湔洗而發的一封書信。

綦處厚，宋高宗時拜中書舍人，歷知漳州、明州，除翰林學士，與易安有親戚關係，故中謂「忝在葭莩，敢茲塵瀆」。

先是，處厚曾幫過易安一次大忙。

易安與前夫趙明誠南渡赴行在。明誠病中，有學士張飛卿攜玉壺示之，因他是古藝術品鑒賞專家，仍復攜壺北去。明誠旋卒，時建康防秋擾攘之際，有人妄傳明誠託飛卿餽璧北朝，致言者論列，幾至罪及易安，橫遭不測，幸綦崇禮左右之，事得解。易安為其夫趙明誠所作〈金石錄後序〉曾言及大概。後世談掌故者亦有以此事與其後處厚助易安解決張汝舟婚姻混為一談，其實是先後兩事。

關於婚事而致綦處厚一啟，《苕溪漁隱叢話》曾引數語，而較晚數十年成書於寧宗開禧年間的趙彥衛《雲麓漫鈔》則錄有全文，為後世保存了研究李清照生活的絕好資料。

從這一封信裏，可以看出易安再嫁，並非出於敢和道學教條挑戰的勇氣，而是受了欺騙。啟中云：

> 近因疾病，欲至膏肓。……嘗藥雖存弱弟，應門惟有老兵。既爾倉皇，遂成造次。信彼如簀之說，或茲似錦之言。弟既可欺，持官文書來輒信；身幾欲死，非玉鏡架亦安知？儡俛難言，優柔莫決；呻吟未定，強以同歸。

張汝舟的身世無可考，讀上面一段文字，知是易安嫁他，甚為勉強，是受了他的哄騙和勒逼。所謂「持官文書來輒信」，大約仍牽涉到誣明誠餽璧北廷一案，汝舟偽造官文書，欺騙易安姊弟，因夫罪而為官方命令再嫁的。

婚後易安發現所適匪人，即求離去，汝舟對她遂加凌暴和毆辱。她說：「視聽才分，實難共處。身既懷臭之可嫌，惟求脫去，……遂肆凌暴，日加毆擊。」於是訴之官府，不料此事，竟上達朝廷，「外援難求，自陳何害？豈期末事，乃得上聞。取自宸衷，付之廷尉。」結果得詔准離異。

易安與汝舟結合，為時並不長久，函中謂「友凶橫者十旬」而已。

《萇楚齋隨筆》責易安為寡廉鮮恥，實屬冤枉。她十分愧悔，啟中云：「清

照敢不省過知慚，捫心識媿。責全責智，已難逃萬世之譏；敗德敗名，何以見中朝之士？」

再嫁既爲人間大不韙，後世愛易安文才者，遂曲爲之諱，且力闢再嫁爲無稽。清查伯葵詩云：「談娘善訴語何誣，卓女琴心事本無。」

清俞正燮《癸巳類稿》有〈易安居士事輯〉一篇，謂清照詩文多譏評時事，如「南渡衣冠欠王導，北來消息少劉琨」等句，忠憤激發，非刺者眾，頗招時忌；於是有人僞造〈致綦內翰啓〉，誣易安再嫁以爲報復云云。

俞說甚牽強，曰：「《瑯環記》、《四六談麈》、《宋文粹拾遺》並載易安〈賀孿生啓〉，用事明當，而《雲麓漫鈔》所載〈謝綦崇禮啓〉，文筆劣下，中雜有佳句，定係竄改。」易安此啓，文筆的確不佳，然俞正燮也承認中雜佳句。任何作家不免偶也有拙劣之作，這是古今常事，不能據以判定別人的僞造或竄改。

俞又云：「紹興十一年五月十三日，綦崇禮婿陽夏謝伋，寓家臺州，自序《四六談麈》，時易安已六十，伋稱爲趙令人李；若崇禮爲處張汝舟婚事，伋其親壻，不容不知。又下至淳祐元年，時及百年，張端義作《貴耳集》，亦稱易安居士，趙明誠妻。易安爲孽，行跡章章可據。」易安再嫁張汝舟，爲時甚暫，且不歡而散。趙明誠學術及社會地位均高，一般人稱易安爲趙妻而不稱張妻，自在情理之中，也不足證明易安無再嫁之事。

劉聲木《隨筆》嘗論俞說之不足信，數語甚諦。其言曰：「我朝俞正燮《癸巳類稿》中力爲之辨白，究皆事後之強詞，所謂欲蓋彌彰，非如胡（仔）趙（彥衛）李（心傳）諸人，當時所目擊，記載翔實爲可據也。」（民國五十二年四月十三日《中央日報》）

王仲聞 五則

【李清照事迹作品雜考（節錄）】

李清照事迹，昔人注意不少；其注意力多集中在改嫁張汝舟一事，考證文字最多。致力最勤者，首爲俞正燮。俞氏所舉理由大多難以成立，黃盛璋先生〈李清照事迹考〉中已詳加指出。茲就黃氏所未及，或稍可補充其說者，另行考證如下：（一）俞氏引：「謝枋得《疊山集》亦言：《繫年要錄》爲辛棄疾造韓侂胄壽詞。」說明李心傳所載不可恃，以之證明《建炎以來繫年要錄》所載李清照告張汝舟一事之僞。黃氏云：「謝枋得《疊山集》無此記載。」案謝

枋得《疊山集》原有六十四卷，久已不傳。今傳明黃溥輯本祇十六卷，俞氏不可能見其足本，所引或出自元吳師道《吳禮部詩話》。吳師道所見《疊山集》，當為足本，惟詩話原文云：「近讀謝疊山文論李氏《繫年錄》、《朝野雜記》之非。」俞氏略去「朝野雜記」四字，以實《繫年要錄》之非，殊非實事求是之道。《吳禮部詩話》原祇引〈清平樂〉一首、〈西江月〉一首云：「世傳辛幼安壽韓侂冑詞也。」並未言：「《繫年要錄》為辛棄疾造韓侂冑壽詞。」俞氏所引謝枋得《疊山集》，既實無所引之言，俞氏不免厚誣古人。且《繫年要錄》編年，止於紹興三十二年（1162），並不及開禧（1205～1207），不可能載有辛棄疾壽韓侂冑詞；俞氏不應不知。傳本《建炎以來朝野雜記》亦無辛棄疾壽詞。（二）俞氏引（1）謝伋《四六談麈》稱清照為「趙令人李」，（2）張端義《貴耳集》稱「易安居士，趙明誠妻」，證明清照未曾再嫁。黃氏已引洪适《隸釋·跋趙明誠金石錄》謂其妻李清照表上於朝，而同時亦言清照更嫁以駁之。案陳振孫《直齋書錄解題》卷二十一《漱玉集》條明言：李清照「晚歲頗失節」；而在卷八《金石錄》解題亦云：「其妻易安居士為作〈後序〉，頗可觀。」蓋李清照雖改張汝舟，而旋即離異。改嫁之後，與趙明誠生前之夫婦關係，並不因改嫁而消滅；與張汝舟離異之後，李與張之夫婦關係，自不再存在。各家稱李清照為趙明誠妻，自是情理之常，不足為未嫁之證。夏承燾先生〈易安居士事輯後語〉以為：陸游稱李清照為故建康守趙明誠之配，時在謝伋稱趙令人李之後十餘年，亦可助證俞正燮氏易安未改嫁之說。按陸游之言出自所作〈夫人孫氏墓誌銘〉（蘇洞之母），作於紹熙四年或稍後，在謝伋作《四六談麈》之後約五十年，夏先生以為十餘年，或推算有問題。陳振孫更後于陸游，而仍稱「其妻」。夏先生之說實亦與俞氏說同，難以成立。（三）俞氏云：「易安，老命婦也，何以改嫁復與官告？」俞氏以李清照謝啟中之官文書為與李清照之官告，未有所據。據宋竇儀等《新詳定刑統》中不同地方之解釋，官告不在官文書之列。且此「官文書」三字，原不指宋代任何文書，乃借用韓愈〈試大理評事王君墓誌銘〉中語，未必張汝舟真以文書偽告身往也。如謂此為官告，治李清照者，則在未嫁張汝舟以前，不可能得有張氏方面之官告。俞氏以清照啟中所云官文書為官告，乃與清照者，實毫無根據。據《續資治通鑑長編》卷二十二載太平興國六年十二月壬辰詔，告身亦官文書之一，與《刑統》解釋不同。（四）俞氏又云：「閨房鄙論，竟達闕廷，帝察隱私，詔之離異。」「南渡倉皇，海山奔竄，乃舟車戎馬相接之時，為一軀儈之婦，從容再降玉音，

宋之不君，未應若此。」案：據宋《刑統》規定：妻告夫者，縱使所告屬實，亦以違反容隱律，仍須徒二年；被告之人則以自首論。宋代處刑，多據勅令格式，常較《刑統》為重。清照告張汝舟妄增舉數入官，以妻告夫，乃僅被拘九日，雖有翰林學士綦崇禮從中援手，似非通過皇帝不可，無所謂「宋之不君」。（五）俞氏云：《四朝聞見錄》有劾朱文公閨閫中穢事疏及朱謝罪表，蓋其時風氣如此。案朱熹被劾疏及謝罪表，並非出自捏造。所劾各事自出諸誣構，而疏及表實見於李心傳《道命錄》卷七，至朱之謝表亦另見《朱文公文集》卷八十五，即〈落秘閣修撰依前官謝表〉，俞氏蓋未深考。其後繼俞正燮之後為清照改嫁辨誣者，有陸心源、李慈銘以至夏承燾先生，其說亦多與俞正燮所舉理由情形相類似，難以成立。陸氏曾列五證：（1）汝舟先官秘閣直學士，後官顯謨直學士，故曰飛卿學士。陸氏蓋以為張汝舟即〈金石錄後序〉中之張飛卿學士，與俞正燮意見相同，惟俞氏未舉出任何佐證。案宋代館職始稱學士，其後學士之稱極濫；至渡江後，苟有一官，未有不稱學士者；據吳曾《能改齋漫錄》卷二所載，當時曾有旨禁之。不能據學士之稱以推知其官爵。宋代為學士者並不稱為學士，如觀文殿大學士稱大觀文、資政殿大學士稱大資、端明殿學士稱端明、龍圖閣學士稱老龍、龍圖閣直學士稱龍學、樞密直學士稱密學、翰林學士稱內翰等等。至秘閣直學士，則宋代貼職並無此稱。張汝舟之貼職乃直秘閣與直顯謨閣，陸氏竟以為秘閣直學士，所考全誤。張飛卿確另有其人，據王詵畫〈夢遊瀛山圖〉田亘跋，乃陽翟人；曾授直秘閣之張汝舟乃毘陵人。此二人決非同一人（清照所訟之張汝舟則又為另一人）。（2）綦崇禮官中書舍人，故曰內翰：案宋代只有翰林學士方能稱內翰；中書舍人例稱舍人或紫微。李清照告張汝舟時，綦正為翰林學士，非中書舍人。（3）《要錄》無趙明誠三字：案《建炎以來繫年要錄》卷五十八明云：汝舟妻李氏，「格非女，能為歌詞，自號易安居士」。此易安居士非李清照而誰？雖未言其為趙明誠之妻，決不能移之他人。（4）啟云：弟既可欺，持官文書來輒信。當指蜚語上聞置獄而言：案「持官文書來輒信」一語，乃用韓愈文中語，當為未改嫁張汝舟以前之事，與其後置獄無涉。（5）若改嫁確有其事，何得云不根之言：案「不根之言」四字，出李清照〈謝綦崇禮〉啟中，係指張李二人訟事言，蓋當時二人對獄，必有蜚短流長之語，傳說紛紛，故云不根之言，與改嫁事亦無涉。李慈銘引〈金石錄後序〉所署「紹興二年玄黓歲壯月甲寅朔易安室題」及紹興三年〈上韓肖胄詩〉自稱為「嫠」兩點，用以

證明在紹興二三年間，清照確未改嫁。夏承燾先生亦以「易安室」三字爲清照未改嫁之證。惟吳庠先生云：「婦人對其夫自稱爲室，固屬罕見，而又置室字於易安下，甚不妥。」蓋已疑之而未得其說。案易安室之「室」，並不指「妻室」，而係指一般房屋中之室。「易安室」實與「雪浪齋」、「龜堂」、「芳蘭軒」等相同，爲一室名，岳珂《寶眞齋法書贊》卷十九米元章〈靈峰行記帖〉之岳珂贊可證。如果易安室三字確爲「妻室某某」之意，則〈金石錄後序〉或可勉強言其乃李清照對趙明誠之自稱；但李清照在〈上韓肖胄詩〉序中，在《打馬圖經》序中，亦俱稱「易安室」，將如何解釋？豈對他人亦自稱爲妻室某某乎？至清照自稱爲嫠，則其時趙明誠已死，與張汝舟亦已離異，又何以不能稱「嫠」？稱「嫠」又何以證明其未改嫁？李慈銘又以爲清照改嫁一事，乃秦楚材或張九成等以他人之事移之易安。此與俞正燮論點相同，惟俞氏未指何人所移？案張九成秉性正直，似決不至因誚而出此；且易安「露花倒影柳三變，桂子飄香張九成」一聯，與見於葉夢得《避暑錄話》卷三之蘇軾「山抹微雲秦學士，露花倒影柳屯田」一聯相似，出於遊戲，原無譏誚之意。秦楚材即秦梓，乃秦檜之兄，雖未必爲正人君子；但進帖子詞事小，未必因此結怨；而清照與秦檜之妻王氏乃中表，投鼠忌器，秦楚材亦未必出此。李氏之假設，毫無佐證。宋人視改嫁一事，本極尋常，並不以爲恥辱，與明、清人觀點大不相同。黃盛璋先生已指出：葉適《水心文集》中各墓誌銘，於改嫁皆直書不諱。葉適屬永嘉學派，尚有異於程朱之理學派。朱熹爲理學派最主要人物，乃所撰〈榮國夫人管氏墓誌銘〉，亦載其有五女，次適承直郎沈程，再適奉議郎章駒，足見當時並不諱言改嫁。朱熹尚且如此，其他可知矣。無怪魏了翁之女夫死再嫁，人爭欲娶之，劉震孫竟因之結怨於人，乃見于周密《癸辛雜識》別集卷上之記載。當時人如有憾於清照，流言誣衊，必不出諸捏造改嫁事實之一途。改嫁一事，從當時社會觀點而論，並無損於李清照之人格；在今日更不應成爲問題。自俞正燮以來有不少學人竭力爲李清照辨誣，似亦不足以爲李清照增重。黃盛璋先生云：「這裏牽涉到史料之眞僞與事實的是非兩個問題。」列舉宋人胡仔、王灼、晁公武、洪适、陳振孫等人之說，證明其確曾改嫁。各家辨誣之說，殆全已落空。深恐尚有人紛紛爲改嫁一事翻案，故不憚費辭，就黃先生所未及，或已及而未周者，稍加補充，供研究李清照事迹者參考。(《文史》第二輯)

按：俞正燮氏爲清照辨誣，多方證其未改嫁，可謂不遺餘力者矣。乃所舉理

由，非與事實不合，即難以成說：（一）「讀《雲麓漫鈔》所載〈謝綦崇禮啓〉，文筆劣下，中雜以佳語，定是竄改本。」毫無證據。趙彥衛《雲麓漫鈔》序於開禧二年，距清照之卒約四十年，與清照無恩怨可言，決無竄改其謝啓之理；且趙彥衛對清照非特毫無貶詞，並極稱其文章，更無厚誣清照可能。（二）「又夫婦訐訟，必自證之，啓何以云『無根之謗』？」清照訟張汝舟事，當時有何流言，現不可知，安知其無「無根之謗」？（三）李心傳《建炎以來繫年要錄》采鄙惡小說，比其事爲文案。」《四庫全書總目提要》稱《建炎以來繫年要錄》「最足以資考證」，所采以國史、日曆爲主，參之以稗史、野史、家乘、誌狀、案牘、奏議等等。核之全書，《提要》之說可信；俞氏所云，實無所據。（四）俞氏言《繫年要錄》爲辛棄疾造韓侂胄壽詞之說。而《繫年要錄》記事至紹興三十二年爲止，並不下及開禧時，何來爲辛棄疾造韓侂胄壽詞之事？李心傳所記韓侂胄事，在《建炎以來朝野雜記》而非《建炎以來繫年要錄》。《建炎以來朝野雜記》亦未載有辛棄疾壽詞。（五）俞氏又引謝伋《四六談麈》稱清照爲趙令人李，張端義《貴耳集》稱趙明誠妻，證明清照未曾再嫁（夏承燾先生《易安居士事輯後語二》引陸游〈夫人孫氏墓誌銘〉稱爲「故趙建康明誠之配」，證其未再嫁，其理由與俞氏相同）。則清照雖再嫁離異，與趙明誠之夫婦關係並不因之而消滅；如不稱之爲「趙明誠妻」，將稱之爲「張汝舟之離異婦」乎？非深惡清照之人，必不出此。洪适《隸釋》明言趙明誠妻更嫁，而其文仍云：其妻易安居士。陳振孫《直齋書錄解題》說清照「晚歲頗失節」，而仍稱爲趙明誠妻。足以說明，凡稱之曰趙明誠妻者，並非即爲未改嫁之證據也。（六）「趙彥衛、胡仔、李心傳等不明是非。」不知謂清照再嫁者，尚有晁公武、洪适等，豈皆不明是非乎？

（七）「何以改嫁復與官告？」啓言「持官文書來輒信」，乃在改嫁之前，官文書何以知其即爲官告？在未改嫁以前，何以能得張氏方面之官告？據宋寶儀等所編《新詳定刑統》卷五：「官文書謂公案。」卷九：「官文謂在曹常行非制敕奏抄者。」（騰制敕符移之類名曰制書，不曰官文書。）又卷二十五：「官文書指文案、符移、解牒、鈔券之類。」官告似不能謂爲官文書。韓愈〈試大理評事王君墓誌銘〉中所云「文書」、「告身」，係指男方是否官人，與「改嫁與官告」無涉（官文書見余嘉錫先生《論學雜著》考證）（又李燾《續資治通鑑長編》卷二十二載：太平興國六年十二

月壬辰詔：中外官不得以告身及南曹歷子質錢，違者官爲取還，不給元錢。朝廷患官文書落規利之家，故禁絕之。是俞正燮以官文書爲告身，在《刑統》以外，原無不可，惟在此則殊出附會）。（八）「爲一駔儈之婦，從容再降玉音，宋之不君，未應若是！」清照訟張汝舟，有司當汝舟私罪徒。徒至多三年，可贖，或可以官抵徒，五品以上，一官抵二年，九品以上，一官抵一年，乃汝舟竟因之除名編管，並非細事，何以能謂「爲一駔儈之婦」？清照雖所告屬實，依律至少應徒二年（見前《李清照事迹編年》），乃竟免刑，亦非細故。「再降玉音」，不知俞氏何指？所云官文書，殊難謂爲玉音。（九）以「飛卿玉壺」改作「汝舟玉臺」，全出俞氏想像，毫無佐證；且玉壺事在建炎三年，而張汝舟事則在紹興二年，不能混爲一談。（十）所舉劉時舉《續通鑑》、《四朝聞見錄》等等，云「蓋其時風氣如此」，其意殆以爲朱熹〈謝罪表〉亦出他人捏造，實則此表別亦見於李心傳《道命錄》卷七下。李心傳推崇道學備至，故爲是書，焉有捏造朱熹謝表之理。沈繼祖所劾自非事實，全爲羅織，朱之謝表則確有之，且此表（〈落秘閣修撰依前官謝表〉）實見《朱文公文集》卷八十五，更非捏造。俞氏不引《朱文公文集》或《道命錄》而引《四朝聞見錄》，蓋未詳考也。俞氏所舉張浚、朱熹、胡惠齋等被誣之事，並不足以證明清照亦被誣再嫁；宋人本不以再嫁爲非，何必以此誣之？

俞正燮〈易安居士事輯〉，搜羅李清照事迹頗詳，雖其排比編次，間不免稍有謬誤，而力辯清照未曾再嫁，未能令人信服，徒勞無功，尤爲可惜。但其倡始搜羅事迹之功，殊不可沒，其文固爲研究李清照者所必資也。

俞氏文內所云：「《瑯嬛記》《四六談麈》《宋文粹拾遺》並載易安〈賀孿生啓〉。」與事實不合。《四六談麈》內並無此啓；《宋文粹拾遺》則世無其書，想是俞氏因《瑯嬛記》僞構之《文粹拾遺》而誤；《宋文粹》則尚有其書，即《聖宋文粹》，見宋《秘書省續四庫書目》及《宋史・藝文志》。（《李清照集校注》）

按：陸心源此跋多誤，所舉五證，多難成立：（一）張汝舟之貼職爲直秘閣、直顯謨閣，非秘閣直學士（宋無此職），及顯謨閣直學士。直某閣至直學士，中間尚有修撰及待制，職位高低大不相同，待制以上爲侍從，以下者不在侍從之列。陸氏混爲一談，以此證其得稱學士，殊無根據。宋代實授學士者俱不稱學士，如翰林學士稱內翰，觀文殿大學士稱大觀文，資政殿學士

稱資政，龍圖閣學士稱老龍等等，陸氏亦未考。（二）陸氏以爲中書舍人應稱爲「內翰承旨」，非（說已見前）。（三）李心傳《繫年要錄》多根據日曆及實錄，案牘如未載趙明誠妻，李心傳自不煩添注；且《要錄》已明言：「能爲歌詞，自號易安居士。」斷不能移之他人。（四）清照〈謝綦崇禮〉一啓所云：「弟既可欺，持官文書來輒信。」雖不知其事實，但事在未改嫁之前。陸氏以爲「當指蚩語上聞置獄而言」，亦毫無根據。（五）謝啓云：「唯智者之言，可以止無根之謗。」陸氏以爲「獻璧北朝，可稱不根之言。若改嫁確有其事，何得云不根之言？」安知清照所云「無根之謗」不指當時對清照訟張汝舟事種種流言乎？又陸氏強調：心傳誤據傳聞之辭。如細讀《建炎以來繫年要錄》，可以證明李心傳所錄，往往多方考證，務得其實，並無率爾操觚之弊。陸氏所指摘，亦不能認爲恰當。陸氏所得結論，如謂：「張汝舟誣告清照獻璧北朝，故清照控其妄增舉數，作爲報復；張汝舟乃改其謝啓，誣爲改嫁，認爲伊妻。」則全出杜撰；毫無事實根據。即使所舉五證得以成立，亦難以自圓其說。至張汝舟除名編管，而陸氏則以爲奪職編管，以除名爲奪職，又其錯誤之小小者耳。（《李清照集校注》）

按：李慈銘所舉清照未改嫁各證，亦難以成立。（一）李慈銘以爲紹興二年八月，清照撰〈金石錄後序〉，題「易安室題」，乃同年九月間又訟張汝舟，豈有三十日內，忽在趙氏爲嫠婦，忽在張氏訟其夫？按清照撰〈金石錄後序〉在紹興四年，非二年；「易安室」三字亦非「嫠婦」之證（說俱見前）。夏承燾〈易安居士事輯後語〉亦據〈後序〉題名，以爲「汝舟紹興二年與妻李氏涉訟之時，易安確猶爲趙家之一嫠」，其對「易安室」之解釋爲「嫠婦」之證與李慈銘同。（二）李慈銘舉清照詩中有「嫠家祖父生齊魯」句，以爲「以老寡婦終」之證。依李氏之意，詩中將自稱爲「改嫁離異」，方能承認其再嫁乎？其時趙明誠已死，改嫁離異後仍自稱曰嫠，亦情理之常，不能證其未改嫁。（三）李慈銘又以爲紹興二年八月間，趙思誠爲起居郎，趙氏尚盛，不容有此事。按清照改嫁張汝舟，當在紹興二年四五月間，趙思誠尚未爲起居郎；且宋人並不以改嫁爲非（如王安石改嫁其子王雱之婦，魏了翁之女改適劉振孫等，見魏泰《東軒筆錄》卷七、周密《癸辛雜識》別集卷下）。無所謂「趙氏尚盛，尤不容有此事」。（四）至謂清照謝啓爲秦梓或張九成以張汝舟妻李氏事移之清照，則全爲猜測杜撰，毫無根據。且張九成素性剛正，決無此事；清照「桂子飄香」之語，並無譏

刺之意，亦不至於招人怨恨。秦梓縱因端陽帖子詞事惡清照，亦不須以此誣之。至謂清照正嫠居無事，則尙不誤，蓋清照作此文字遊戲時，尙未改嫁也。夏承燾先生〈易安居士事輯後語二〉以清照敢於作詩誚張九成，證其未改嫁，亦與李慈銘相同，不能證二月後未改嫁也。（五）至於所謂：「後人因其適皆李姓，遂牽合之，李微之亦不察而誤采之。」則李心傳所載非僅據傳聞而多據官方案牘、史官記載，無牽合之理。李慈銘氏自以其說爲不易之定論，殊不然。況周儀按語謂「兩人蹤跡判然，何得有嫁娶之事」，蓋未考清照再嫁在何時。依況氏所排比之二人蹤跡，二人在紹興二年四五月間嫁娶，有何不可能之有？

按力辯清照未改嫁者，雖多方爲清照開脫，並力駁宋人記載，終難令人信服，尙未能完全言之有故，持之成理。黃盛璋君之〈李清照事迹考〉言之慕詳。本人所考李清照事迹及所持清照再嫁之說，凡與黃君之〈李清照事迹考〉及舊譜相同者，俱爲黃君之說；即有黃君所未及者，亦多自黃君之說啓發引伸而得，未能在所引各處一一加注（其由黃君私人告知，未經公開發表者，另注明之），特在此聲明。

最近上海出版《李清照集》附有黃先生一九六二年修正之《趙明誠李清照年譜》《李清照事迹考辨》二種，考據精博，且采及鄙陋之說（余之《李清照事迹編年》底稿曾舉以贈黃先生，求其印可），兼有舉正。惜此書早已發排，祇得仍以黃先生未修正之〈趙明誠李清照年譜〉（發表於山東省某刊物者）及〈李清照事迹考〉爲據，另就新譜中若干新問題提出商榷。

（《李清照集校注・附錄》）

【李清照事迹編年（節錄）】

公元一一三二年（紹興二年壬子）清照四十九歲。

春，清照赴杭。

〈金石錄後序〉云：「壬子，又赴杭。」按趙構於正月離越赴杭，丙午至臨安。清照赴杭，當在其後。

三月，清照作一聯嘲張九成。

宋陸游《老學庵筆記》卷二云：「張子韶對策，有『桂子飄香』之語。趙明誠妻李氏嘲曰：『「露花倒影柳三變，桂子飄香張九成。」』張九成字子韶。九成對策，在紹興二年三月甲寅，爲進士第一人。此兩句是否是詩，有無全篇，俱不可考。俞正燮〈事輯〉以爲詩，又云：「應舉者服其工對，傳誦

而惡之。」俱不知何據，或俞氏杜撰。

夏，清照再適張汝舟。

據《苕溪漁隱叢話》、衢州本《郡齋讀書志》、《建炎以來繫年要錄》。此三書俱有張汝舟之名。據《咸淳毘陵志》卷十一，張汝舟乃毘陵人，崇寧五年進士。據《建炎以來繫年要錄》，張汝舟此時殆為監諸軍審計司。近人李湄謂當時有兩張汝舟，原文未見，未知其說何如。

按紹興元年九月己亥詔：「文臣寄祿官，依元祐法分左右字，贓罪人更不帶，以示區別。」二年二月起，選人亦分左右（見《建炎以來繫年要錄》卷四十七。《宋宰輔編年錄》卷十一亦云：「紹興元年十二月詔，文階繫銜，復分左右」）。張汝舟為崇寧進士，應帶有「左」字，而此張汝舟則為右承奉郎，乃帶「右」字，顯為無出身人。又另一張汝舟，在建炎三年已為朝奉郎，而此張汝舟，則在紹興二年為右承奉郎，官階相距甚多，必非一人也。

按清照〈投綦崇禮啟〉云：「友凶橫者十旬。」是清照再嫁至離異，為時不過百日，張汝舟以九月屬吏。以此推之，清照再嫁當在四五月間。

明清迄近代，為清照辨誣，主張清照未再嫁者甚多，無一能言之有故，持之成理，俱不取。

秋八月丙辰，直秘閣主管江州太平觀趙思誠守起居郎。

見《建炎以來繫年要錄》卷五十七。

清照與張汝舟離異。

《建炎以來繫年要錄》卷五十八：紹興二年九月戊午朔：「右承奉郎、監諸軍審計司張汝舟屬吏，以汝舟妻李氏訟其妄增舉數入官也。其後有司當汝舟私罪，徒，詔除名，柳州編管。十月己酉行遣。李氏，格非女，能為歌詞，自號易安居士。」

離異事各書多未載。《苕溪漁隱叢話》祇云：「再適張汝舟，未幾反目。」而王灼《碧雞漫志》則云：「再嫁某氏，訟而離之。」且清照既訟其妄增舉數入官，張汝舟因之除名編管，不能不離異也。

清照作啟謝翰林學士綦崇禮。

綦崇禮，字叔厚，高密人，政和八年進士（《中興館閣錄》卷七），《宋史》有傳。著有《北海集》六十卷，今失傳。《永樂大典》輯出者四十六卷。

清照訟事上聞，綦崇禮必從中援手，故清照以啟謝之。清照啟見《雲麓漫鈔》卷十四。按宋洪遵《翰苑群書》下《翰苑題名》：「綦崇禮，紹興二年

二月，以吏部侍郎兼權直院；七月，除兵部侍郎依舊兼權；九月（乙亥），除翰林學士。四年七月，除寶文閣學士，知越州。」（《宋中興百官題名》與此同）。清照啓內稱綦爲內翰承旨，而「御筆尚書兵部侍郎兼直學士院綦崇禮爲翰林學士」在九月乙亥（十八日），清照上此啓必在九月底或稍後。只有翰林學士始稱「內翰」，據《翰苑題名》，綦崇禮未授承旨（承旨不常設，以學士資深者爲之），而清照稱之爲「內翰承旨」，殊不可解。且綦於九月中始爲翰林學士，似不能遽授承旨，俟另考（綦與趙氏有親聯，而《北海集》內無一字及趙李二氏）。

綦崇禮所援手者爲何事，清照啓內未言，各書亦未有記載。惟按之宋竇儀等所編《新詳定刑統》卷二十四〈鬭訟律〉云：「諸告周親尊長、外祖父母、夫、夫之祖父母，雖得實，徒二年。議曰：『告周親尊長、外祖父母、夫、夫之祖父母，依〈名例律〉并相容隱。被告之者，與自首同。告者各徒二年。』」（《刑統》卷六）〈名例律〉中有〈互相容隱〉一例：有罪相容隱：「諸同居，若大功以上親、及外祖父母、外孫、若孫之婦、夫之兄弟及兄弟妻，有罪相爲隱。若犯謀叛以上者，不用此律。」是李清照訟張汝舟妄增舉數入官，雖按問屬實，清照自身亦應徒二年。又《朱子語類》卷一百二十八云：「律輕而勅重。」又云：「因言律即《刑統》極好，後來勅令格式罪皆太重，不如律。」（宋之勅令格式今多無傳。清照訟張汝舟時所施行者爲《紹興勅令格式》，見《宋史‧刑法志》一）。清照告張汝舟，以妻告夫，張汝舟得以自首論，而清照自身，則依《紹興勅令格式》或應處二年以上刑。清照謝啓云：「故茲白首，得免丹書。」是清照未嘗處罪。今清照未處罪，而有司原當張汝舟私罪，徒（徒至多三年，可贖，可以官抵），而竟除名編管，殆綦崇禮曾營救清照，得勿坐「告周親以下罪」，故清照投啓謝之。清照訟張汝舟，汝舟因之除名編管，而清照乃「居囹圄者九日」（啓中語），蓋清照亦有「告周親以下罪」，故亦收繫囹圄也。

俞正燮〈易安居士事輯〉以清照作啓與綦事繫之建炎三年十一月，以爲爲張飛卿玉壺事，且以「內翰承旨」爲中書舍人之稱。按中書舍人未有稱爲「內翰承旨」者，宋人或即稱「舍人」，或稱「紫微」（如唐杜牧稱「杜紫微」，宋呂本中詩話稱《紫微詩話》，張孝祥稱「張紫微」），俞氏未深考。（《李清照集校注》）

李 敖

【李易安再嫁了嗎】

《中央日報》四月十三號樸人先生的〈李易安的再嫁〉一篇文章，重新給一段錯誤的歷史記載加以傳佈，這是大可不必的事。

李易安（清照）的沒有再嫁，在歷史上可以成為定說了，這是稍懂基本考證的人都知道的。李易安有文采，有學問，但是因為是女人，又才氣太露（晏殊、歐陽修、晏幾道、柳永、蘇軾、秦觀、黃庭堅、賀鑄等名家都被她批評過），所以被當時許多人嫉妒，硬給她造謠言，說她在丈夫趙明誠死後改嫁張汝舟；改嫁後又所遇非人，告到官裏去，又判決離婚了。

其實這些都是謊話。

最早編造或傳佈這些謊話的是胡仔、趙彥衛、李心傳等人，他們雖然與李易安同是宋朝人，時代接近，但是記錄的手法卻大有問題。胡仔的《苕溪漁隱叢話》一書，成於南宋高宗紹興十八年戊辰（1148）三月，這時李易安大概已經死了很久了（李易安的死年不可考，周密《浩然齋雅談》記她曾在紹興十三年癸亥（1143）端午進〈帖子詞〉，那時她六十一歲，以後再也沒下文了）。晚一點的是趙彥衛的《雲麓漫鈔》，這書成於寧宗開禧二年丙寅（1206），已經到了第十三世紀了。再晚是李心傳的《建炎以來繫年要錄》，這書最早的版本是理宗寶祐年間的揚州刊本，在一二五三年以後。上面三書的成書年代都可證明一件事——李易安當時並沒有看到這類誹謗她的記載。而這類記載的形成，不過是根據一些鄙惡小說的繪影繪形，正如清人俞正燮在《癸巳類稿》所說的：

> 其時無學者，不堪易安譏誚，改易安〈與綦學士啓〉，以張飛卿為張汝舟，以玉壺為玉臺，謂官文書使易安嫁張汝舟，後詰訟，又詔離之，有文案（詳趙彥衛《雲麓漫鈔》、胡仔《苕溪漁隱叢話》、李心傳《建炎以來繫年要錄》），宋方擾離，不糾言妖也。

這段文字說明了兩點：

一、李易安再嫁的傳說，是小人們編造的；

二、這種編造，因為南宋的偏安擾離，竟沒有澄清。

為了證實這些傳說的錯誤，俞正燮在《癸巳類稿》中又批評這些早期的史料：

> 讀《雲麓漫鈔》所載〈謝綦崇禮啓〉，文筆劣下，中雜有佳語，定是

竄改本。……李心傳《建炎以來繫年要錄》，采鄙惡小說，比其事爲
文案，尤惡之。後讀《齊東野語》，論韓忠繆事云：李心傳在蜀，去
天萬里，輕信記載，疎舛固宜。又《謝枋得集》亦言，《繫年要錄》
爲辛棄疾造韓侂冑壽詞，則所言易安文案謝啓事可知。

這段文字已指出這些史料的不可靠。不可靠的原因依我看來，乃是李易安的
詞，已「版行於世」，但她的文，卻「少有見者」，這種情形，在《雲麓漫鈔》
中說得很明白。《雲麓漫鈔》記這種情形時，距李易安的死不過才六十年，文
章的流傳已如此之少，竄改本或贋品自然是極可能的事。這種史料方面的不
可靠，足以成爲李易安沒有再嫁的第一個證據。

　　李易安的丈夫趙明誠死在高宗建炎三年己酉（1129），那時候李易安已經
四十七歲了；四年以後，在高宗紹興三年癸丑（1133），她寫〈上樞密韓公工
部尙書胡公並序〉，其中有「閭閻嫠婦」、「嫠家父祖」的話，那時她已經五十
一歲了，還在守寡；第二年，紹興四年甲寅（1134），她寫〈金石錄後序〉，已
經五十二歲了（這序的末尾署「紹興二年」，是後人轉抄抄錯的，應該是「紹
興四年」，洪邁曾在王厚之（順伯）那裏看過這序的原稿，遂在《容齋四筆》
裏記爲四年，也就是清人吳衡照《蓮子居詞話》所說的「紹興甲寅」。序中說
「至過蘧瑗知非之兩歲」，蘧瑗（伯玉）年五十而知四十九年之非，可證李易
安當時是五十二歲）。在序中李易安歷數她從丈夫葬後，「無所之」的苦況，
由想投奔她丈夫的妹婿，到投奔她的弟弟李迒，受盡了病困苦惱，這樣一個
可憐的老太婆，哪裏還改什麼嫁？無怪乎吳衡照要在《蓮子居詞話》裏說：
「豈有就木之齡已過，隳城之淚方深，顧爲此不得已之爲，如漢文姬故事？
意必當時嫉『哲宗』元祐君子者攻之不已，而及其後『人』；而文叔之女（敎
按：李易安的父親李格非字文叔）多才，尤適供謠諑之喙，致使世家帷薄，
百世以下，蒙詬抱誣，可慨也已！」

　　這些文件，可以成爲她沒有再嫁的第二個證據。

　　從李易安寡居後的作品中（如〈感懷〉詩、〈曉夢〉詩、〈武陵春〉詞等），
我們看不到她改嫁的原手史料。再從宋人朱熹、洪邁等的片語或著作中，也看
不到有關她再嫁的微辭或記載（寡婦再嫁在朱熹眼中是何等嚴重的事！可是《詞
綜》記朱熹提到李易安，卻只稱讚她是「本朝婦人」中的「能文者」。我懷疑李
易安若改嫁了，朱老夫子會不揭她的瘡疤！）。又從《宋史》李格非的傳中，更
看不到他的女兒改嫁再適的證據。又如幫過李易安大忙的綦崇禮學士，他的女

婿謝伋，在高宗紹興十一年辛酉（1141）寫《四六談塵》的自序時，李易安已五十九歲，謝伋還稱她為「趙令人李」，她若再嫁張汝舟，怎麼能有這種稱呼呢？所以俞正燮認為：「若『綦』崇禮為處張汝舟婚事，伋『為』其親婿，不容不知。」俞正燮又提到百年後（理宗淳祐元年，1241）張端義《貴耳集》中稱「易安居士，趙明誠妻」的話，同樣可證「易安為綦，行迹章章可據」，因為張端義也是宋朝人，《貴耳集》也是不算太晚的史料（至少比《建炎以來繫年要錄》還早）。這些文徵，可以成為李易安沒有再嫁的第三個證據。

李心傳《建炎以來繫年要錄》中說：

> 右承奉郎監諸軍審計司張汝舟屬吏，以汝舟妻李氏訟其妄增舉數入官也。其後有司當汝舟私罪，徒，詔除名，柳州編管（十月己酉行遣）。李氏，格非女，能為歌詞，自號易安居士。

清人李慈銘在《越縵堂日記》裏細味這段話，懷疑「汝舟妻李氏」可能不是李易安，也許是李易安的本家，也許是一種訛傳或牽合。李慈銘又說「訟其妄增舉數」一事，《建炎以來繫年要錄》證明發生在紹興二年癸子（1132）的九月份，但〈金石錄後序〉卻明明還記著紹興二年十月朔「易安室」的字樣，「豈有三十日內，忽趙氏為綦婦，忽在張氏訟其夫」？其實這是李慈銘自己的錯，他不知道〈金石錄後序〉中的紹興二年該是紹興四年，所以這種反證，雖然在替李易安辨誣，卻不能駁倒李心傳。駁倒李心傳的辦法，除了前面俞正燮舉出的李心傳有作偽行迹外，還可從社會史的觀點來看這件事：原來趙明誠死的日子是建炎三年己酉（1129）八月十八日，李心傳指出的李易安與後夫涉訟則在紹興二年癸子（1132）九月朔，前後不到三年。李易安死了丈夫，必得守「三年之喪」，她若不先守喪三年，改嫁不但要判「徒三年」的罪，而且婚姻是無效的，這種規定，《宋刑統》中著有明文。讀書知禮世門望族的李易安絕不敢不守這種禮法，也不可能不守這種禮法。即使三年之喪按照二十七個月來算，則她為亡夫守喪完畢時已在紹興元年（1131）十一月十八號了。從這天朝下算，直算到李心傳所謂的與後夫涉訟公庭為止，前後不到十個月。在這不到十月的日子裏，若照誹謗她的人所描寫的，她必須又要脫下喪服，又要療養重病，又要找到新歡，又要聽新歡「如簧之說」「似錦之言」，又要再婚燕爾，又要雙雙鬧翻，又要整天挨打，又要上達皇帝，又要「被桎梏而置對」，又要「同凶醜以陳詞」，又要「友凶橫者十旬」，又要「居囹圄者九日」，……不到十個月的日子，要接二連三發生或湊足這麼多的事件，實在不能不說有點牽強，實在令人難以

置信。這些推斷，可以成爲李易安沒有再嫁的第四個證據。

樸人先生說：「張汝舟的身世無可考，讀上面一段文字，知是易安嫁他，甚爲勉強，是受了他的哄騙和勒逼。所謂『持官文書來輒信』，大約仍牽涉到誣明誠饋璧北廷一案，汝舟的僞造文書，欺騙易安姊弟，因夫罪而爲官方命令再嫁的。」據我所知，樸人先生這種結論是有問題的。因爲按照當時宋朝的法律，「官方」不但不會「命令」寡婦改嫁，甚至明文禁止主婚人以外的任何人來干涉寡婦再嫁與否的問題。《宋刑統》中硬性規定「諸夫喪服除而欲守志，非女之祖父母、父母而強嫁之者，徒一年。周親嫁者減二等，各離之。女追歸前家，娶者不坐。」即使寡婦被「祖父母、父母」強迫改嫁，她若不肯，長輩們也無法可施，在宋人文集如畢仲游《西臺集》、洪邁《夷堅乙志》、王安石《臨川先生文集》，乃至《宋史・列女傳》中，都可以找到佐證。因此，李易安「因夫罪而爲官方命令再嫁『張汝舟』」的說法是站不住的。這是李易安沒有再嫁的第五個證據。

再從常理判斷，堂堂一個南渡偏安的朝廷，整天爲女眞人的侵略鬧頭疼，哪裏還有工夫來研究一對男女之間的隱私，研究這些「閨房鄙論」？俞正燮說得好：

> 夫南渡倉皇，海山奔竄，舟車戎馬相接之時，爲一駔儈（敎按：造李易安謠言的人，說她上綦學士啓中，有『猥以桑榆之末景，配茲駔儈之下才』的話），（皇帝竟）從容再降玉音（旨），宋之不君，未應若此！

這是很平允的議論，可以成爲李易安沒有再嫁的第六個證據。

上面這些證據，還只是就外在的證據而言。從內在的證據來說，若仔細分析李易安的「人格品質」和她個人的成長背景，也極難令人相信她有改嫁的可能性。一個「素習義方，粗明詩禮」的女人、一個「文章落紙，人皆傳之」的女人、一個「忠憤激發，意悲語明」的女人，是很難不爲舊社會「從一而終」的思想模式殉道的。

關於李易安再嫁一案，歷史上談論的人很多。除了上面所舉的以外，如陳振孫、陸心源、沈寐叟、劉聲木等都有所論列。由於方法論的牽制，關於這段史實，鬧錯誤的人太多了。即以相關年代一點而論，從俞正燮、吳衡照、李慈銘，到胡適、陳東原，人人都有不精確或失檢的地方，因此更使我們覺得，做歷史考據眞是不容易！

　　李易安這件事，牽涉到的已經不止一個歷史眞相的問題，它還牽涉到一個道義的和觀念的問題：一個女人，再嫁也好，守寡也罷，都是她個人的私事，別人沒有用泛道德的字眼亂罵的權利，更不可造謠。再嫁並沒有什麼不得了，可是沒再嫁卻硬說她再嫁，這就太不對了。（民國52年5月號《文星月刊》第十二卷第一期）

謝　康

　　有宋荆釵詞人李易安居士，中年絲竹，哀樂侵人，《漱玉集》中，時有女性本能之流露。〈聲聲慢〉云：「守著窗兒，獨自怎生得黑？」「怎一個愁字了得！」即此種表現。又〈壺中天慢〉一詞云：「寵柳嬌花寒食近，種種惱人天氣……被冷香銷新夢覺，不許愁人不起。清露晨流，新桐初引，多少遊春意。」〈蝶戀花〉詞云：「暖雨晴風初破凍，柳眼梅腮，已覺春心動。酒意詩情誰與共？淚融殘粉花鈿重。　　乍試夾衫金縷縫，山枕斜欹，枕損釵頭鳳。獨抱濃愁無好夢，夜闌猶剪燈花弄。」如所週知，易安居士蓋中年過後失愛侶趙明誠之才媛，此數詞把寡居生活之苦懷，一絲絲從血淚中牽引出之，而情思溫馨動人，再婚之謗，見《苕溪漁隱叢話》及《雲麓漫鈔》，疑即從此類詞意附會成之也。清俞正燮《癸巳類稿》，曾根據可靠資料，爲易安辨誣，蓋宋人小說往往污蔑賢者，易安好批評宋代詞人，其受人誣蔑，更有可能。查伯葵〈李易安論〉，與陳文述《碧城仙館詩鈔》卷十〈題漱玉集〉詩，俱認爲易安晚年不當改嫁張汝舟者。文述詩云：「談娘善訴語何誣，卓女琴心事本無。賴有琵琶查八十，清商一曲慰羅敷。」即此意耳。陳氏生平提倡婦女文學，有女弟子甚多，與隨園詩宗，後先媲美，宜其同情易安之處境也。（《詩聯新話》）

按：查伯葵〈李易安論〉，今已不傳，謝先生實無法得讀。清人葉廷琯《鷗陂漁話》卷一云：「今所傳查梅史撰《篔谷集》並無〈李易安論〉，詩中亦無一字辨及易安者，不知何故？考乾隆中，盧雅雨都轉嘗作〈金石錄序〉，已爲易安辨冤；查君殆慮以蹈襲見譏，因此自刪所作。」言之甚詳。又陳文述所撰〈題漱玉集〉，實見載於《頤道堂詩選》外集卷七，其詩並未爲清照改嫁辨證。陳另有〈題查伯葵撰「李易安論」後〉，始是雪誣之作，即「談娘善訴語何誣」云云者是。謝先生所述，均失之。

原　馬

【李清照再嫁記】

　　女詞人李清照再嫁之說，自古以來，即成訟案，然多以爲非者，尤以近人爲然，清黃協壎《鋤經書舍零墨》更爲長文以辯之。黃氏云：「《頤道堂詩外集》有〈題查伯葵撰「李易安論」後絕句〉，序云：李清照再適之說，向竊疑之，宋人雖不諱再嫁，然考易安作〈金石錄後序〉，時年已五十餘，《雲麓漫鈔》所載〈投綦崇厚啓〉，殆好事者爲之，嘗欲製一文以雪其誣，今讀伯葵所作，可謂先得我心矣。詩云：『談娘善訴語何誣，卓女琴心事本無；賴有琵琶查八十，清商一曲慰羅敷。』但今所傳查梅史撰《篔谷集》，並無〈李易安論〉，詩中亦無一字辨及易安者，不知何故？考乾隆中，盧雅雨都轉嘗作〈金石錄序〉，已爲易安辨冤，查君殆慮以蹈襲見譏，因此自刪所作。近見皖中俞理初孝廉正燮《癸巳類稿》有〈易安居士事輯〉一篇，亦力辨其再嫁之事，徵引詳博，似過盧序，微嫌文太繁冗，茲節集其大略附此云：易安之被誣，因好譏評所致，如行都端午，易安親聯有爲內夫人者，代進帝、后、夫人等閣帖子，於是翰林止金帛之賜，咸以爲由易安，已招時忌。又有句曰：『南遊尙怯吳江冷，北狩應悲易水寒』；『南渡衣冠欠王導，北來消息少劉琨』；忠憤激發，非刺者眾。又爲詩誚應舉進士曰：『露花倒影柳三變，桂子飄香張九成。』應舉者傳誦而惡之。先是趙明誠赴行在，病中有學士張飛卿攜玉壺示之，乃復攜去。明年旋卒，時建安防秋擾攘之際，有人妄傳其饋璧北朝，致言者論列，幾至不測，事見易安〈金石錄後序〉。幸綦崇禮左右之，事得解；而其時無學者不堪易安譏誚，改易安與綦學士啓，以張飛卿爲張汝舟，以玉壺爲玉臺，謂官文書使易安嫁汝舟，後結訟又詔離之，有文案詳趙彥衛《雲麓漫鈔》、胡仔《苕溪漁隱叢話》、李心傳《建炎以來繫年要錄》，宋方擾離，不糾言妖。此於其善謔受誣，固已根株盡快矣。又云：《瑯環記》、《四六談麈》、《宋文粹拾遺》並載易安〈賀攣生啓〉，用事明當；而《雲麓漫鈔》所載〈謝綦崇禮啓〉，文筆劣下，中雜有佳句，定是竄改本。《繫年要錄》采鄙惡小說，比其事爲文案，尤可惡。讀《齊東野語》，論韓忠繆事，謂李心傳在蜀，去天萬里，輕信記載，疏舛固宜。《謝枋得集》亦言《繫年要錄》，爲辛棄疾造韓侂胄壽詞，則所言易安文案、謝啓事可知。又云：紹興十一年五月十三日，綦崇禮婿陽夏謝伋，寓家臺州，自序《四六談麈》，時易安年已六十，仍稱爲趙令人李，若崇禮爲處張汝舟婚事，伋其親婿，不

容不知；又下至淳祐元年，時及百年，張端義作《貴耳集》，亦稱易安居士趙明誠妻。易安爲嫠，行跡章章可據。趙彥衛、胡仔、李心傳等，不明是非，至後人貌爲正論。《碧雞漫志》謂易安詞於婦人中爲最無顧藉。《水東日記》謂易安詞爲不祥之具。此何異謂直不疑盜嫂亂倫，當誅滅乎？劉時舉《續通鑑》紀紹興四年八月，趙鼎疏言：草澤行伍，求張浚不遂者，人人投牒醜詆及其母妻。《四朝聞見錄》有劾朱文公閨閫中穢事疏，及朱謝罪表。蓋其時風氣如此。《齊東野語》又言黃尙書由妻胡夫人惠齋居士，時人比之易安，嘗指摘趙師羼〈放生池文〉誤，惠齋已卒，趙爲臨安府，誘其逃婢，證惠齋前與棋客鄭日新通，遂黥配日新，而尙書以帷薄不修罷。其事與易安同。夫小人何足深責，吾獨惜易安與惠齋以美秀之才，好論文以中人忌也。此段旁推曲證，尤見明暢，一篇名論，足洗漱玉沈冤，雖使君出手，應亦不過如是，即賈翁亦不爲虛賦題詞矣。」（《星島晚報·星晚》1970 年 7 月 9 日）

李　栖

【漱玉詞研究（節錄）】

　　清照改嫁問題從來爭論甚劇，持易安改嫁之說者，略如下列：

　　1. 宋人之編年史書如李心傳《建炎以來繫年要錄》卷五十八，目錄書如晁公武《昭德先生郡齋讀書志》卷四、陳振孫《直齋書錄解題》卷二十一，金石書如洪适《隸釋》卷三十四〈跋趙明誠金石錄〉，詩話如胡仔《苕溪漁隱叢話·前集》卷六十，小說如王灼《碧雞漫志》卷二、趙彥衛《雲麓漫鈔》卷十四皆明言其改嫁；而俞正己《詩說雋永》亦有此意（《詩說雋永》：「今代婦人能詩者，……後有易安李。李在趙時，……」）。此八人或與清照同時，或去之不遠，所見所聞應較他人爲確切耳。且洪适〈跋金石錄〉猶云：「其妻李清照表上於朝。」陳振孫於《漱玉集》云：「李清照晚歲頗失節。」於《金石錄》則云：「其妻易安居士爲作〈後序〉，頗可觀。」固不因改嫁後離異，而絕其爲趙氏嫠。且宋時不諱改嫁：《宋史》載治平、熙寧有詔許宗女、宗婦再嫁。而范仲淹、賈似道、宋度宗母亦皆改嫁，時人不以爲失節。

　　2. 池州由宣城、廣德經吳興有獨松嶺道，爲唐宋江南通杭要道。紹興元年，汝舟在池州任監諸軍審計司，清照二年二月赴杭，張氏除名在九月。由清照〈投內翰綦公崇禮啓〉「友凶橫者十旬」推之，改嫁約在四、五月，是四五閱月間雖不可證張氏往杭州，亦無由證其未往也。

3.〈投內翰綦公崇禮啓〉云:「信彼如簧之說,惑茲似錦之言。弟既可欺,持官文書來輒信;身幾欲死,非玉鏡架亦安知?傴僂難言,優柔莫決;呻吟未定,強以同歸;視聽才分,實難共處。忍以桑榆之暮景,配茲駔儈之下才。」「持官文書」典出《昌黎先生集》卷二十八〈試大理評事王君墓誌銘〉,意在說明央媒騙婚。「非玉鏡架亦安知」,出《世說新語》溫嶠下玉鏡台聘其姑女事,亦是欺蒙也。由是知清照爲張氏所欺,強以同歸也。又云:宋翰林學士稱內翰,據《建炎以來繫年要錄》,崇禮於紹興二年九月乙亥御筆除爲翰林學士。謝啓之作當在十月汝舟定罪行遣之後‧故稱彼爲內翰承旨正合。且「桑榆晚景」、「故茲自首」、「嘗藥雖存弱弟」、「奉天克復」、「淮蔡底平」諸事,皆與事實相符。時崇禮追隨行在,頗爲高宗所重。又崇禮與謝伋爲親家,伋父克家爲明誠表兄弟,故啓中云:「忝在葭莩,敢茲塵瀆。」據《宋刑統》:「妻告夫,雖屬實,亦以違反容隱律,仍須徒二年。」知崇禮以親族關係救之,乃僅圊圄九日也。又云:明清兩朝爲之辨誣者多矣,俞正燮、李慈銘、況周頤等,持論尤精。其主易安改嫁之事不可信者亦具舉如次:

1. 張端義《貴耳集》云:「易安居士,趙明誠妻。」並不言其改適。提倡婦節最力之朱熹對清照亦無貶語。《容齋隨筆》、《宋史》俱不見載此事。紹興十一年五月十三日,陽夏謝伋自序《四六談麈》尚稱「趙令人李」,時清照已六十矣。伋爲崇禮婿,清照果改適,伋不容不知。陸游《渭南文集‧夫人孫氏墓誌銘》云:「故趙明誠之配李氏……時夫人年十餘歲。」孫夫人生於紹興十一年推之,十餘歲時清照已七十餘矣,陸游尙稱「明誠之配」。由以上諸書之記載,知清照終寡越土也。

2. 紹興三年五月〈上工部尚書胡松年詩〉有「閭閻嫠婦亦何知」、「嫠家祖父生齊魯」之句,其〈金石錄後序〉中亦不見載改嫁。由其詩文知清照以老寡婦終也。

3. 如改嫁當在建炎三年八月明誠歿後,至紹興二年九月張汝舟增舉入官除名之前。建炎四年清照以玉壺頒金之謠,追隨行朝往臺州之越州,十二月至衢州;紹興元年返越,二年赴杭。汝舟建炎三年知明州;四年復知明州,六月管江州太平觀;紹興元年往池州措置軍務,尋爲監諸軍審計司;二年九月以增舉入官,除名,編管。四年中兩人蹤跡判然。又按明誠去世,清照守喪如以二十七月計,應止於紹興元年十一月十八日。至明年九月,前後不及十月,即倉皇奔走,追隨行在;又聽汝舟如簧似錦之言,再以桑榆之晚景,

配茲駔儈之下才，復遭其侵凌毆擊，更興訟事，達闕廷，置對陳詞，判決編管。十月之間，何眾事之紛冗也。況時與弟相依，生活並無困難也。此由時間、地點推其不得改嫁也。

4. 《宋刑統》：「諸夫喪服除而欲守志，非女之祖父母、父母而強嫁之者，徒一年；周親嫁者減二等，各離之。女追歸前家，娶者不坐。」由法律知清照如欲守志，他人強不得也。

5. 改嫁為閨房鄙論，豈能官告達於上聽？且是時南渡倉皇，朝廷自顧猶不暇，何暇顧及小民改嫁耶？此由時勢推之也。

6. 清照身出名門，復為清憲公之婦、郡守之妻，與明誠恩愛三十四年，豈待德夫墓木之未拱，以五十二之老婦更適他人耶？由情理觀之，清照亦不可能改嫁。

以上諸家異議，或摭拾口實，渲染易安垂老失節；或本諸禮教觀念為易安辨誣；要皆因易安係以一女詞家，文采照人，故不免引為詞壇話柄。若就詞論詞，是又無關乎改嫁與否矣。（《台灣國立師範大學國文研究所集刊》第十二期下冊）

葉 樂

【李清照改嫁問題】

宋代女詞人李清照，明清學者多為其辨誣，幾乎成為文學史上一段公案。近年來經過國內文史學者的考證，大致已成為定論。即李清照確有改嫁的事實，因為在宋人的七種著作中，都記載著清照曾經改嫁過。最近讀明初人宋濂的〈題李易安所書琵琶行後〉一詩，中有云：「佳人薄命紛無數，豈獨潯陽老商婦。青衫司馬太多情，一曲琵琶淚如雨。此身已失將怨誰？世間哀樂常相隨。易安寫此別有意，字字似訴心中悲。……千年穢跡吾欲洗，安得潯陽半江水。」這實際也是在承認清照之改嫁。一直到萬曆間閩縣人徐𤊹，才在《筆精》裏對改嫁說加以否定，此後清人不信改嫁說的就更多了。但我們從資料價值出發，自然應當相信宋人之說。根據宋人的記載，李清照改嫁後夫張汝舟後，因不堪張的虐待，相處數月後，兩人又仳離了。記述他們分離經過的，一為宋王灼《碧雞漫志》卷二：「趙死後，再嫁某氏，訟而離之。」但這說得太簡單，比較具體的是李心傳《建炎以來繫年要錄》卷五十八：「右承奉郎監諸軍審計司張汝舟屬吏，以汝舟妻李氏訟其妄增舉數入官也。其後有司當汝舟私罪，徒，詔除名，柳州編管。李氏，格非女，能為歌詞，自號

易安居士。」這裏使我們知道，張汝舟曾因李清照的控告而受到處分，不過他的具體罪狀是什麼，卻還須略爲闡釋。張汝舟所任職的審計司是掌管錢穀的，李清照因而便告發他「妄增舉數入官」，也即是控他弄假作虛，故意增添所檢舉的財物數目向上司謊報，因此上司便委派官吏來處理此案。但這裏有值得我們玩味的，從上引《繫年要錄》中「其後有司當汝舟私罪」一語看來，似乎張汝舟本來不是被當作「私罪」辦理，而是上司故意將他判成「私罪」的。因此，還要說明一下什麼叫「私罪」？原來古代法制，分爲「公罪」與「私罪」，公罪指官吏因公而犯過失，允許用罰金來抵贖；私罪指詐欺、受賄、枉法，那就必須坐罪。如宋明道年間曾下旨地方官不得向民間「擅有科舉」，違者處以私罪，也是公罪可變私罪之證。由於張汝舟被當作詐欺的私罪處理，所以於除名（封建社會中官吏受賄的要除名爲民）之外，還謫往今廣西柳州，給地方官管束。所謂「編管」，就是將他編置在所流放的地方，也是宋代對官吏的一種處分。推想起來，李清照以近五十之年，兵荒馬亂中避難之身而改嫁張汝舟，本非出於得已；加上改嫁後又受不住汝舟的虐待，所以不久又想分離了。但因既有了夫妻名分，也不能任意離異；最後則下了決心，甚至不惜自己去受刑法處分（宋代法制，妻告夫者，雖屬實，仍須處刑二年）。而這時李氏的故舊中，還有一些很有權勢的人，如曾任兵部侍郎、翰林學士的綦崇禮，就是李氏的親戚；清照因控汝舟而入獄時，綦崇禮即營救過她。因此，清照也許通過綦崇禮之類的有力者，用「訟而離之」的辦法，將汝舟謫往遠方，使她得以脫離這種苦痛的生活。反過來說，張汝舟如果不遇到李清照，他也不至於遭到這種處分了。（《藝林叢錄》第七編）

何廣棪　三則

【緒論（節錄）】

據宋人記載，清照晚年嘗改嫁。胡仔《苕溪漁隱叢話·前集》卷六十、王灼《碧雞漫志》卷二、晁公武《郡齋讀書志》卷四下、洪适《隸釋》卷廿四〈跋趙明誠金石錄〉、趙彥衛《雲麓漫鈔》卷十四、陳振孫《直齋書錄解題》卷廿一均記其事。李心傳《建炎以來繫年要錄》卷五十八更詳載清照訟張汝舟事始末云：「（紹興二年九月戊子朔）右承奉郎監諸軍審計司張汝舟屬吏，以汝舟妻李氏訟其妄增舉數入官也。其後有司當汝舟私罪，徒，詔除名，柳州編管（自注：十月己酉行遣）。李氏，格非女，能爲歌詞，自號易安居士。」

是清照再適張汝舟，固無可諱言者。然自明以降，有爲清照改嫁辨誣者，徐
㷊《筆精》啓其端；繼後如盧見曾〈重刊金石錄序〉、俞正燮〈易安居士事輯〉、
陸心源〈癸巳類稿易安事輯書後〉、李慈銘〈書陸剛甫觀察儀顧堂跋後〉、況
周頤〈越縵堂乙集書陸剛甫觀察儀顧堂題跋後校〉，以至夏承燾之〈易安居士
事輯後語〉，皆附和徐說；惟所舉理由，大都難以成立。清照更嫁不更嫁，其
事本無關宏旨；更嫁固無損乎清照之人格；而竭力爲之辨誣，亦不足以爲清
照增重。然改嫁不改嫁，其間牽涉及史料之眞僞與事實之是非，是故對此一
學術公案誠不能不明辨之以求其是也。今人黃盛璋先生撰〈李清照事跡考
辨〉，其第八〈改嫁新考〉，條分縷析，力駁徐、俞諸人之非；又排比宋人記
載，證明清照確曾改嫁。王仲聞撰〈李清照事迹作品雜考〉，其（壹）〈關於李
清照之改嫁〉，更就黃氏所未及，或已及而未周者，稍加補充。至是，各家辨
誣之說，殆全落空矣。(《李清照研究》)

【李清照之行實（節錄）】

（紹興二年）五月，清照再適張汝舟，未幾反目。胡仔《苕溪漁隱叢話》
前集卷六十。時汝舟官右承奉郎監諸軍審計司，清照訟其妄增舉數入官，九月
戊子朔，以汝舟屬吏。其後有司當汝舟私罪，徒，詔除名，柳州編管，十月
己酉行遣。李心傳《建炎以來繫年要錄》卷五十八。清照得綦崇禮之助，免受刑
法，事解後作啓謝崇禮曰：「……。」傳者無不笑之。胡仔《苕溪漁隱叢話》前
集卷六十。(《李清照研究》)

【李清照之行實】

清照再適張汝舟，宋人言之鑿鑿。其說見載於胡仔《苕溪漁隱叢話》前
集卷六十、王灼《碧雞漫志》卷二、晁公武《郡齋讀書志》卷四下、洪适《隸
釋》卷廿四、趙彥衛《雲麓漫鈔》卷十四、李心傳《建炎以來繫年要錄》卷
五十八、陳振孫《直齋書錄解題》卷廿一諸書。大抵宋人於清照改嫁一事，
從無置疑者。明人徐㷊著《徐氏筆精》始疑之。徐氏之後，武繼踵接爲清照
改嫁辨誣者，大不乏人；而中以俞正燮、李慈銘、況周頤、李漊諸人，所費
氣力最多。然彼等之考證文字，因主觀偏見而多疵病。今人黃盛璋撰〈李清
照事跡考辨・改嫁新考〉、王仲聞撰〈李清照事迹作品雜考・關於李清照之改
嫁〉已詳予辨正之，可參閱。(《李清照研究》)

王韶生

【《李清照研究》序】（節錄）

北宋詞家李清照，天才橫溢，睥睨當時，其名章秀句，當日已深爲辛稼軒所折服。且不特倚聲精深婉麗，即其詩文亦戛戛獨造，境界自闢。若〈詞論〉掎摭利病，詆訶群公，豈比詹詹小言乎？不幸身丁靖康之亂，流離顛沛，既喪所天，復遘儓父，金石收藏，蕩然俱盡，斷蓬泛梗，飄泊何之，蓁蓁毀興，千秋銜恨，抑何才豐而命蹇耶！（《李清照研究》）

朱中遴

【李清照冤誣考辨】（節錄）

余學法多年，往昔聆師長及先賢所言，莫不諄諄訓誡：學法當以剗除人間不平爲主。清照被奸小冤誣，迄今已八百餘年，尚未能還其清白。余竊不自諒，蒐羅檢覈當時之人證物證，持以極公平之論證，贅時數年，成此一篇。望博雅君子，有以指正之。

〈金石錄後序〉載有玉壺事件，這件事是實有。《建炎以來繫年要錄》載張汝舟事件則純係子虛烏有，造謠中傷的行爲，莫須有之罪。但這一謠言攻勢，八百年來而尚未衰息，尋其情實，毫無事實之根據，只表示秦檜及其派系，濫用陰謀詭計，以徹底毀傷李清照耳。

北宋王安石，南宋李清照，身殁八百多年來而論不能定啓，是很不公平的。此皆當年派系競爭，達到極致也。當年攻擊李清照者，詳考史書，計分四派：一曰元祐黨之反對派，二曰學士派，三曰主和派（即和解、投降派），四曰衛道派。尋其動機不外「報宿仇」「嫉妬」「自私」以及所持「不健全之理論」之所形成者。[1]

將欲明瞭本事件的眞象，須先探其本而究其源，必先明瞭謠傳之眞象，此即所謂「去惑」者。「去惑」次再明瞭易安確實守節，此即以謂「顯眞」也。[2]

第一，先就「去惑」而論，當年攻擊易安最有力之書籍有二種。[3] 第一部書，乃《苕溪漁隱叢話》，該書乃胡舜陟之子胡仔所作。前集完成於高宗紹興十八年，後集完成於孝宗乾道三年，前後相去二十年。前後集共載四條涉及易安者。合四條聚而觀之，則知胡仔用心十分刻毒，其不公正又刻毒者約

分三項：一曰斷章取義，二曰故意改變原作者之文句，三曰挑撥離間。〔4〕胡仔攻擊易安之動機，果安在乎？詳加推測，乃爲「私仇」爲「和解」投降派所利用的成份爲較多耳。其記載涉及易安嫁張汝舟之事，在邏輯上實站立不住，不攻自破矣。〔5〕

第二部書攻擊易安有力者，乃《建炎以來繫年要錄》。此書乃李心傳所編，大半根據「日曆」。該書計有兩條涉及李易安者。〔6〕第一條與玉壺事件有關（似有叛國之嫌），與本事件（嫁張汝舟）無關，其錯誤易於看出。

第二條與本事件有直接關係——其錯誤最重要的有二：（一）不合事實，蓋「妄增舉數」即指軍期事務而言——此種會計事務，決非局外人所能詳知。〔7〕（二）爲不合當時之法律，當時法律，妻不得告夫。以故，文句十分含混。〔8〕查此條之所以成立，秦檜之實行賴債政策（此時檜爲相），及攻擊易安之主戰，故必從毀壞易安之名節，由此兩者之結合，而此條因之僞造而記入「日曆」。〔9〕李心傳不過抄錄「日曆」原文而已。〔10〕或有謂「假造日曆」爲不可能的事，倘讀到《宋史》隆祐太后告高宗的話，加以思索，即可知「僞造日曆」的風氣，在北宋時已開始矣。〔11〕

以上爲「去惑」部門，至於「顯眞」部門，則可列舉五種證據。〔12〕第一人證，乃謝伋（彼與易安有親屬關係）。證明易安爲趙令人，最有價值，因彼爲乃親身見到者。〔13〕第二人證，乃韓肖胄及其家屬。〔14〕第三人證，乃胡松年。〔15〕第四人證，乃洪邁。〔16〕第五物證，乃易安自作之〈中興頌詩〉。〔17〕

更以易安當時之年齡言——已近五十歲矣。以易安之性格言，則十分堅貞矣。以易安論詞之眼光言，則非常高遠矣。以易安之修養言——亦早已勘破欲界關矣，甯肯再嫁一張汝舟哉！〔18〕以故，此一事件，純爲反對易安者之陰謀，目的在反對易安之主戰，而首先毀壞其名節耳。〔19〕以更遠之眼光論之，此一事件乃北宋時黨爭五十八年以後，「以黑爲白」「以非爲是」餘勢所波及之一耳。南宋高宗雖極力欲消滅黨派鬥爭，雖收到一部份效果，然未能根本剗除也。〔20〕以故，不及數十年，南宋亦亡於元朝矣，悲哉！

附註

〔1〕北宋王安石、南宋李清照，皆爲當時社會攻擊得體無完膚。攻擊王安石者，爲當時之君子也。皆因擇術不愼，貽後世無窮之禍害。攻擊李清照者，其對手實甚複雜。易安乃李格非之長女，青年時即文名甚高，凡不滿於元祐黨人者，皆將攻之。

易安才女也，於當時詞家，實居首座。凡當時負有名望之學士大夫，欲與之爭名者，幾全體攻擊之。易安主戰派也，所作詩文，以鼓吹而激發民心，於是，當時執政派，實與其立於相對地位，而盡力攻擊之。此三派外，尚有所謂道學派及學士派者，此二種之門派弟子提倡三綱，「擱置五倫」，對於女子，彼等有兩箇基本觀念，一曰「女子無才便是德」，二曰「死生事小，失節事大」；此道學派者，抱定成見，仇視才女。自北宋發展此種觀念，以迄清末，歷八百年不變。易安在這四面包圍之中，仍能殺開一條血路，以保持其詞宗之地位，實不大易也！

所謂「易安嫁張汝舟」者，即在此四重攻擊中，因而產生之謠言也。何哉？蓋易安之詩詞及文，皆無瑕可攻，彼等乃從側面進攻，謠言其嫁張汝舟，以毀壞其名節。在南宋當時，已十分重名節，名節一經破毀，其詩詞之價值，必然大減。八百年來，紛紛議論，研究《漱玉詞》者，皆集中於此問題。然而終令人疑信參半者，則以這批造謠人的技術，已達極高之地步也。如不尋本探源，作層層的分析，節節的根究，故不易明瞭此眞象也。

〔2〕立論正確與否，在佛典中對這門學問，立論最精密。其方法分「顯眞」「去惑」兩部門，欲說明「這」是「正」的，先將其「邪」的部分弄清楚；一般的人，以爲到此地步，即可謂完備，其實非也。即以易安嫁張汝舟事說明之。在「去惑」部門，先擊破一切謠言及僞造記載，但此只是僅僅證明：「易安確未嫁汝舟」一點。至於易安爲人，是否始終忠於明誠，這點很重要，此必須在「顯眞」部門中加以證明。先用「人證」，次用「物證」，最後以理論證明之。經過這三種步驟，方可以證明易安爲「德性完美」的婦人，毫無可疑點也。

〔3〕在南宋書籍中，證明「易安嫁汝舟」者，有兩部主要的書。第一部書爲胡仔之《苕溪漁隱叢話》，此書記述宋代詩人，各種逸事涉及詩話者，是否確實，而有價值，必須提出討論者。第二部書，爲李心傳之《建炎以來繫年要錄》，此書亦有相當價值，但其資料必須逐條予以考察。「此部書之資料運用時須特別加以注意。緣此書所本之『日曆』，其本身即不確實也。」

〔4〕《苕溪漁隱叢話》，立於秦檜之立場。例如張文潛之〈中興頌碑詩〉，當時即有許多人即貶爲假；但胡仔代爲辯護，以爲此乃眞的（見後集第三十一卷）。茲摘錄如下：《後齋漫錄》云，韓子蒼言：張文潛集中載〈中興頌詩〉，疑非其本人所作，而爲秦少游所作，第「玉環妖血無人掃」爲病。蓋貴妃之死乃縊死，非死於刀兵也。胡仔乃引杜詩以爲辯護，最後且證明此詩確爲文潛所作。《苕溪漁隱叢話》分前後二集：前集六十卷，成於紹興十八年；後集四十卷，成於孝宗乾道三年，相去二十年之久。其記載涉及易安者，有四條；如合併觀之，即可明白其不公正且含意刻毒。

（甲）第一條——載於前集第六十卷——「麗人雜記」欄內。原文摘要如下：

苕溪漁隱曰：近時婦人能文詞，如李易安頗多佳句。……易安再適張汝

舟，未幾反目，有啓事與綦處厚云：「猥以桑榆之晚景，配茲駔儈之下材。」傳者無不笑之。按此條之錯，在胡仔在摘錄時，在有意改動易安之原文。易安原文，為「忍以桑榆之晚節，配茲駔儈之下才」。在此十四字中，輕輕改動兩字：「忍」改「猥」、「節」改「景」，於是意義大變，一則為表示心意不肯之口氣；一則為已成事實之口氣（易安致綦函，見《雲麓漫鈔》卷十四）。

（乙）第二條——載於後集第三十三卷「晁無咎」欄內。胡仔首將易安今日流傳之〈詞論〉，鈔入其《叢話》內（在胡仔當時，是摘錄易安某篇文章之一段事）。最後胡仔作評語，茲摘如下：

「李易安曰：樂府詩聲並著，最盛於唐……。」

漁隱曰：易安歷評諸公歌詞，皆摘其短，無一免者，此論未公。吾不憑也。其意蓋自謂能擅其文，以樂府名家者。退之詩云：不知羣兒愚，那用故謗傷。蚍蜉撼大樹，可笑不自量。正為此輩發也（按此條，胡仔之目的在挑撥離間易安與一般文人之感情）。

（丙）第三條——載於後集第四十卷「麗人雜記」欄內。茲摘錄本條之原文如下：

第三條——「《詩話雋永》云：今代婦人能詩者，前有曾夫人魏，後有易安李。李在趙氏時，建炎初，從秘閣守建康，作詩云：南來尚怯吳江冷，北狩應悲易水寒。又云：南渡衣冠少王導，北來消息欠劉琨。」（按此條，仍固執李易安曾嫁張汝舟，故曰李在趙氏時）。此條是否改動「《詩說雋永》云」之原文，因《詩說雋永》已不傳，無法以查考。但下面第四條則顯然改動原文。

（丁）第四條——載於後集第四十卷，「麗人雜記」欄內，茲摘錄本條之原文如下：

第四條——《四六談麈》云：祭文唐人多用四六，韓退之亦然。故李易安〈祭趙湖州文〉曰：「白日正中，嘆龐公之機捷；堅城自墮，憐杞婦之悲深。」婦人四六之工者。按本條將《四六談麈》之原文，改動若干字，而易安之再嫁，暗示人是真的。《四六談麈》乃謝伋所作，於紹興十一年五月十三日，曾自作敍。其原文如下：「趙令人李，號易安，其〈祭湖州文〉曰：白日正中，歎龐翁之機捷；堅城自墮，憐杞婦之悲深。婦人四六之工者。」謝伋於紹興十一年，尚尊稱易安為趙令人李，而胡仔引用原文，則稱「李易安」，於是謝伋尊重易安為趙令人之意，而胡仔則輕輕改變了。

《苕溪漁隱叢話》之上述四條，如漫不經心，照原書次序看下去，即不覺胡仔對易安存何惡意；如摘出合四條一併觀之，且將胡仔所摘錄的與

原文加以比較，則胡仔刻毒的用心，即昭然若揭。其改動字句之處，用心的刻毒與深密，則顯然蓄意破壞易安之名譽及名節。

〔5〕再進一步研討，胡仔何以蓄意要破壞李之名譽及名節？將這問題分四方面予以研討：第一，胡仔是否爲當時的衛道派，主張女子無才便是德。胡仔似非道學派人士，對於二程衛道思想，他無大研究，其仇視「才女」之觀念，亦不十分濃厚，故此一原因，必非胡仔蓄意破壞易安名節之主因。第二，是否爲當時詩人（因此嫉妒易安），胡仔所作之詩文，不足以比當代第二流詩人如汪藻等相競爭，何況李易安？故欲與李易安爭名一節，亦決非本意之所在。第三，胡仔是否與易安有私仇，或者因其父胡舜陟在建炎三年任建康知府，爲玉壺事件與易安種下世代怨仇。此事或有可能。第四，可能胡仔爲秦檜派所收買，以詩詞評論家（隱士身份）攻擊李易安。當時文人爲秦檜收買者甚多，似非不可能。總之，不論動機如何？其所著之《苕溪漁隱叢話》俱在。不論胡仔之影響如何？其所著之《苕溪漁隱叢話》在涉及易安部分，觀察不公正，則彰彰明甚。《苕溪漁隱叢話》乃攻擊易安，言易安嫁張汝舟甚有力之書。但此攻擊易安，斷章取義，改動原文字句，荒唐若是。則「易安嫁張汝舟」之說，根本上即生動搖矣。

〔6〕攻擊易安之第二部書，乃《建炎以來繫年要錄》。查此書乃李心傳所編訂。李心傳在寧宗慶元元年舉於鄉，去紹興二年，已六十餘年。當時，前於前朝人物，早已無恩怨可說。但彼之寫這書，其資料則大半根據「日曆」，又當時修「日曆」之人，爲學士派人物，且須受宰相秦檜之監督。以致對於易安，似抱有成見。茲先摘第一條如下：第一條——建炎三年閏八月十六日（時趙明誠已死二十餘日），和州大夫、開州團練使「致仕」王繼先，嘗以黃金三百兩，從故秘閣修撰趙明誠家市古器。兵部尙書謝克家言：「恐疏遠聞之，有累盛德。」欲望寢罷，上批令三省取問繼先。繼先開封人，時年三十餘，爲人奸黠，喜諂佞，善藝狌。建炎初，以醫得幸，其後獲貴寵，世號王醫師。

以上第一條有極大的錯誤，如不仔細閱讀思考，即易安之事爲其蒙過，使人產生錯覺。其錯誤有三：（甲）改變事實。王繼先在建炎三年秋，正任御醫，並未「致仕」，即在建炎四年，亦在高宗身旁。「言其已致仕，且與下文建炎初，以醫得幸，其後獲寵貴，世號王醫師」，完全不合於事實。（乙）妄加按語。按兵部尙書謝克家言：「恐疏遠聞之，有累盛德」。克家之意，原希高宗調查王繼先及李易安（時明誠已死）古器之買賣。乃代爲加四字按語曰：「欲望寢罷」。此與事實一百八十度針鋒相對，蓄意加害易安，其意甚顯。（丙）含砂射影，侮辱易安。原文「繼先開封人，時年三十餘，爲人奸黠，喜諂佞，善藝狌」本爲贅文，但列入正史，而暗示讀者，易安與王繼先未免有曖昧關係，言外之音顯然。此第一條，即玉壺事件之前奏。

〔7〕第二條，（紹興二年九月戊午朔），右承奉郎監諸軍審計司張汝舟屬吏，以汝舟

妻李氏訟張「妄增舉數」也。其後，有司當汝舟「私罪」，徒（按：妄增舉數，非私罪）。詔除名，柳州編管，十月己酉行遣。李氏格非女，能爲歌詞，自號易安居士。

何爲不合事實？查張汝舟曾於紹興元年三月奉派至池州（今安徽貴池縣），措置「軍期事務」。所謂軍期事務者，即軍隊急需，而貸於民間之款項也。同年五月，高宗曾手頒格式，令各縣詳細填報，且言「務令民間通知不得過數催理，違者竄嶺表」。在核計各縣欠人之款時，必不敢超過實在數字。進一步研究，此種貸於民間款項，實際乃是按畝攤派。而軍隊取去之款項及實物，亦十分瑣碎。池州府共有六縣，如欲每一縣均結算清楚，以極快計算，每縣一個半月，計須九個月。加上自池州至杭州來往，需三個月。在紹興元年五月至七月，池州方面尚有戰事，（叛軍張琪進攻，而爲呂浩頤所擊退）。以故，又須擱置一個月。故張汝舟自池州返杭州，爲在紹興二年六月七月間矣。即李易安眞爲張汝舟之妻，對此種複雜而瑣碎之會計事務，其內容如何，亦無法可以知道。換言之，要從軍期事務方面，控告張汝舟，在事實上爲不可能。此亦爲張汝舟時間上事實上不可能。且清照在明誠喪事畢，即從建炎三年，十一月（建康危急時）離建康赴行在，而明州、杭州、且衢州，皆追隨高宗，而各處顛沛流離，在易安一方面說，此爲易安在時間上，事實上不可能。

〔8〕第二點爲改竄事實及僞造事實。按照中國自古以來之法律，均不許「奴告主」、「卑告尊」、「妻告夫」。「唐律」如此，「清律」如此。不論所告爲實爲虛，凡「奴婢」、「卑親屬」、以及「妻」均同樣犯法，須流徒。作「日曆」者（尚非李心傳）知道此點，故意將文句造得模稜兩可，（此乃刀筆吏極用心處，並非原文不通）。務使讀者閱讀後，一時難明眞相。原文：「右承奉郎監諸軍審計司，張汝舟屬吏。」此句有兩解釋：其一，屬吏當名詞講；則「屬吏」即張汝舟。張汝舟即右承郎監諸軍審計司，此屬吏二字即可有可無，毫無意義。其二「屬」字當動詞講，則「屬吏」者，即將張汝舟交到「司法」或「牢獄」去也。何以要交牢獄？以汝舟妻訟張「妄增舉數」入官也。於古妻訟夫，不論曲直，妻均有罪。於是，刀筆吏又擱置前文，更接上一句「其後有司當汝舟私罪，徒」。何種私罪根本未說明，全文造句，極用心思，處處迴護，務期模稜兩可，讀者一時看不清楚。如讀者讀得清楚，則人人皆可想到。古代「妻不得告夫」，律須「反坐」也（唐鬪訟律第三四六條規定：「諸告周親尊長、外祖父母、夫、夫之祖父母，雖得實，徒二年。」《宋刑統》第三四六條規定：「諸告祖父母、父母者絞。」第三四七條規定：「諸告周親尊長、外祖父母，夫、夫之祖父母者，雖得實，徒二年。」）如易安果眞爲汝舟妻，而訟汝舟，則汝舟當徒，易安亦當徒也。則在紹興三年、四年，早已充軍遠地，何得優游於杭州、金華哉？此條記載，顯然竄改事實，及僞造事實，有以致之。何以要竄改事實，其原因安在哉？仔細思考，此一問

題，絕不簡單，此與當時財政及黨派鬥爭有關。

〔9〕在建炎三年冬金兵渡長江而南下，深入江西、江蘇、浙江。自武漢沿長江以迄
海口，幾縣縣有戰爭。僞軍、土匪，又乘機動亂，人民痛苦十分。至於四川以
及廣東，後勤工作不得不加強，以支援前方。各路各州各縣之財政，都感困難，
因而借諸民間者極多。比及建炎四年，二月，金兵北退，而中央及地方之財政，
俱困頓不堪矣。各縣欠人民之款，即「軍期事務」也。民間不能不向中央索債，
而中央實際上亦無法可以歸還。以故，在建炎四年冬，紹興元年春，此一財政
上之大難題，乃高宗極難解決者。惟一辦法，只有「賴債」。但「賴債」亦不容
易，其當時辦法乃一種「新借人頭政策」，步驟如下：(1) 於紹興元年三月初八
日，派張汝舟到池州去，處理此項欠款確數，究竟軍隊用去若干。(2) 於同年
五月二十四日高宗親頒榜式（即現在三表格）於各路各州各縣，緣各地因軍期
不得已，而貸款於民者。「預計其用之多寡，度物力之輕重」，報告朝廷。並於
詔書上說：務令通知（完全），毋得「過時」催理，「違此竄嶺表」云云。所謂
「過時」兩字語意十分含混，亦可說不准「浮報」，亦可說：「不准接二連三來
向中央索債。」此種雙歧含混的字句，即是賴債的妙法，對人民說：中央只不
准地方官吏「浮報」，欠人民的錢當然要還的。對地方官吏說──中央不准你們
代民眾接二連三催債，債是不能還了。(3) 在此種情況下，不問張汝舟在審池
州的工作辦得怎樣，中央說要竄他到嶺表的。(4) 李易安在當時極負盛名，在
建炎三年冬，曾與張飛卿學士爲玉壺事件而興訟，以故，移花接木，謠言李易
安乃控告張汝舟者，此在「賴債」政策上，或可以生大效力。(5) 此事必爲秦
檜以及其一系人物之陰謀。何以故？像秦檜於建炎四年冬十月初二由北方到達
紹興，十一月初八，即爲禮部尙書。高宗說：「朕得檜喜而不寐。」紹興元年二
月十四日，即爲「參知政事」；同年八日，即爲宰相。當時，秦檜急於立功，而
高宗最大困難，則在財政。當時，各縣欠人民之款，爲極大數字，等於一年或
二年之耕賦收入。此乃秦檜參加政事的第一要事。以故，紹興二年五月十三日，
右文殿修撰季陵曾明白的說：一遇軍興，事事責辦，有不足者，預借來年之賦；
又有不足者，預備後年之賦。雖名曰借，實強取之；雖名曰預借，其實奪之。
上下相籠，專以「詐欺」，此文弊之極也。此種議論，即暗中指秦檜及其一系人
物而言者。(6) 易安名字，記入「日曆」，當在紹興十一年或十二年後，以前不
過口頭謠言罷了。在十一年時，和議已成，此爲秦檜之大功。令一般文人學士，
各爲和張文潛〈中興頌詩〉，李易安之兩首詩將秦檜罵得很厲害。第一首末尾說
「君不見當時張說最多機，雖生已被姚崇賣」。明明的說──唐朝的宰相姚崇死
亡──怎能作弄活的張說。你「張文潛，時已死，知道麼」？弦外之音，並有
「現在的活宰相啊！更容易作弄你了！張文潛的詩，根本是僞造的」。第二首的
末尾說：「嗚呼，奴輩乃不能道，輔國用事張后尊；乃能道，長安春薺作斤賣。」

輔國乃奸相，明明指秦檜而說。當然，易安之詩必然不踁千里，秦檜眞恨死了。於是狠狠的在「日曆」上想記下一筆：「李易安嫁張汝舟。」但此事很難記啊，於是左支右絀，用盡心思，成了現在《建炎以來繫年要錄》紹興二年九月戊午朔的李氏一條了。

〔10〕此條，秦檜早已命令記在「日曆」上了，六十年後的李心傳，依全文照抄罷了。若說：此條後面按語乃李心傳所加，則此條文有價值了。在六十年後的人，怎樣憑空斷定，此李氏即李易安呢？那李心傳對這個問題太沒有整個的思考了。

〔11〕或疑「日曆」所記——乃朝廷大事，能任意改變事實，荒唐竟到這種地步麼？今引一段記載（在《建炎以來繫年要錄》）說明改變史實，是早在北宋已有了（在建炎四年十二月十一日（己卯），隆祐太后生日，上爲置酒宮中，從容語及前朝事。皇太后爲帝曰：「吾老矣，幸相敘於此（紹興），他日身後，吾有何患？然有一事當爲官家言之，吾猶得逮事宣仁聖烈皇太后，求之古今，母后之賢，未見其比。因奸臣快其私忿，肆加誣毀，有玷聖德。建炎初，官家雖曾下詔辨明，而史錄所載，尚未經刪定，豈足傳信於世！吾意上天之靈，不無望於官家也。」上聞之默然。其後更修神宗哲宗兩朝實錄，蓋本於此）。根據以上一段記載，吾人可知，北宋的史實錄「日曆」，涉及宣仁皇太后者，尚且任意改變事實，肆加誣謗，何況區區一李易安也。

〔12〕第二顯眞部門。以上種種均屬於第一去惑部門，說明易安如何被誣謗因及事實，都是消極的解釋。現今的顯眞部門，目的在積極證明李易安確確實實爲明誠守節的。也是因爲易安能守節的緣故，才能得到另一部分人士的崇敬；而且易安因此才能勇往直前，有道德上的勇氣。茲列舉五種人證及物證如下：

〔13〕第一人證厥爲謝伋。謝伋者，兵部尚書謝克家之子（見《建炎以來繫年要錄》，第四十一卷，紹興元年正月甲寅條），而爲綦崇禮之女婿（見《癸巳類稿》）（當有所本）。謝伋於紹興元年前，已爲丞務郎，於紹興元年正月十四，兼評定一司勅令所刪定官。於紹興三年六月，已爲右丞事郎知大宗正丞；於同年十一月甲戌，已爲工部員外郎（均見《繫年錄》）。換言之，自紹興元年以前，至紹興三年十一月，謝伋與李易安，均在紹興及杭州。當時李易安之一舉一動，謝伋必可親自見到，親耳聽到。較之胡仔，住在苕溪者，只能聽到謠言者，不能親自見到者，相去甚遠。謝伋作《四六談麈》在紹興十一年五月十三日，作敘於臺州府。謝伋自負其四六文，對易安之四六文，僅許可其在婦女中之工者，言外之意，即易安之四六文，尚不能與男人競爭也。然彼稱易安爲「趙令人李」，於是易安之品格，毫無貶損，此種純客觀的證人證言，最爲眞確。謝伋之父親，曾向高宗控告李易安出賣古器（見《繫年錄》，建炎三年閏八月），謝伋之岳父綦崇禮則於玉壺事件曾幫助李易安者，則謝伋之態度，爲不致左右祖；且就事論事，謝伋爲人，甚爲練達，合於實際，不務虛文。《繫年錄》，紹興三年六月

及十一月，有謝伋之奏，見解頗務實不虛。南宋時，三綱之說已確立，父爲子綱，夫爲妻綱，認爲乃不變之眞理。誠易安而曾與汝舟結婚，則謝伋必不肯尊之爲趙令人李也。

〔14〕第二人證爲韓肖胄及其家屬。肖胄爲韓琦之曾孫，與李易安之父祖世代有關係。韓肖胄於紹興元年，爲工部侍郎。二年五月，曾應詔上奏皇上涉及財政事。二年十一月，爲吏部侍郎。於紹興三年五月十三日，令韓肖胄爲答書樞密院充正使赴金議和（與易安始終在一地），胡松年爲副使。當時，韓、胡二人，能否生還，頗是問題。故高宗官韓子七人、胡子五人，認爲此一大事件。易安贈韓之詩有：「家人安足謀，妻子不足辭」之語。如易安爲節婦，則此兩語，十分正當；如易安非節婦，則此兩語，則十分可笑。但往側面可以證明，韓府十分歡迎易安的詩。何故？在六月初四日，高宗封韓母爲榮國夫人，因聞其訓子曰：「汝家世代受國恩，汝當受命即行，勿以老母爲念。」此語乃鼓勵其子大胆前去的。與易安之詩，如出一轍。易安全章之詩，亦不過鼓勵韓肖胄「大胆前去，勿以家爲念已」。如易安不爲明誠守節，在韓家生死存亡關頭，必不敢作如此大胆語。

〔15〕第三個證人爲胡松年。胡松年於紹興元年三月初三日，復徽猷閣待制，因胡曾爲潛邸學官也。紹興三年五月，給事中胡試工部尙書充副使，是胡松年對於易安之生活，重嫁與否，必然十分清楚。易安贈胡之詩，有：「閭閻嫠婦亦何知，瀝血投書干記室」。及「嫠家父祖生齊魯，位下名高人比數」。嫠乃寡婦之稱呼，如易安果重嫁張汝舟，則決不敢兩次用此「嫠」字也。且易安全詩，有請胡松年往來時到山東一行之要求，此事胡似同意。緣胡之主張，恢復中原，先自山東省始，因有海道可呼應也（見《宋史》）。胡松年亦爲主戰派，晚年居於陽羨（今江蘇宜興縣），當時達官貴人，皆與秦檜通音問，胡松年恨其賣國，至死不與通一字。在紹興十六年卒，時年六十也。以上三證人，皆與易安同時、同地。與易安差不多同時而略後，則有趙彥衛其人，作《雲麓漫鈔》，將易安致綦崇禮之書信全部錄出，其人之態度十分客觀；同時並將易安贈韓肖胄之詩亦錄出，所以吾人在今日能知其眞相者賴有此。但趙氏不與易安同地，故本文不採取其作證人。其他有洪邁及張端義二人。洪邁與張端義二人，皆對易安無微辭之批評。但以時間論，洪邁較接近；洪且於王厚之處見到《金石錄》及易安原稿。以地域論，則彼此均住過杭州。故洪邁之證人價值，高於張端義以上。較洪邁略後，有趙不譾者，曾見到知縣張某處親抄之《金石錄》稿，並將易安〈後序〉印出。其人對易安十分尊重，但時間更後，故亦不採用其作證人。下文祇加洪邁一人，彼道德文章傑出一時，其言語十分有價值。

〔16〕第四是人證，洪邁是也。邁，乃洪皓之子，一門忠義，彼於紹興十五年，知金華。紹興三十二年，曾使金，此時年齡爲三十九歲。邁有兄長三人，並在朝廷

任職，於各種逸事，必然熟悉。邁所作《容齋四筆》，完成於慶元三年，時年七十五歲。對於易安，仍稱其為趙明誠之妻，有「明誠妻易安李居士，平生與之同志，趙歿後，悼舊物之不存，乃作〈後序〉之語。是易安未嫁張汝舟之證也。邁親見《金石錄》原稿及〈後序〉於王順伯家，王家對於李易安事，必然熟悉。邁之道德極高，遠較作「日曆」者，如汪藻，以及作《茗溪漁隱叢話》之胡仔可以信任。

〔17〕第五乃物證。易安曾作〈和張文潛浯溪中興頌〉二首，理直氣壯。此二首詩，當作於紹興十一年或十二年間。如易安曾與張汝舟結過婚，詩中不能有道德之勇氣，指責宮廷中事也。如：「何為出戰輒披靡，傳置荔枝多馬死。……」以及「嗚呼，奴輩乃不能道：輔國用事張后尊」等語，決非當年重婚之婦女所取寫於筆下者。

〔18〕以上五證，皆極客觀，絕對可以存在者。進一步研究，以易安之年齡論，在過去四年，已四十八歲，以如此一老婦人尚肯重嫁也？且其性格，十分堅貞，在玉壺事件中，經重重壓迫，尚不肯嫁張飛卿，寧肯於冤獄既明之後，嫁一張汝舟哉！易安之論詞也，眼光極高，於前代之文學家如歐陽修、王安石、蘇東坡，且多微辭，寧肯重嫁一無文名之人物哉！玉壺事件，為反對易安之一種陰謀；而張汝舟事件，同樣亦為反對易安之一種陰謀，處心積慮，務欲毀壞其名譽而後已！

〔19〕當時反對易安者，最重要者有三派人物：（1）易安為李格非之女，格非乃元祐黨人，於是反對元祐派者，均對易安無好感。（2）易安之文學，名譽極高，於是一般學士，嫉妒其名也，均反對之。（3）易安乃主戰派，以故秦檜及一般主和派（投降派）反對之。在紹興初年，易安之文名甚高，其主戰之論，尤得一般武人及有識之士的同情，聲勢極大。以故不毀壞李易安之名節，則秦檜主張之「和解」為不可能。易安晚年，自比屈原，其在此乎！當時，文人主戰者，僅極少數人。除易安外，只有張九成；然九成之文筆，十分拙劣，遠不及易安之生動。汪藻對和戰之態度，十分曖昧。以故，易安當時之文名遠在一般學士之上。趙彥衛所謂：「文章落紙，人爭傳之。」可見其聲勢之浩大矣。惜乎，其文集之不傳也！

〔20〕更進論之，李易安之被攻擊，被造謠，被毀謗，乃宋史上若干事件中之一耳。北宋，自王安石、司馬光後，黨派鬥爭日益加劇，雙方對敵黨之攻擊，均起於極端。所謂君子者，則意氣用事；所謂小人者，則陰謀詭計百出。孔子之作《春秋》也，欲以「明是非」。「明是非」者，乃天下治平之最基本原理原則也。而黨爭趨向極端，朝務欲使「白變黑」，致是非觀念顛倒，則大難自然來矣。自王安石與司馬光二人政見不協後，雙方黨爭，隨之而起，迄徽宗末年，才五十八年耳。北宋之土崩瓦解，乃數年間事耳。宋高宗之初，立意欲泯滅黨爭，用

心極爲良苦，無如積重難返，不數年，南宋主和派（和解派）及主戰派之論又起。被蔡京派之餘黨與秦檜合作，以巧妙之方法，擊潰主戰派，致南宋終成偏安之局，固極可悲。而使整個北方同胞淪於外族統治下者，二百餘年。直至明太祖，乃能光復，殊可哀矣。明代之興也，最初百餘年，無有黨爭，此後不能鑑於北宋之史跡，而黨爭又起，終使明社傾屋而亡於滿清。

附錄「有關易安史實附錄廿件」

附　一──說明張汝舟與李易安在時間上，不可能結婚。

附　二──玉壺事件是造謠的。

附　三──說明張飛卿與張汝舟（新供人頭主角）爲兩人。

附　四──洪邁將〈金石錄後序〉摘要錄入《容齋四筆》，證明尊敬易安。

附　五──元脫脫作《宋史・藝文志》，說易安有文集七卷、詞六卷。

附　六──《金石錄》第一次版本，距易安卒約四十年。

附　七──易安與辛棄疾皆爲山東濟南人。

附　八──趙明誠與其兄，情感未見融洽。

附　九──趙彥衛批評易安很合理。

附　十──樓鑰有文名於南宋，欽佩易安。

附十一──張端義作《貴耳集》，對易安批評很合理。

附十二──王順伯與李易安。

附十三──孝宗時，女子韓文玉曾在錢塘師事易安。

附十四──易安品高，故爲謝伋所尊敬。

附十五──秦檜必然謗毀易安。

附十六──易安〈和中興頌詩〉，切中時病（《大宋宣和遺事》，元冊可作證明）。

附十七──《瑯環記》（在元代易安還很有名氣，其名消沈於明代）。

附十八──易安在當時的學術界爲重鎮。

附十九──（1）從《渭南集》，及《朱文公集》，證易安卒年，死在七十歲左右。（2）歷代儒家爲易安辨冤誣。

附二十──〈武陵春〉詞中的「雙溪」考證。

讀到陸心源先生對〈俞理初先生──易安居士事輯〉之批評。陸先生引用地方志，得到新材料，知道張汝舟之出事，以及其他情況。此種資料，十分可貴。資料錄如下：張汝舟崇寧五年進士，毘陵人（今常州，見《咸淳毘陵志》）。欽宗時知紹興府（見《會稽志》）。建炎三年，以朝奉郎直秘閣知明州。十二月

召爲中書門下，檢正諸房文字。四年集管安撫史，後以直顯謨閣知明州（見《四明圖經》）。五月上過明州，歷奉檢修遷一官。六月乞主管江州太平觀。紹興元年，奉派至池州，措置軍期事務。

　　附錄二十節皆是有關李清照一生重要的資料，直接或間接證明李清照人格的完整，爲一愛國家民族的偉大女詞人。

【檢正】

附　一：陸氏以爲張汝舟即張飛卿，此點經再三思考，陸氏之資料，不足以證明張飛卿即張汝舟，更不足以證明易安與他結過婚。茲列表如下：

（一）建炎三年冬十一月初旬，易安在建康動身由海邊至浙，此時，張汝舟已在浙江明州作知府。

（二）建炎三年十二月，易安在航行途中。

　　此時，張汝舟則由明州府調爲中書門下諸房文字檢正官。

（三）建炎四年一月，易安由海道到浙江，至章安鎮，上御舟。此時，張汝舟爲諸房文字檢正官，亦在御舟。御舟一千二百餘隻，每隻有士兵三、五十人，只能容一、二官吏。以故，易安與張汝舟，各自分別，不能見面。

（四）建炎四年五月，易安此時在紹興鍾宅。

　　此時，張汝舟又復任職明州。

　　建炎四年六月，此時易安仍住在紹興，直至十二月。

　　此時，張汝舟乞祠主管江州太平觀，直至紹興元年三月。

（五）建炎四年十二月，易安至衢州。

　　此時，張汝舟仍在江州太平觀。

（六）紹興元年三月，易安返紹興。

　　此時，張汝舟被任命措置池州軍期事務。

（七）紹興二年春，易安至杭州。

　　此時，張汝舟仍在辦理軍期事務。此審計事務，處理麻煩，多則一年半，少則亦八、九個月份也。張汝舟返杭州報命，最早當在紹興二年春左右。

（八）紹興二年春三月，張九成錄取「直言正諫科第一」，易安作詩以賀之。此類詩詞工作，必有閒暇才能做，足證易安有暇。足證易安孤身無聊。

（九）紹興二年四月至七月，易安在杭州。

　　此時，張汝舟之行事無記載可查。

　　此時，易安已五十二歲矣，以一老婦再嫁實不可能。以上一表，可以證明建炎三年多至紹興二年秋，易安及張汝舟，始終無機會可結婚也。

附　二：高宗曾批：「將玉壺事件，移交廷尉。」（根據易安致綦函）依照當時法律，玉壺事件如屬實，易安確將物陳獻北庭，即須斬絞；如張飛卿爲誣告，其罪亦同。以故，十一月初旬，經九月審理後，當易安獲得自由時，張飛卿即須坐誣告罪，斬絞也。新任建康知府陳邦光，爲維持官府尊嚴計，不論建康當時秩序如何，即欲私宥張飛卿，在金兵未破城前（十一月廿七日），張飛卿決難開釋（玉壺陳獻北庭，私通敵國，乃叛逆罪，依舊律當斬。而誣告者，反坐其罪）。以故，在建炎三年十一月二十七日前，張飛卿決難離開建康一步。至於張汝舟此時正在明州任知府，在十二月初五，且親自迎接皇帝入城。張飛卿、張汝舟不是一人，實爲二人，彰彰明甚。總之，玉壺事件爲實有，而張飛卿與張汝舟實爲二人，就玉壺事件說，以「人」、「時」、「地」各種條件查對，易安致綦函，易安序〈金石錄後序〉，南行赴臺州一段，與《建炎以來繫年要錄》，建炎三年多所記載者，節節相符，當爲實有的，無可疑也。

附　三：進一步，以《浙江通志》、《宋史》證明張汝舟及張飛卿，絕非一人。依據《浙江通志》第二四一頁所載，在宋高宗時代，明州知府，張汝舟之前任爲沈晦；張汝舟之後任爲劉洪道。但此三人，在高宗何年何月接任及卸任，則未提及一字，在今日刊印之《寧波府志》（即《明州府志》），則載沈晦（在高宗三年）、張汝舟（在高宗四年）、劉洪道（亦在高宗四年）。今日《寧波府志》所載之張汝舟任期與《建炎繫年錄》所載者，即百分之一百矛盾。《建炎繫年錄》載明在建炎三年多十二月初五日，張汝舟已知明州，迎接高宗；在十二月十四日，已調爲中書門下省檢正諸房文字；但張汝舟在建炎三年，何月到任，則隻字未曾提及。爲解決此問題，緣張汝舟本身史料已缺少，乃在張之前沈晦任方面尋資料。沈晦在宋代爲一能臣，《宋史》有傳。今節抄如下：

　　　　高宗接位，言者論沈晦，雖使金艱苦，而封駁之職，不可以賞

勞。除集英殿修撰，知信州。帝如揚州（在建炎二年十月十四日）。將召爲中書舍人。侍御史張守，論晦爲布衣時事。帝曰：「項在金營，見其慷慨，士人景行，豈足爲終身累耶？」不果。召知明州，移處州。帝如會稽（在建炎三年十月廿三日）。移守婺州。

高宗建炎三年十月廿一日，由杭州動身，廿三日到達紹興，此即帝如會稽之時間了。此時，沈晦早已到處州，此時張汝舟早已到明州，但此時，張飛卿正在建康，與李易安打玉壺事件官司（見李易安致綦崇禮函）。易安之言曰：「友凶橫者十旬，居囹圄者九日。」自明誠於八月十八日死亡，經閏八月、九月，至十月二十三日，尚未滿一百日也。新任建康知府陳邦光，尚未到建康（陳於十月廿四日到建康），玉壺事件之審判，尚未開始也。此時張飛卿，正在建康，此乃最有力之證明，可以證明張汝舟及張飛卿，絕對爲二人。再，《宋史》中有侍御史張守，論晦爲布衣時事。按張守，亦爲常州人（即毘陵人），爲崇寧元年進士。可見學士而姓張者，正復不少。且張守與張汝舟，均爲常州人，均爲崇寧年間進士，可知陸心源說：「張汝舟與張飛卿爲一人」之誤也。

附　四：據《浙江通志》所載，洪邁於紹興十五年，曾任知金華府，彼時李易安如尚健在，則洪必可會見到李居士也。其兄洪遵於數年前亦一度知金華府。以故，李易安之身世，洪邁知之必較詳。果眞李易安爲一失節婦人，則洪必不肯將其〈金石錄後序〉，摘要記入《容齋四筆》也。

附　五：據元代脫脫丞相作《宋史·藝文志》說：易安有：「《易安文集》七卷，及《易安詞》六卷」。是此二書在元代，尚完整無缺。此二書之佚失，乃元代末年，或明代年間事。此二書之所以佚失，乃當時社會過份重男輕女之所致也。《宋史·李格非傳》曾言：其女清照，尤以詩文名於時。寥寥數語即結束。如脫脫有太史公之眼光，則易安之傳，必附載格非傳之後，而其文章亦可錄入數篇，如此《易安文集》必不致佚失也。惜乎，以李易安之才，而文集不傳，亦大可哀也。

附　六：《金石錄》之第一次版本，爲龍舒郡庫版（缺〈後序〉）。此版本，洪邁於慶元初年曾見到。以此逆推，則龍舒庫版當刻於孝宗末年，或光

宗紹熙年間也。離易安之亡，約有四十年也。龍舒乃今之安徽舒城，當時知府何人，他日如見到《安徽省通志》，則可一查也（現台灣缺此志，意者或爲趙思誠（明誠兄）之孫輩，因上代宿怨，故刪除易安之〈後序〉乎？約遲龍舒郡庫版十年至二十年，在開禧元年（時洪邁已死二年矣），浚儀趙不譾（浚儀乃今之河南開封，當或爲宋之宗室）又重刻之，在此版中附有易安之〈金石錄後序〉。

附　七：李易安爲濟南人，辛棄疾亦爲濟南人，二人均以詞名宋代。但以時間考之，則易安無法可以認識辛棄疾，而辛則早已知道有李易安其人矣。辛之南來臨安，在紹興三十二年，時易安早已殂歿矣。辛詞集中，有仿李易安體，可見辛對李易安之尊敬矣。

附　八：趙明誠有兄思誠，在北宋時曾任何職，已難考。南宋一度知溫州，後調主管江州太平觀。於紹興二年八月，起復爲起居郎；不久，於三年升任爲中書舍人。紹興五年後，即知臺州，移爲衢州。思誠與明誠，惟情感似不十分好，否則《金石錄》早可鋟板矣。因一知府如欲鋟版，乃極易之事也。

附　九：趙彥衛立論，頗爲公正，其批評易安曰：「李氏自號易安居士，趙明誠德夫之室，李文叔女。有才思，文章落紙，人爭傳之。」有才思三字，批評得最合適。趙未嘗言李再嫁張汝舟，僅將李易安致綦崇禮函（内翰時爲中書舍人，故云）全部錄出，態度十分客觀。吾人今日能知被胡仔改動原函之句者，仍恃此函的存在也；吾人能考證玉壺事件之實有者，亦恃此函之存在也。其所著《雲麓漫鈔》於開禧二年鋟版於新安郡，於是年重陽日，嘗作自序。此時趙彥衛約七十上下歲矣。積四十餘年游幕服宦之經歷，對於人情必已十分熟練，故立論能公正、合理也（俞正燮先生對趙頗有誤會）。

附　十：樓鑰以文章名於南宋，對於明誠之《金石錄》十分欽佩，以爲内容十分精善。可見當時明誠及易安之名譽已甚大也。

附十一：張端義字正夫，爲人能文能技擊。於理宗端平間應直言上書，以其内容過直，乃安置於龍州（約後於易安一百年）。張對易安之批評，亦十分合理。彼言明誠作《金石錄》，易安亦曾筆削其間。又言〈聲聲慢〉，作於晚年，均合事實也。其所作《貴耳集》，内容十分少，而頗有分量，非等閒之寫作也。

附十二：王順伯（厚之），乃南宋一金石考古家，李易安之《金石錄》原稿，即存彼家，洪邁曾親自見到。又樓鑰文集中，有委派王厚之為杭州知府之制文。則王之年齡，當小於易安約四十上下；易安歿時，彼約三十上下。曾與秦禧交好，秦禧所作之古器印章等考證文，亦存王厚之家。似乎王家與易安先代有親戚關係，而易安才肯將《金石錄》原稿付與，緣此乃一極重要事件。但王始終未代鋟版（對秦禧之託付亦然），此亦人間之憾事也。

附十三：李易安之詞名極大，但無得力之學生，以及弟子，以傳其學。於南宋孝宗時代，有人在福建省謨口鋪，見一女子韓文玉所作詩。其自序上言及幼時曾在錢塘，師事易安。惜乎傳者未能將其詩錄出。且韓文玉為何許人，亦不知道。但就事論事，易安身價極高，對於普通女子恐亦不肯費神教授。按韓世忠於紹興十一年起即居錢塘，至二十一年八月才亡故。或者韓文玉即其女孫，合以各面之情節事實，最為得似（見《彤管遺篇》，此條關係甚大，尚須參考原文，他年再補充）。

附十四：汪藻之四六文，在當時極負盛名，但其人品格不高，在其《浮溪集》中，即有賀秦丞相檜之啓二通，似乎很想和秦接近，而始終攀不上者。以故，謝伋在《四六談麈》中，始終未提及「當代四六大家汪藻者」，其在此乎？蓋此種品格低劣之人，固為人人所吐棄者。於此，益足以證明李易安確為節婦，方能受謝伋之尊敬也。

附十五：謝伋於紹興十一年，已寄寓臺州；至紹興二十六年，仍在臺州閒居。此時秦檜執政，炙手可熱也。在紹興二十六年，秦使劉景（一酷吏）前往臺州召謝伋入京。因秦檜忽然記得第一次罷免相位時（在紹興二年九月），詔書內有：「檜不知治體，信任匪人」等語。疑此詔底稿，即保留於謝伋家，故召之入京，強迫繳出原詔。謝自分必死，乃隨劉景坐航船至臨安。比遠望見城郭，而劉景執禮，忽然變得十分恭敬，蓋劉已先獲得知檜之訃也。謝伋真死裏逃生，旬日後，乃外放知處州云。此時謝伋的年齡，亦在五十至六十間矣。謝伋曾官至太常寺卿，自號藥寮居士。彼始終未得罪秦丞相一字，而竟幾死虎口，則易安之為被謗誣，乃必然之事。

附十六：《大宋宣和遺事》共有：元、亨、利、貞四冊。其第一冊寫得最好，可以證明易安主戰之合理。此第一冊將王安石和蔡卞、蔡京之關係，

敍述得十分清楚，可以證明易安之〈中興頌詩〉，切中當時之病症。至於宋代亦有詞話，言「易安之嫁汝舟」者，此乃當時之學士派以及秦檜派所爲，欲以毀壞易安之節操名譽耳。此事與刁劉氏「彈詞」正相同（在明代）。刁劉氏乃大貞大潔之婦女，而其仇家編一彈詞，唱遍天下，說成刁劉氏爲一淫婦。此事在中國學術界，乃一奇恥大辱，已非史筆之正，此乃小丈夫之所爲，而其正爲吾民族之敗類也。

附十七：《瑯環記》作於元代，尚記載易安作〈醉花陰〉一詞之詞話。可見在元代，易安之名譽，仍十分大，此時易安已殂歿百五十餘年矣。易安名譽之消沈，實在明代；至清俞正燮先生，始代洗刷，陸心源、李慈銘二位先生繼之。現代胡適先生，亦代易安辯護。而一代詞曲學大家吳梅，則未下直接斷語，但似同情於易安者。

附十八：易安之詞，名譽甚大。偶然一讀易安之詞，覺其立意命辭超逸，高出普通詞人以上。關於易安嫁張汝舟之事，竊怪之；覺能作如此高超之詞者，必不肯晚年失節，內中必有原因。乃搜集有關易安之各種著作，以及《宋史》，愈研究，愈覺此一問題之複雜，涉及之方面甚多。先尋《癸巳類稿》（俞正燮先生著）觀看，次找胡適之先生《詞選》關於易安部分觀看。胡適之先生所編之《詞選》，李清照小傳內容，有一部份涉及李慈銘之意見，乃更進一步搜集李慈銘之寫作。《金石錄》及李慈銘之寫作，在南港中央研究院看到。

附十九：俞氏〈事輯〉，辨冤誣說：「且啓言『牛蟻不分，灰釘已具；弟既可欺，持官文書來輒信；身幾欲死，非玉鏡架亦安知。呻吟未定，強以同歸。猥以桑楡之晚景，配茲駔儈之下才』。易安老命婦也，何以改嫁復與官告。又言：『視聽才分，實難共處。惟求脫去，決欲殺之；遂肆侵凌，日加毆擊；豈期末事，乃得上聞；取自宸衷，付之廷尉。』是又閨房鄙論，竟達闕庭，帝察隱私，詔之離異。夫南渡倉皇，海山奔竄，乃舟車戎馬相接之時，爲一駔儈之婦，從容再降玉音，宋之不君，未應若此。」

俞氏〈事輯〉說：〈謝綦崇禮啓〉文筆劣下，中雜有佳語，定是竄改之本。

陸心源說〈俞氏事輯書後〉頒金之謗，事在建炎三年。是時崇禮官中書舍人，故曰內翰承旨。汝舟之貶，事在紹興二年，時崇禮爲侍郎，

不得曰「內翰承旨」。

1. 徐㶿——《筆精》，首先提出清照改嫁說的不可信。其理由是——易安於紹興二年作〈金石錄後序〉，年五十二，老矣；以清獻公之婦、郡守之妻，必無更嫁之理。徐氏以後，有黃溥《閒中今古錄》、瞿佑《香台集》、朱彝尊《明詩綜》、王士禎《分甘餘話》、盧見曾〈重刊金石錄序〉都提出代李辯護之辭。

2. 陸心源、李慈銘，把俞氏沒有見到或理由不充分之文，加以補充修正。

改嫁不改嫁本不關緊要，因為關係史料的真偽，與事實的是非兩個問題，學術討論應該求是。這種學術公案，實有重新檢討的必要。

（一）陸游《渭南文集》卷三十五〈夫人孫氏墓志銘〉：

> 夫人孫氏，會稽人。夫人幼有淑質，故趙建康守明誠之配李氏，以文辭名家，欲以其學傳夫人，時夫人始十餘歲，謝不可，曰：「才藻非女子事也。」紹熙四年七月辛巳，疾終於官舍，享年五十有三。

孫氏當生於紹興十一年（公元 1141 年），十餘歲，至少清照紹興二十一年仍健在（六十八歲）。

（二）據晁公武《郡齋讀書志》：晁公武隆興二年已為殿中侍御史，清照卒年不得晚於隆興二年。

（三）據《朱文公集》（卷七十五）〈家藏石刻序〉：來泉南又得東武趙氏《金石錄》觀之，後署紹興二十六年歲次丙子朱熹序。據此可知清照卒年，當在紹興二十一年以後，約七十上下歲。

附二十：明代，葉盛《水東日記》，謂〈武陵春〉詞，作於撰〈金石錄後序〉。

〈武陵春〉詞中「雙溪」1.胡適《詞選》說：「雙溪」在今紹興。2.又有人說：紹興之南有一條「雙江溪」。3.徐聲越說：「雙溪」在餘杭縣北，東流合於「苕溪」。4.在宋代以風景見稱的，只有金華的「雙溪」。照同時詩人李季中，梁安世都有歌詠金華「雙溪」的詩。在清照稍後袁桷《清容居士集》有〈憶雙溪詩〉，樓鑰《攻媿集》也有記遊金華雙溪的事。今仍為名勝，清照詞中的「雙溪」，可以肯定，即金華的「雙溪」。

〈武陵春〉詞，是寫暮春三月景象，當作於紹興五年三月，是年五月

清照仍在金華。

在紹興十三年，有人發現清照在杭州的材料（清照六十歲）。周密《浩然齋雅談》李易安十三年癸亥在行都。紹興十九至二十年之間，清照在杭州，仍有蹤跡可考（此時清照年六十八歲）（岳珂《寶眞齋法書贊》卷十九，載有米友仁跋）。清照訪米友仁求跋，當在紹興十九年四月以至紹興二十年間。

紹興十一年五月十三日，綦崇禮婿謝伋，寓家臺州，自序《四六談麈》，時易安年已六十（紹興十三年）。

（《台北商專學報》民國 66 年 3 月）

李獨清

【李清照改嫁辨正】

　　易安居士李清照是我國詞家中的傑出人物，她的詞，上揚北宋，下導南宋，在詞學史上有較高的地位。早在她稍後的時間，大詞人辛棄疾和侯寘，都有「效易安體」的作品。清人王士禛稱爲濟南二安，他說：「婉約以易安爲宗，豪放惟幼安稱首。」尙不足以盡之；沈曾植在《菌閣瑣談》中說：「易安跌宕昭彰，氣調絕類少游，刻摯且兼山谷，篇章惜少，不過窺豹一斑，閨房之秀，固文士之豪也。才鋒太露，被謗殆亦因此。自明以來，墮情者醉其芬馨，飛想者賞其神駿，易安有靈，後者當許爲知己。」對她的詞，評論雖多，當以此較爲確切。她主張詞是獨立的體裁，以樂律爲主，既分五音，又分五聲，分六律，分清濁輕重，別是一家，知之者甚少。這與她同時的周邦彥，作風相近，〈詞論〉中沒有提出周氏，並不是偶然的。她生當南北宋之交，丈夫死後，又值金人入侵，兵荒馬亂，流離道路，備極辛苦，晚年依李迒以終。她的行歷，較爲複雜，但如生卒年代、避難行程、〈金石錄後序〉著作年月、晚年踪迹，經諸家的考證，大致可得出較爲近是的結論。惟改嫁問題，異說紛紜，頗難統一。以爲她改嫁的，宋人幾種記載外，明清較少。近人持此說者，以黃盛璋著〈趙明誠李清照合譜〉、〈李清照事迹考辨〉爲代表。爲她改嫁辨誣的，有明人徐熥、黃溥、瞿佑、及清人朱彝尊、王士禛、盧見曾、謝章鋌、褚人穫、陸以湉、胡薇元、俞正燮、葉廷琯、薛紹徽、吳衡照等，以俞正燮作〈易安居士事輯〉爲代表。俞氏排比年月，廣徵博引，用力甚勤，其詳備集諸家大成，但不免挾有意氣。如：「余素惡易安改嫁張汝舟之說」；「不甘小人之言，使才人下配駔儈」，未能使人

悅服，疏漏亦所不免。陸心源、李慈銘、夏承燾，皆爲之補正。黃盛璋的〈年譜〉和〈考辨〉，於其他方面，考證還比較深入細微，但〈考辨〉中的〈改嫁新考〉，力持李清照更嫁之說，他說：「我們認爲，經明清三百年來討論已無異議的這件學術公案，實有重新考慮的必要」。其實力反前人舊說，必欲證實自己的主張，亦非公允。現在把我的意見，寫在下面。

一、李清照詩，有〈上樞密韓公工部尚書胡公并序〉，她的序中說：「紹興辛丑五月，樞密韓公、工部尚書胡公使虜，通兩宮也。有易安室者，父祖皆出韓公門下，今家世淪替，子姓寒微，不敢望公之車塵；又貧病，但神明未衰落，見此大號令，不敢忘言，作古、律詩各一章，以寄區區之意，以待采詩者云。」〈上胡公詩〉說：「胡公清德人所難，謀同德協心志安。脫衣已被漢恩暖，離歌不道易水寒。皇天久陰后土溼，雨勢未回風勢急。車聲轔轔馬蕭蕭，壯士懦夫俱感泣。閭閻嫠婦亦何知，瀝血投書干記室。夷虜從來性虎狼，不虞預備庸何傷。衷甲昔時聞楚幕，乘城前日記平涼。葵丘踐土非荒城，勿輕談士棄儒生。露布詞成馬猶倚，崤函關出雞未鳴。巧匠何曾棄樗櫟，芻蕘之言或有益。不乞隋珠與和璧，只乞鄉關新信息。靈光雖在應蕭蕭，草中翁仲今何若？遺民豈尚種桑麻，殘虜如聞保城郭。嫠家父祖生齊魯，位下名高人比數。當時稷下縱談時，猶記人揮汗成雨。子孫南渡今幾年，漂流遂與流人伍。欲將血淚寄山河，去灑東山一坏土。」〈上韓公〉及律詩從略。按《續通鑑》：「紹興三年（1133）五月，命僉樞密事韓肖胄、工部尚書胡松年，充奉表通問使、副使使金，通兩宮也。」黃盛璋作〈年譜〉，在紹興三年癸丑，也敘及此事，并說：「《宋史・高宗紀》、劉時舉《續通鑑》，均將此事繫於是年五月，惟李攸《宋朝事實》作七月，而照〈上韓公詩〉中，又作三年夏六月，蓋授命在五月，六月入辭，成行在七月。」考原詩，〈上韓公〉有「三年夏六月，天子視朝久」，故黃君如此說，其實詩序中所說爲五月，這不過是月的差異，作紹興三年并同。這兩首詩出在《雲麓漫鈔》，黃君并未否定爲李清照的作品。在〈胡詩〉中，她一則說：「閭閻嫠婦亦何知」；再則說：「嫠家父祖生齊魯」。嫠婦就是寡婦，趙明誠死後，李清照當然稱嫠婦，若她改嫁隨即離異，那就是再醮婦，而非嫠婦了。〈年譜〉在紹興二年（1132）壬子記述：「夏，清照更嫁張汝舟，未幾反目。清照訟張汝舟妄增舉數入官，九月戊子朔，以汝舟屬吏，除名，柳州編管。」他的根據是李心傳《建炎以來繫年要錄》，年月都照抄《要錄》，并引李心傳自注說，張汝舟編管柳州，是「十月己丑行遣」。

可見李清照改嫁在紹興二年夏天，到了秋九月離異；但在紹興三年五六月上胡松年的詩中，她還稱「嫠婦」、「嫠家」，難道她若有改嫁的事，況且爭訟在朝廷，韓肖冑、胡松年等不知道嗎？尋常女子也不能這樣厚顏無恥，李清照是受過高深的教育，又有絕特的學問見識，她不怕韓、胡兩人的鄙棄嗎？還敢於向他們陳述國家大計而瀝血干記室嗎？以李清照的賢智豈能見不及此，她難道發了瘋，要討沒趣，她自己不是說過「神明未衰落」嗎？這是她自己的說話，最有依據價值，是她沒有再嫁的有力證明。黃君〈考辨〉，并沒有對此加以任何說明。其實這一事實，早在清人薛紹徽《經韻樓文集·李清照朱淑眞論》中就說過：「贈胡、韓二使者，嫠婦猶稱。」近人夏承燾《易安居士事輯後語》說：「今既知〈後序〉作於紹興五年，其時猶在張汝舟除名之後三年，即汝舟紹興二年與其妻李氏涉訟之時，易安確猶趙家之一嫠。有此以爲雪誣之一證，何待引其紹興三年上胡松年『閭閻嫠婦』之詩哉？」這是爲吳衡照《蓮子居詞話》而發。《詞話》曾說，紹興甲寅作〈金石錄後序〉時，年五十有一；其明年乙卯，在〈上韓胡二公詩〉，猶自稱「閭閻嫠婦」，時年五十有二。舉證雖然有理，但作〈序〉年月有誤。〈年譜〉考證作〈金石錄後序〉，在紹興四年八月，就依這一說罷，作〈序〉是張汝舟除名之後，私人在家著述，猶可自居嫠婦，并沒有人看到；何況爲趙明誠的著述作〈序〉，就不是嫠婦，也要以嫠婦的身分來寫作。〈上胡松年詩〉，就沒法解釋，黃君〈考辨〉不談此點，或是有意迴避，豈有不信她自己的說話，而過信一些不實的別人記載，這是甚麼緣故？

　　二、我們現在沒有找著宋人直接爲李清照改嫁辨誣的記載，但我相信是有的。如《永樂大典》，大半失佚，好多本都被外國人拿去，我們無法翻到，其中必然有許多後來久而不傳的書籍。如李心傳《要錄》，就是從《大典》輯出。爲李清照改嫁辨的宋人記載，不能說沒有，可是我們從當時或稍晚的宋人著作，對李清照的稱譽，特別是對她「趙令人李」、「趙明誠妻」之類的標舉，就可以證明她沒有改嫁。第一，謝伋紹興十一年作《四六談麈》自序說：「趙令人李，號易安，其〈祭湖州文〉曰：『白日正中，歎龐公之機捷；堅城自墮，憐杞婦之悲深。』婦人四六之工者。」謝伋和李清照是姻親，是趙明誠的表侄，最有資格了解李清照的一切，他采用李清照祭夫趙明誠的文句，而題爲「趙令人李」，正說明李清照沒有改嫁，否則就不該是這樣題法。其次莊季裕《雞肋編》說：「時趙明誠妻李氏清照，亦作詩以詆士大夫云：『南渡

衣冠欠王導，北來消息少劉琨。』又云：『南來尚怯吳江冷，北狩應悲易水寒。』後世皆當爲口實矣。」清人丁丙《善本室藏書志》云：『季裕名綽，以字行，清源人。其父與蘇黃米晁游，季裕猶及見芾與補之。學問頗有淵源，書中所錄，多識舊事，其記遼宋誓書一條，大旨以和議爲主。邵位西〈貧外記〉云：『近日琳琅室秘書，始得影元鈔本，用治字擺印，姚仲方因以見贈，閣本刪去一條，刪改二條，皆爲補正。』又記云：『季裕生南北宋之交，遭時亂離，所引杜詩喪亂死多門二條，極爲沉痛。紹興初，元兵馬餞糧之數，亦他書所未載。岳侯一軍五萬人，月得五十萬，視今亦不相遠。辛酉十一月十四日復閱又記，時杭城被圍五十日矣。』按是月二十八日，杭州陷，此絕筆耳。」這是記是書的徵實，所以可稱。季裕生當南北宋之交，多識軼聞往事，或與周密《齊東野語》并舉，書成於紹興三年。若依《年譜》，李清照改嫁在紹興二年，其成書在後，就不是這樣寫法了。第三，周煇《清波雜志》說：「〈浯溪中興頌碑〉，自唐至今，題咏實繁；零陵近雖刊行，止會輯已入石者，曾未暇廣搜而博訪也。趙明誠待制妻易安李夫人，嘗和張文潛長篇二，以婦人而廁眾作，非深有思致者能之乎？」按周煇，淮海人，蓋自浙遷淮者也。隱居不仕，紹興中，寓清波門，因以名書。是書有紹熙壬子六月自識云：「煇早侍先生長者，與聆前言往行，有可傳者，歲晚遺忘，十不二三，暇日因筆之，非曰著述，長夏無所用心，賢於博奕云爾。時居都下清波門，目爲《清波雜志》。」又有紹熙癸丑張貴謨序，章斯才、陳晦跋、慶元丙辰楊寅、丁巳張巖、戊午龔頤正、徐似道諸跋，被稱爲：「記前言往行及耳目所接，雖尋常細事，多有益風教及可補野史所闕遺者。」（張序）「隨時記載，證據今古，亦殫洽矣。間出己意折中之，議論所到，有前輩不曾言。開卷一覽，聞所未聞，使人起敬愛心，聲聞所流，當同此書爲不朽。」（章跋）「多識故老，聞見殫洽，言有從來，咸可依據。」（陳跋）可見此書非妄言者。其成書於紹熙間，也在紹興二年之後。第四，朱熹〈游藝論〉說：「本朝婦人能文，只有李易安與魏夫人。李有詩，大略云：『兩漢本繼紹，新室如贅疣。所以嵇中散，至死薄殷、周。』中散非湯、武得國，引之以比王莽，如此等語，豈女子所能。」此詩又見《彤管遺編》及《名媛詩歸》。朱熹晚於李清照四十餘年，他是著名的道學家，是二程的遵奉者，綱常倫理，是他的學術核心。對一個失節的婦女，應該是深惡痛絕的，但他稱揚備至，雖是愛才，至少有一些惋惜的言語說她改嫁的事，這就有力地證明李清照沒有改嫁。第五，陸游《老學庵筆記》說：

「張子韶對策，有『桂子飄香』之語，趙明誠妻李氏嘲之曰：『露花倒影柳三變，桂子飄香張九成。』」是書作於淳祐間，其中以朱熹爲近世名士，成書也比較晚。第六，張端義《貴耳集》說：「易安居士李氏，趙明誠之妻，《金石錄》亦筆削其間。南渡以來，常懷京洛舊事。晚年賦〈元宵・永遇樂〉，詞云：『落日鎔金，暮雲合璧』，已自工緻；至於『染柳煙輕，吹梅笛怨，春意知幾許』？氣象更好；後疊云：『於今憔悴，風鬟霧鬢，怕見夜間出去。』皆以尋常語度入音律，煉句精巧則易，平淡入調者難。且〈秋詞・聲聲慢〉：『尋尋覓覓，冷冷清清，淒淒慘慘戚戚。』此乃公孫大娘舞劍（器）手，本朝非無能詞之士，未曾有一下十四疊字者，用《文選》諸賦格；後疊又云：『梧桐更兼細雨，到黃昏點點滴滴。』又使疊字，俱無斧鑿痕；更有一奇字云：『守定窗兒，獨自怎生得黑。』黑字不許第二人押。婦人中有此文筆，殆間氣也。有《易安文集》。」按端義字正夫，鄭州人，居於蘇州。端平間，應詔三次上書，坐妄言，韶州安置。此書即在韶州所作，分三集，每集各自爲序。初集成於淳祐元年，記李清照事，即在初集。自序說：「余從江湖游，接諸老緒餘，半生精研，僅得《短長錄》一帙，季巖李心傳先生見之，則曰：『余有《朝野雜錄》，至戊己矣，借此以助參訂之闕。』余端平上書，得罪落南，無一書相隨，思得此錄，增補近事，貽書索諸婦，報云：『子錄非《資治通鑑》，奚益於遷臣逐客，火之久矣。』余悒怏彌月，歎曰：『婦人女子，但知求全於匹夫，斯文奚咎焉。』」又云：「因追憶舊錄，記一事必一書，積至百則，名之《貴耳集》。耳爲人至貴，言由音入，事由言聽，古人有入耳動心之訓，又有貴耳賤目之說，悵前錄之已灰，喜斯集之脫稿，得婦在千里外，雖聞有此錄，束縕之怒不及矣。錄尾敘其大略，竊比〈太史公自序〉云。」《四庫提要》說：「然所載頗有軼聞，足資考證。其論詩論文論時事，皆往往可取，所長固亦不可沒焉。」他這部書，後來借給李心傳參訂與否，雖然沒有提到，但從記載李清照的事來看，就是各持一說。類此的例子還多，不再舉。俞理初作〈事輯〉，也把謝伋的《四六談麈》、張端義的《貴耳錄》作爲反證，以爲「清照爲嫠章章可據」。這些例子，都可以有同樣的價值。其實李清照的改嫁，并無其事，當然不用辨解，現在找不出宋人爲辨誣的直接記載，也許是這個緣故。他們當中有的人，或許會聽見當時的流言蜚語，但必然以爲不屑於斤斤計較，故在稱謂上毫不含糊，這正是《春秋》的書法。黃君對俞理初的話有過駁正，他說：「按洪适跋《金石錄》云：『其妻李清照表上於朝。』而适亦謂清照更

嫁，舉此一條，即足證俞說之無效。」實在說，無效的倒是黃君自己，洪适的兩載，不能和謝伋、張端義的稱舉相提並論。洪适是跋趙明誠的《金石錄》，故說「其妻李清照」，後又說她更嫁，謝、張是直接稱道她的文和詞，記述的性質，全不相同。洪适的這一條，並不能否定謝、張這兩個例子，黃君用的是甚麼邏輯？黃君於說李清照再嫁的記載，毫不放鬆，津津樂道；於足以證明李清照沒有再嫁的記載，則吹毛求疵，深文周納，甚至如俞正己《詩說雋永》說：「李在趙氏時。」這種似是而非的話，也被利用作證據，助成己說，為考證家所不取。黃君這種羅織手段，又是為了甚麼？

　　三、宋代記載李清照改嫁的書籍，如胡仔《苕溪漁隱叢話》、王灼《碧雞漫志》、晁公武《郡齋讀書志》、洪适《隸釋》、趙彥衛《雲麓漫鈔》、李心傳《建炎以來繫年要錄》、陳振孫《直齋書錄解題》，黃君無不詳細羅列，并考證他們的時代，作書年月，尤其過信李心傳《要錄》，以為是可以依據的材料；又考胡仔、王灼、晁公武、洪适都是清照同時人；胡仔、洪适一居湖州，一居越州，並不是「去天萬里」；而胡仔、王灼成書時，李清照仍然健在；又說：「要說是清照生前，他們就敢明目張胆造她的謠言，偽造謝啟，這很不近情理。南渡後，趙明誠的哥哥存誠、思誠，都曾做到不小的官，趙家那時並不是沒有權勢。」又說：「據我們考證，晁氏、趙氏間接還有親戚關係，公武更不可能要造她的謠言。」又說洪适「憑他這時的地位名望，也沒有理由要造一個婦女的謠言」。「記載清照改嫁既有這麼多人，有的寫書時還在清照生前，有的還是趙李兩家親戚或世交；書的性質，又是史部目錄、金石都有，不僅都是些小說筆記；連洪适這樣有資格清楚她晚年事迹的人，《隸釋》這樣一部純粹學術著作，也都說她改嫁；那麼，材料的真實性，就不能不令人鄭重考慮了。」這些話看起來蠻有道理，但仔細分析一下，我們不敢同意。李清照的被毀謗有兩個比較重要的可能性：一個是她恃才傲物，動輒嘲諷人，不僅「桂子飄香」、「南渡衣冠」、「南來尚覺」、「炙手可熱」等句，即在〈詞論〉中，如晏殊、歐陽修、蘇軾、王安石、曾鞏、柳永、張先、宋祁弟兄、沈唐、元絳、晁次膺，以及晏幾道、賀鑄、秦觀、黃庭堅，無不在她的譏評之中。她所嘲諷的，正是當時一些名公巨卿。這些人縱然死了，他們的子弟和親近，都有因為報復而乘機造謗的可能性。她作〈闇子帖〉而為秦楚材所忌，更是有明文記載。至於說她不滿意當時求和政策，處處指摘，引起執政者的不悅，還在其次。一個是先代的怨毒，她的父親李格非是元祐黨人，與蔡京一黨，

就是水火。趙明誠的父親趙挺之，更是怨尤叢積。趙挺之先阿附蔡京，後來
又傾陷蔡京。他在朝中，身居相位，有黨附的人，也有敵對的人，趙挺之和
蘇軾就互相糾彈過。他們的後輩，若有一點事故，一人造謗，眾口宣揚，俞
理初曾舉劉時舉《續通鑑》所載，紹興四年，趙鼎奏疏說到：「章澤行伍求張
浚不遂者，人人投牒，醜詆及其母妻。」《齊東野語》舉黃尙書之妻胡夫人惠
齋居士，指摘趙師罽〈放生池文〉之誤，惠齋雖卒，還被人誘其逃婢，證惠
齋與棋客鄭日新通，日新黥配，黃尙書以帷薄不修罷官。所以俞理初說：「夫
小人何足責，吾獨惜易安與惠齋以秀美之才，好論文以中人忌也。」這樣一
些例子，是值得重視的。造李清照改嫁謠言的人，是哪一個？我們現在因時
間相隔太久，指不出來，但不排斥沒有被人無中生有造謠誣蔑。說胡仔、王
灼、晁公武、洪适等人，不會造李清照的謠言，倒也近情理，他們都是當時
被稱的正派文人，但他們畢竟是士大夫，腦子裏裝滿綱常倫理，是竭盡心力
來維護封建道德的人。失節的婦女，他們當然是深惡而痛絕之，以訛傳訛，
說的人多了，他們也就不能不信爲眞實事。聽謠傳謠，他們並不知道，於是
筆之於書，有的人謾罵，有的人惋惜，不管書的性質如何，他們都可以寫進
去，使李清照就有冤沒處申了。即如王灼《漫志》說她：「閭閻荒淫之語，肆
意落筆，自古搢紳之家，能文婦女，未有如此無顧藉也。」我們現在在《漱
玉集》中找不出一首荒淫而無顧藉的詞；如說失佚，怎麼這部分詞失佚得這
樣乾淨，這不是惡其失節，遷連作不實的詆毀之辭是甚麼？若說胡仔、王灼
成書還在清照生前，晁公武、洪适也是同時人，胡仔、洪适所在地區，相距
很近。我們說，胡仔、王灼的書，寫成雖在清照生前，但未刊布，若干年後
才印行的。胡仔《苕溪漁隱叢話》前集，寫成於紹興十八年戊辰，他在序中
說：「紹興丙辰，侍親赴官嶺右，道過湘中，聞舒城阮閱昔爲郴江守，嘗編《詩
總》，頗爲詳備，行色匆匆，未暇從知識間借觀。後十三年，余居苕水，友生
洪慶遠，從宗子彥章獲得此集。余取讀之，蓋阮因古今詩話，附以諸家小說，
分門增廣，獨元祐以來諸公詩話不載焉。余今遂取元祐以來諸公詩話及史傳
小說所載事實，可以發明詩句，及增益見聞者，纂爲一集。」這話是可信的。
丙辰後十三年，正是戊辰。其刊刻年代，據今存完全而未殘缺的乾隆間楊佑
啓耘經樓依宋版重雕本，《叢話》前集序後，有「紹興甲寅，槐夏之月，陳奉
議刊於萬卷堂」一行。紹興甲寅，爲紹興四年，豈書未寫成就刊行的道理，
必有訛字，當是甲戌或戊寅之誤。依黃君所作〈李清照年譜〉，當於紹興二十

一年。又說：「倘繫於紹興二十五年，或於事實相去不遠。」那時，清照可能已不在人間。至於後集，成書在乾道三年丁亥，那就不必說了。王灼的《漫志》，自序說開始於紹興十五年乙丑，寫成於紹興十九年己巳。但其書載曹組作〈紅窗迥〉及〈雜曲〉數百解，聞者絕倒，滑稽無賴之魁也。其子曹勳，以家集刻板，欲蓋父之惡，近有旨下揚州毀其板。考曹組，宣和三年進士，以詞得寵於宋徽宗，召見玉華閣，親書「曹組文章之士」賜之，官至副使。一說淳熙中爲從義郎，知縣事。其子曹勳，《宋史》有傳，說他靖康初，除武義大夫，從徽宗北遷，過河十餘日，徽宗出御衣書領中，命勳間行詣高宗，令其自立。勳遁歸，高宗得書感泣，對勳亦加以寵信，幾次使金，都能完成使命，後奉梓宮北歸。孝宗即位，拜昭信軍節度使，加太尉，卒。王易在《詞曲史》中，稱爲「慢詞大作家」，說他的《松隱樂府》中，慢詞極多，爲諸家所無。按元龍父子，都有寵於宋朝的皇帝，作詞也是名家，〈紅窗迥〉不過是一首謔詞（應試步行慰足），流傳甚廣，非「有傷名教」，何至詔毀其板？這是傳說，未必可信。王灼的議論，過甚其辭，即使有之，必然在曹組卒後，可見《漫志》著序以後，續有增益，這是作書者慣有的事情，不能說序成以後，就沒有後來的事參雜其間。至於《漫志》的刊行，因爲現存最早的只有元《說郛》一卷本，刊刻年月，不能確考。但丁丙《善本室藏書志》著錄《頤堂先生文集》五卷，即王灼撰，有宋乾道刊本。是書後有「乾道壬辰六月王幹撫宅謹記」一行，《碧雞漫志》的刊行，當在此時前後。據此推測，刊成也在李清照卒後。趙明誠的《金石錄》，刊行也不在清照生前。相隔地區較近，也不是理由，他們各在家中著書，並不互相往來，如何誣罔，清照何從知道而去與他們爭訟呢？相隔遠近，有甚麼關係？至於親戚，那就更不必說了。謝伋不也是親戚嗎？黃君又爲甚麼不強調呢？《戰國策》說，有與曾參同名者殺人，有人走告其母，他的母親說：曾參不會殺人，織布自若；又有第二個人來說，他的母親仍然不顧；到了第三個人來說，他的母親就動搖了，投杼而走。以素來相信曾參不會殺人的慈母，有三個人說，就不能不相信，何況那些以維護禮教自居的一些封建文人。基於這個理由，記載李清照改嫁的書籍雖多，絲毫不足怪，「眾口鑠金，積毀銷骨」，古代這些語言，是有道理的。李心傳慶元中下第，始閉門著述；參預修史，已在他晚年，《要錄》大約成於寶祐年間。這部書以日曆、官書爲主，從《要錄》紹興二年這條記載來看，顯然官書只記載承奉郎監諸軍審計司張汝舟屬吏，以妻李氏訟其妄增舉入

官，徒刑，詔除名，柳州編管。後面的「李氏，格非女，能爲歌詞，自號易安居士」，是他聽信當時的謠言增入，以李氏爲李清照，坐實改嫁的事。俞理初引周密《齊東野語》說，李心傳論韓忠繆事，「李心傳在蜀，去天萬里，輕信記載，疏舛固宜」。雖然說的是李心傳的另一部著作《建炎以來朝野雜記》，但《要錄》也是同一個人作的。《雜記》如此，《要錄》也未必例外，並非說《雜記》，便與《要錄》無涉。李心傳的《要錄》，修《宋史》時未見，其中很多事與《宋史》不合，有的倒可以證《宋史》之誤。但過於相信，也是不對的。黃君說到：「改嫁不改嫁，本不關緊要，但這裏牽涉到史料的眞僞與事實的是非兩個問題。」并把《要錄》的可靠性，大大誇飾一番。關於事實的是非，當全盤考慮，上面說得多了，這裏只談史料的眞僞問題。中國的史書，沒有百分之百是正確的，以《史記》、《兩漢書》、《三國志》及以下諸史來說，如《資治通鑑》、《續通鑑》、《明紀》，都有很多同一事實而有不同的記載，年月的差異，更是普遍。就本書而論，以《史》、《漢》爲例，本紀與列傳不合，列傳與諸志不合，比比皆是，所以各史都附有考證。吳縝專著有《新唐書糾繆》，清人王鳴盛有《十七史商榷》，錢大昕有《廿二史考異》等書。又如著名的《鹽鐵論》，多載黨同意見；《華陽國志》，常採民間傳說，有可信有不可信；作者在談劉向《別錄》和《明史糾繆舉例》等文中，已經舉出很多的例子，這裏不一一贅說。但《二十四史》以及《漢》、《晉》二書，我們並不因此廢而不用；相反地，我們還常常引用它，根據它。南渡是宋朝最紛亂的時候，《要錄》中難道「傳聞異辭」的事實都沒有嗎？即使李清照這條事實記得不確，也不會否定《要錄》中其他事實的正確性，又何必過慮呢？

　　四、〈謝綦崇禮啓〉，是關於李清照改嫁與否最有關鍵性的文件，俞理初說：「讀《雲麓漫鈔》所載〈謝綦崇禮啓〉，文筆劣下，中雜有佳語，定是改竄本。」又說：「審視〈金石錄後序〉，始知頒金事白，綦有湔洗之力，小人改易安〈謝啓〉，以飛卿玉壺，爲汝舟玉臺，用輕薄之詞，作善謔之報，而不惜牽連君父，誣衊廟堂，則小人之不善於立言也。」按俞氏之說，進退失據；既說「文筆劣下」，又說「雜有佳語」；既承認〈啓〉爲李清照所作，又說小人竄改。所以黃君說：「文筆劣下，標準難定，應該舉出具體事實，何況其中雜有佳語。」而最沒有根據的，是俞理初諸人，一方面肯定這封信不可信，一方面又承認「原啓確爲清照所作，謝綦是爲頒金事白，綦有湔洗之功，後來小人竄改易安〈謝啓〉，以飛卿玉壺，爲汝舟玉臺」。又說：「〈謝啓〉究竟

哪些經過竄改，俞氏舉不出證據，陸心源曾爲補充一條。」所指是綦崇禮紹興二年曾爲侍郎，當日學士侍郎，不當日內翰承旨。黃君說：紹興二年九月，崇禮已由兵部侍郎爲翰林學士，不兼侍郎，正是清照投〈啓〉的時候，如何能稱爲學士侍郎，說：「陸氏未仔細檢查《繫年要錄》，致有此失。」又說：「這封信啓，據我們研究，很難說它是假的，不合事實的可說是沒有，而合乎事實的倒很有幾處。」考李清照各種著述，都沒有說過謝綦崇禮的事，唯一的根據就是〈謝啓〉。這篇〈謝啓〉全文，見趙彥衛《雲麓漫鈔》，與清照〈上樞密韓公兵部尙書胡公詩〉一同收入。這部書寫成於「景安方壯」之日，本名《擁爐閑話》，開禧二年，刊於新安郡齋，易今名，有趙彥衛的自序，距李清照之卒，已五十年。原書卷十四開首是這樣說的：「李氏自號易安居士，趙明誠德夫之室，李文叔女。有才思，文章落紙，人爭傳之。小詞多膾炙人口，已版行於世，他文少有見者。」下面即錄〈上韓公樞密詩〉，後又錄〈投內翰綦公崇禮啓〉，文後未加一語。這兩種著作，是不相適應的。據前詩，李清照是嫠婦，並未改嫁；據後啓，則改嫁後離異，趙彥衛都收入《漫鈔》之內。從他開首敘述的一段話來看，趙彥衛並不以爲李清照改過嫁，不過是鈔錄當時傳聞之辭，或者還有候後世論定之意；不然，何以把兩種有矛盾的東西鈔在一起，不加任何辨析呢？即使沒有這種意思，也爲我們保存了材料，否則我們並不知道李清照當日如何遭受毀謗。不應當責備他，還應當感謝他。我們認爲，李清照改嫁張汝舟，未幾反目，爲爭訟離異，並無其事。「皮之不存，毛將焉附」，爲訟事得綦崇禮援手，投〈啓〉謝他，當然是子虛烏有。這是一篇僞作，斤斤於是原作或改竄的爭辨，考證綦崇禮與趙、李兩家有如何的親戚關係，綦崇禮官職的升遷調動以及宋朝的兵亂何時平定，都是費詞。玉壺頒金的問題，在〈金石錄後序〉中，清照自己敘述時，但也是一種謠言，李清照因爲這個謠言，感到恐懼，打算把家中收藏，向外庭投進，以爲湔洗。但這時正是金人南下追逼，高宗到處奔逃，轉徙不惶，李清照始終沒有追上高宗，陳述意見，只好將寫本書寄剡。在建炎二三年間，高宗倉皇逃竄之不暇，即使有人論到，也不會理會這種無稽的謠言。綦崇禮是始終跟著高宗跑的，李清照當然沒有遇見他；由其援助得免，後來又投啓謝他，也是臆說無據。〈謝啓〉不只見《雲麓漫鈔》，比趙彥衛早一點的胡仔在《苕溪漁隱叢話》前集中，就引過「猥以桑榆之晚景，配茲駔儈之下才」兩句，正是〈謝啓〉中語，不過個別字句稍有不同。可見這篇〈謝啓〉，是流傳已久，到處皆知的，

這是爲李清照改嫁造謠這件事的一個組成部分，按編造的謠言寫成，當然是合乎事實的，合乎編造的那個事實。就文字說，這篇〈謝啓〉，並不太惡劣；因爲李清照是能詞能詩能文的人，僞造她的著述，如果太壞，就不能使人相信，不足以欺騙天下後世，必須由好手爲之。胡仔、趙彥衛以下到明、清間包括俞理初在內，都被它欺騙了，所以既說劣下，又說有佳語，以致調停其間，爲改竄之說。但編造的事實，始終有漏洞，其中也有與李清照實際情況不合的地方。我們大略舉出幾點：如（1）「桑榆晚景」、「故茲白首」，詞語不類，〈年譜〉說她改嫁在紹興二年，不過四十九歲，還不算太老。這類詞語，應該用在六十歲左右才合。（2）「呻吟未定，強以同歸」，不應該是事實。當時趙家雖然式微，但趙明誠的哥哥存誠、思誠，還在朝中做不太小的官，趙、李兩家在朝中作大官的親戚很多，如王繼先要用三百金強買李所藏古物，就爲兵部尚書謝克家阻止。從名門貴族來說，改嫁是羞辱家門的事，李清照就不向他們求助，存誠、思誠兄弟也要出面干涉。張汝舟不過區區承奉郎而已，區區一官，就能強迫李清照嫁給他嗎？李清照既是命婦，又是有知識的人，朝中若干有權勢者可以求援，就能隨便受人的迫脅而同歸，情理上是講不通的。（3）「身既懷臭之可嫌，惟求脫去；彼素抱璧之將往，決欲殺之。遂肆侵凌，日加毆擊。」假若李清照改嫁是眞的話，「強以同歸」的時候，既不能抵禦強暴，後來怎麼會有「殺之」決心，又被張汝舟知道，以致日肆毆擊，前後是矛盾的。（4）「弟既可欺，持官文書來輒信。」這也不是事實。〈金石錄後序〉雖然有「上江既不可往，又虜勢叵測，有弟迒任敕局刪定官，遂往依之」。這也是一種打算，李迒的職守是掌敕命，照理說，應該隨高宗奔跑，李清照到台，未必見著李迒；接著李清照之剡，去睦，走黃巖，從海道之溫，之越，之衢，紹興元年返越，二年赴杭，李迒豈能隨著她奔走？既是清照紹興二年改嫁，這時李迒和她在一起與否，還不敢決定，一般的記載都說，清照紹興四五年間，卜居金華，才與李迒相依，則「弟既可欺」，顯然有問題；即使李迒這時和她在一起，姊弟相依，也不算數，改嫁的事，必須自己情願。所謂「持官文書」，黃君引韓愈〈大理評事王君墓志銘〉說，官文書是告身，做官的委任狀。韓愈記述這事，確是這樣的。告身在趙、李兩家，不知多少，趙明誠幾次作郡守，難道告身李清照沒有見過嗎？何以區區一紙監諸軍審計司的文憑，就會使她相信，委身於人，這也是不近情理的事。（5）「雖南山之竹，豈能窮多口之談；惟智者之言，可以止無根之謗。」既然「強以同歸」，

改嫁是事實,「遂肆侵凌,日加毆擊」,無論三十日、五十日,相處是事實,告發張汝舟,又「取自宸衷,付之廷尉」,甚至「友凶橫者十旬,居囹圄者九日」,爭訟是事實。綦崇禮縱有如何權力,只能使訟事得解,不致判刑坐牢;社會人士對失節的譏評嘲笑,綦崇禮是無法阻止的,這應該是有根之謗,何以說是「無根之謗」?綦崇禮的面前,也能夠撒謊嗎?「再見江山,依舊一瓶一鉢」,既然改嫁,失身匪人,怎麼也挽回不來,雖然歸趙,白璧有瑕,就不能說「依舊」了,這裏有諷刺意味。李清照這時期的思想,何致混亂若此,何況形諸文字,投啓於人,這也是說不過去的。陸以湉說:「或造謗如《碧雲騢》之類,其又可信乎?」陳雲伯大令亦云:「宋人小說,往往誣衊賢者,如《四朝聞見錄》之於朱子,《東軒筆錄》之於歐陽公,比比皆是。」(《冷廬雜識》)端木埰說:「有宋以降,無稽競鳴。燈籠織錦,潞國蒙讒;屏角籤錢,歐公受謗。青蠅玷璧,赤舌燒天,越在偏安,益煽騰說。」(〈四印齋重刊漱玉詞序〉)當時風氣如此,值得深思。還有一點要說明的,造謗的人何以要託名綦崇禮?這當然,首先是綦崇禮和趙、李兩家,都是親戚。其次,綦崇禮負當時重望,文筆也很傑出,假託他的名譽,最可增重。綦崇禮是四六好手,朝廷的詔敕,多出其手,有《北海集》行世。《宋史》稱其「所撰詔命數百篇,文簡意明,不私美,不寄怨,深得代言之體。蓋其操行醇正,遠勝汪(藻)、孫(覿)之徒,以詞藻文其奸矣」。《四庫提要》說:「觀《北海集》所載內外諸制,大約明白曉暢,切中事實,頗與《浮溪集》體格相近。」樓鑰序《北海集》說:「平時為文,不為崖異之言,而氣格渾然天成,一旦書宣之任,明白洞達,雖武夫遠人,曉然知上意所在,非規規然取青媲白以為工者比也。」從這些敘述,說明綦崇禮是有風骨的人,不止擅駢儷文而已。照黃君的考證,引或說:宋朝的刑律,妻告發夫的犯法,即使屬實,也要判兩年徒刑;李清照只坐了九天的牢房,得免二年徒刑,就是由綦崇禮說情的緣故。綦崇禮草〈鄒浩追復待制制〉,明說奸諛已死;草〈秦檜罷政制〉,直著其惡,骨鯁可知。為了替人說情,破壞律令,使法紀不伸,他斷斷不會這樣做的。〈謝啓〉到處流傳,對綦崇禮的聲譽,不是有極大的損害麼?今《北海集》中,並無片語說及李清照的〈謝啓〉,可見〈謝啓〉雖在當時流傳,實在是僞作。(6)「日下無雙,人間第一。」「哀憐無告,雖未解驂,感戴鴻恩,如眞出己。」我們先不問綦崇禮當時作甚麼官職,或是內翰,或是侍郎,從親戚關係說,綦崇禮的女兒嫁給謝克家的孫子,謝克家與趙明誠是中表兄弟,則綦崇禮於

李清照爲晚輩；舊說李清照生於元豐四年，綦崇禮比她還小兩歲，尊長與卑幼，古人是講究的。若果訟事得其援手，申說感謝之忱就可以了，何苦說得這樣過分，有失體統，這與清照平素傲視一切的性情是不合的。當然，這時李清照處在窮困之中，但仍有骨氣，在她的其它詩中，可以見到；如果是李清照自作，當不若是。何況啓這種文體，據徐師曾《文體明辨》：「啓，開也，開陳其意也。一云：跪也，跪而陳之也。」又云：「世俗施於尊者，多用儷語以爲恭。」雖說後世並不怎樣嚴格，但稱爲體，是不太合宜的，頗有可疑。

　　五、揆情度理，這是考證方法的一個重要方面。我們生千載以後，要了解千載以上的事情，記載太多，紛拏無憑，又怎麼判斷是非呢？只有從情理考慮，合情理的就是，不合情理的就非；雖然也偶有例外，但一般說來，這樣得到的結論，相差不會太遠。黃君似乎否認了這一條。他說：「爲改嫁辨誣的，還從事理上根據名門命婦與年老兩點，認爲此事決不會發生，這也不足爲據。」其實，他的文章，隨處都是應用這種推理的方法，如說：「更何況喬在葭莩與嘗藥弱弟，這是人家私事，別人如何調查得這樣清楚。」不過，他這種推理，正是「不足爲據」的。綦崇禮與李清照是親戚，雖不盡人皆知，和她家有點關係的人，或者當時好事的人，無不知道，何待調查。更何況要造李清照改嫁的謠言，定要徹底了解清楚她的私事，眞僞雜陳，以假亂眞，便於作僞。這兩件事，調查清楚，並不算甚麼。就一般人從情理上推斷絕不可能發生改嫁的事這兩點來說，年紀大一點的婦人，不想再嫁，這是一般婦女的普遍情況，因爲特殊的理由，也有年紀大了還要再嫁的。《左傳》上載，夏姬雞皮三少，嫁過好幾個人，這當然是歷史上僅有的事例，不過用來說明年紀大了再嫁的，不是完全沒有。李清照再嫁，照他們的考證，不到五十歲，還不是太老，這一點是一個理由，但不是最充分的理由。名門命婦，主要是從貞節觀點這點說的。中國從古代起，就重視綱常倫理，《易經》上的「從一而終」，《詩經》上的「之死靡他」，就是對婦女說的。禮教的力量，歷代都很盛。漢朝的劉向作《列女傳》，記載了許多貞節婦女，並畫於屛風四堵。《北齊書·羊烈傳》：「一門女不再醮。」爲史家所稱道，不只明清以後爲然。貞操觀念的加強，開始於宋代。北宋時，道學家們提倡婦女不可失節，程頤的《語錄》說，有人問他，有孤獨的寡婦，家境貧窮，無依無託，可以再嫁否？他回答說：「只是後世怕寒餓，故有是說。然餓死事小，失節事極大。」（《遺書》卷二十二下）「餓死事小，失節事大」，這兩句話代表了一般士大夫的思

想，世家大族的婦女，奉爲金科玉律，社會上就以此衡量她們。歐陽修的母親，夫死守節，畫荻教子，受到社會人士的尊敬，後世盛稱，引用不衰。《宋史·列女傳》所表彰的，就是一些有節烈之行的婦女。節婦如開封民婦朱氏、合肥包繶妻崔氏。陳公緒妻劉氏，〈列傳〉中說：「或語之曰：『人言貴易交，富易妻，今陳已貴，必他娶矣，盍改適？』曰：『吾知守吾志，遑恤其他。』子庚長，走淮甸，迎母以歸。」謝枋得妻李氏，〈列傳〉中說：「枋得兵敗，逃入閩中，妻李氏爲賊所得，左右曰：『雖沒入，不失爲官人妻，何泣也？』李曰：『吾豈可嫁二夫耶！』自縊獄中。」宋朝人何嘗不以守節爲重呢？大概名門貴族，最講究這個，後世稱吃人的禮教，當時不知道犧牲了多少婦女。出身寒微的婦女，有的不管甚麼名節，有的因爲生活逼迫，或被遣出外，無所依靠，也有再嫁的。范仲淹二歲而孤，他的母親再適朱氏，范仲淹改名朱說，後來做了大官，復姓范氏，迎母親歸養。賈似道的母親胡氏，再嫁賈奕爲妾，生子後，大婦不容，被遣出，又另外嫁了人，似道爲相後，才把她找回奉養。宋度宗的母親黃氏，是嗣榮王與芮的侍妾，出身甚微，《癸辛雜志》說她是李夫人的從嫁，名定喜，後封隆國育聖夫人。改嫁的事未必有，就有，也不足爲奇。母以子貴，宋度宗即皇帝位，那不用說；范仲淹成了朝廷的顯要，廣置義莊，推恩族人，由於他的母親改嫁，不敢鄙棄再醮，所以義田規制，有族女再嫁給錢補助的條規，這是可以理解的。特別是賈似道，當政以後，權傾朝野，兩次改嫁的母親，受到多少人的頌揚。有人在賈似道生日獻詞，稱之爲「戲綵周公」，連賈似道自己都覺得太不像話了。那些自命爲正人君子的人們，反把迎養作爲美談，哪個又敢說再嫁的不是呢？按《宋史·禮志》說：「治平中，令宗室女再嫁者，祖、父有三代任殿直若州縣官以上，即許爲婚姻。」熙寧中，又詔：「再嫁者，委宗正司審核，其恩澤已追奪而乞與後夫者，降一等。」又詔：「宗女毋得與嘗娶人結婚，再適者不用此法。」雖不禁止改嫁，但另有許多限制。《宋史》與《續資治通鑑長編》所載，不禁止改嫁或改嫁者聽，那是基於所謂先王之政，內無怨女，無外曠夫的傳統教條所影響下制定的。從另一個立場出發，改嫁是道德問題，不是法律問題。明清的刑律，也沒有禁止改嫁的規定，不過守節的婦女，受到政府的旌表而已。葉水心爲人作墓志，直書改嫁，並不是諱不諱的問題。從歐陽修、富弼以來，就主張爲人作碑銘墓志，不尚虛飾，務求眞實。富弼〈與歐陽修書〉有這樣一段話：「君子爲小人所勝所抑者，不過碻位耳。惟有三四寸許管子，向口角

頭褒善貶惡，使善人貴，惡人賤，善人生，惡人死，須是由我始得，不可更有所畏怯。」曾鞏〈寄歐陽舍人書〉也說：「至於通材達識，義烈節士，嘉言善狀，皆見於篇，則足爲後法警勤之道，非近乎史，其將安近。後世之衰，人之子孫者，一欲褒揚其親，而不本乎理，故雖惡人，皆務勒銘以誇後世。立言者既莫之拒而不爲，又以其子孫之所謗也，書其惡焉，則人情之所不得，於是乎銘始不實。後之作銘者，當觀其人，苟記之非人，則書之非公與道，則不足以行世而傳後。」葉水心是遵奉這些信條的，他爲參政作墓志說：「佐右執政，共持國論。」所謂右執政，是秦檜一黨。其家不悅，請求改削，他說：「秦檜時執政，某未有言其善者，以先正感德，故勉爲此語，自謂已極稱揚，不知盛意猶未足也。」終不肯改。水心死後，趙蹈中爲刊行文集，門下有受汪賄者，竟削去四字，見《林下偶談》。同書又載：陳龍川垂死，猶託銘於水心說：「銘或不信，吾當虛空間與子辨。」改嫁雖是小事，當然更要直書，不能引爲口實。總的說，對於守節，宋代也是最重視的，並不是不以爲不道德，不薄改嫁，黃君所舉的無非是一些例外。李清照豈有不知道餓死與失節這兩件事，哪樣「事大」，哪樣「事小」。改嫁必然引以爲恥，〈謝啓〉不也是揣摩李清照的心理而說：「清照省過知慚，捫心識媿，責全責智，已難逃萬世之譏；敗德敗名，何以見中朝之士」嗎？這是一。李清照與趙明誠的感情是極深厚的，各種書籍載他們的軼事，多不可數。〈金石錄後序〉說得最爲詳備，他們不止是夫婦，而且是文章知己。作詞，趙明誠還作不過她。趙明誠的《金石錄》是一部大著作，李清照也「筆削其間」。趙明誠死後不過幾年，李清照就想改嫁，沒有一點舊日感情，這更是不合情理的。這是二。趙明誠死後，李清照還保存著一些值錢的書畫器物，〈金石錄後序〉說散失十之七八，有人以爲說得過分一點。趙明誠收藏的東西，都是比較值錢的，隨便變賣一種，就可得錢財過活，李清照並不因生活逼迫而想改嫁。黃君推想張汝舟是貪財小人，爲甚麼要娶一個年近半百的老寡婦，大約是想欺騙她的收藏，到手以後便加虐待。這當然是不正確的，沒有甚麼根據，但正好說明黃君也相信她的手頭還有錢可以過活。這是三。若果說她處宋朝兵亂之際，丈夫死了，無所依靠，生活慘痛，沒有應付災難的辦法，只有考慮改嫁這一條路，這是偏見。我們看她得悉饋璧北朝的謠言以後，打算把家藏古物向外廷投進，以明心迹，到處追趕高宗，這不是有膽識的人，如何做得到？心情空虛，境遇淒苦，又無兒女可依，晚年的不幸，這是有的，但不是非再嫁不能解決。這是

四。我們今天當然不能再用封建道德觀點來看問題，但是我們的觀點，不能代替李清照處在封建時期的觀點，以今天的觀點來談古人如何如何，那也是鑿枘不入的。爲李清照改嫁辨誣的人，當然有擺脫不了封建道德來看問題的，或者出於愛才而辨爭不已的，但不是人人如此，要看事實和對於事實的認定的公允態度。從今天來說，改嫁更不算一回甚麼事，但她沒有改嫁，千方百計的要說她改嫁，這能算得公允嗎？

　　綜上論述，我們的結論是：李清照改嫁張汝舟，因爭訟而又離異，是沒有的事，是被造謠毀謗。有的人不察眞僞，加以傳播和責罵，或是故爲苛論，這是應該重新考慮的時候了。一切誣罔不實之辭，統統要推翻。有人說過這樣的話，任何謠言，只要重複幾次，就成眞實。不是麼？關於李清照改嫁的問題，就是這樣。退一步說，就是資料不夠充分，不夠正確，也應當存疑，作爲懸案，或是或非，等待更有力的資料作證明。輕率結案，固然不是；鍛鍊成獄，也是不應當的。（《貴陽師範學院學報》1979 年第 1 期）

黃墨谷　二則

【翁方綱《金石錄》本讀後——兼評黃盛璋〈李清照事迹考辨〉中〈改嫁新考〉（節錄）】

　　頃讀翁方綱《金石錄》本，其跋語有三，茲錄後：「辛卯春，就刻本影抄此本。癸巳夏借汪氏裘杼樓所藏舊抄本，是朱竹垞先生手校者，悉用墨筆過錄於此本。庚申是先生入翰林之明年，中有一處疑非先生手筆，輒記起旁云：此條疑是另一人之筆。然通前後觀之，始知是先生數次所校，則亦先生手筆矣。蓋彼時猶未有刻本，故其珍重如此。」「七月一日又以孫北海萬卷樓所藏謝刻校一遍，蓋謝本猶不及盧刻也。」「乾隆丙申三月八日於寶善亭以惠氏紅豆小房校本、范氏天一閣舊抄本與陸丹叔學士新得舊抄本，凡三本同校。惠氏本暨丹叔本皆用義門校本謄入。然二本皆不及盧刻本，范氏本又不及二本也。以前曾以朱竹垞所校本汪氏裘杼樓藏者校一遍，又以孫氏萬卷樓所藏刻本校一遍，與予所抄此盧刻本，凡校過六本，以盧本爲優云。」

　　翁方綱，清乾隆時人，他對金石譜錄書畫版本之學，剖析精微，從上錄三跋語看，知道他對《金石錄》校勘之勤如此。尤其值得注意的是翁方綱將朱竹垞手校批語，用墨筆全部過錄在他所抄之盧見曾本上。朱竹垞即朱彝尊，清康熙中，以布衣應博學鴻辭考試，爲翰林學院檢討，參與修《明史》，

後引疾罷歸。平生博通群書，綜貫經史，以詞名家。他曾纂輯唐宋金元詞五百餘家爲《詞綜》。他是當時浙派詞家的代表，他的咏物懷古之詞作往往有所寄託，顯然都和感慨明亡有關。在翁方綱所錄的朱竹垞批《金石錄》語中有許多珍貴的資料，對研究《金石錄》及〈金石錄後序〉（下簡稱〈後序〉）均有參考價值。朱氏力爲易安改嫁辨誣，就其手批中就有三處之多。一批於李文藻所記之處云：「李文藻此條非是。」附李記：「改嫁宋人不甚論，且此事見於洪盤洲《隸釋》，非好事者爲之也。觀李易安自作〈打馬圖序〉，知其不能貞靜矣。」

又一處是在翁方綱所錄盧見曾〈重刻金石錄序〉及謝啓光所作〈金石錄後序〉之後，云：「盧、謝皆稱改嫁事之誣，彼李慈何苦而必駁之，此等處有關名教，故言不可不愼。」

第三處批在清照所作〈後序〉：「嗚呼！余自少陸機作賦之二年，至過蘧瑗知非之兩歲，三十四年之間，憂患得失，何其多也！」之後云：「據此，易安五十二矣，尙再醮耶？」

黃盛璋在〈李清照事迹考辨〉〔1〕中的〈改嫁新考〉所提出的「宋人並沒有懷疑這件事的眞實性」，是從李文藻的「改嫁宋人不甚論」沿襲而來的。黃氏在〈李清照與其思想〉一文中，認爲清照的〈夏日絕句〉：「生當作人傑，死亦爲鬼雄。至今思項羽，不肯過江東。」是表現個人英雄主義，也是和李文藻對〈打馬圖序〉的論點有相同之處。其實，〈打馬圖序〉和〈夏日絕句〉都是大義凜然的抗金主戰的詩文，無論如何不能得出李、黃二氏上述結論。

黃盛璋在〈改嫁新考〉中認爲盧見曾的〈重刻金石錄序〉爲易安改嫁辨誣所提論點沒有超過明代徐熥提出的兩點範圍：一年老，二宦家名門。這樣立論，是不符合事實的。「年老」、「宦家名門」，未嘗不可作爲辨誣理由，盧氏所論亦涉及。但除上述理由之外，盧氏提出許多堅確有據的理由，茲摘錄盧氏序文如下：「……德夫之室李清照，字易安，婦人之能文者。相傳以德夫之歿，易安更嫁，至有桑榆晚景，駔儈下材之言，貽世譏笑。余以是書所作跋語考之，而知其決無是也。德夫歿時，易安年四十六矣。遭時多難，流離往來，俱有踪迹。又六年，始爲是書作跋，是時年已五十有二。匪夏姬之三少，等季隗之就木。以如是之年而猶嫁，嫁而猶望其才地之美、和好之情，亦如德夫昔日；至大失所望，而後悔之，又不肯飲恨自悼，輒諜諜然形諸簡牘，此常人所不肯爲，而謂易安之明達爲之乎？觀其泝經喪亂，猶復愛惜一

二不全卷軸，如護頭目，如見故人，其惓惓德夫，不忘若是，安有一旦忍相背負之理。此子興氏所謂好事者爲之，或造謗如《碧雲騢》之類，其可信乎？易安父李文叔，即撰〈洛陽名園記〉者。文叔之妻王拱辰孫女，亦善文。其家世若此，尤不應爾。……」「按謝伋《四六談麈》作於紹興十一年，距易安之跋《金石錄》又十年矣。顧又稱之曰趙令人，亦可證其無改嫁事也。謝語附後：『趙令人李，號易安，其〈祭湖州文〉曰：白日正中，嘆龐公之機捷；堅城自墮，憐杞婦之悲深。婦人四六之工者。』」

事實勝於雄辯，盧氏爲李清照辨誣，是從趙明誠、李清照生平事迹，特別是從他們數十年如一日共同校勘編寫《金石錄》的經歷，從明誠歿後紹興五年李清照作〈後序〉這個事實，來據理推論的。同時又提出兩個堅確有據的證明：一、「遭時多難，流離往來，俱有踪迹。」二、謝伋在易安之跋《金石錄》十年後，「又稱之曰趙令人」。

黃盛璋提出洪适《隸釋》卷二十四跋趙明誠《金石錄》云：「紹興中，其妻易安居士表上於朝。趙君無嗣，李又更嫁。」來駁盧氏引謝伋此條無效。其實，洪适雖然很推崇趙明誠的《金石錄》，與明誠有點遠親關係，但與謝伋不同。謝伋是明誠的表甥，又與綦崇禮是兒女親家，如清照眞有「改嫁」之事，又有啓在綦崇禮處，則謝伋不能不知。既知又稱之曰趙令人李，且引其對明誠表示堅貞的祭文：「堅城自墮，憐杞婦之悲深。」〔2〕我認爲單憑謝伋《四六談麈》這條，已足證明所謂「清照改嫁」掀起的軒然大波，原是出於當時她的政敵的謗傷，和清照在〈後序〉提及的「頒金通敵」政治案，同樣是陰謀者的陷害。

盧氏在序中指出的清照「遭時多難，流離往來，俱有踪迹」，經清末況周頤的具體臚列李清照、張汝舟兩人從建炎三年至紹興二年的踪迹，更進一步證明所謂「改嫁」是捏造的。

況周頤云：「易安如有改嫁之事，當在建炎三年明誠死後、紹興二年汝舟編管以前。今按俞、陸二家所引，建炎三年七月易安至建康，八月明誠卒。四年易安往臺州，之越州；十二月至衢州。紹興元年之越。二年之杭。汝舟建炎三年知臺州。四年復知明州，六月主管江州太平觀。紹興元年往池州措置軍務，尋爲監軍審計司。此四年中，兩人踪迹判然，何得有嫁娶之事？舊說冤謬不辨而明矣。因校越縵跋尾，書此以廣所未備。」

黃盛璋在〈改嫁新考〉對況周頤這條確證提出二駁論：

　　（一）「從宣城、廣德經吳興有一條『獨松嶺道』，是唐宋時江南通杭州的大道。建炎四年金完顏宗弼就從這裏打到杭州，爲時只有一個多月。我們沒有證據或方法能證明在池州措置軍務的張汝舟就不可能到杭州去。」這不能構成駁論，因爲黃盛璋也同樣沒有證據或方法證明在池州措置軍務的張汝舟是去過杭州。

　　（二）「至於知明州的張汝舟，據近人李涊的考證，他跟往池州措置軍務的並不是一個人。」這裏黃盛璋忘記了，他在〈改嫁新考〉中用了許多篇幅來論證所謂「易安改嫁」是在紹興二年六月，引〈投內翰綦崇禮啓〉中有「友凶橫者十旬」，證明李清照嫁張汝舟三個月訟而離之。那麼張汝舟建炎四年是否在明州，與黃盛璋要論證的「改嫁」毫無關係。因此，要據上述兩個駁論來說：「況氏所舉這個反證顯然又落空了。」是站不住腳的。

　　黃盛璋的〈李清照事迹考辨〉雖洋洋數萬言，搜集了不少關於趙明誠與李清照的資料，被王仲聞譽爲「考證李清照著作，莫善於此二種」（指〈李清照事迹考辨〉和〈趙明誠李清照年譜〉）。但這兩篇文字對解決研究李清照生平著作中長期存在的兩個問題：一、〈後序〉作年問題；二、李清照改嫁問題，都沒有提出任何有價值的論據。例如，關於〈後序〉序尾署年，黃盛璋在〈李清照事迹考辨〉中批駁李長之所編著的《中國文學史略》時這樣立論：「李君提到『過蘧瑗知非之兩歲』年五十二作〈後序〉，可是他忘記了『少陸機作賦之二年』年十八嫁趙明誠這一事實，這是很可怪的；二、紹興二年八月朔並非甲寅而爲戊子，李慈銘早指出其干支不符，足證此條實爲淺人所妄加……。」

　　這個論點顯然是疏忽了。李清照〈後序〉序尾署年確是李清照原文，非所謂「淺人所加」。《說郛》第四十六卷錄宋無名氏《瑞桂堂暇錄》所載〈後序〉全文，序尾署年一行作：「紹興四年玄黓壯月朔甲寅日易安室題。」與今傳各本序尾署年迥異。這篇宋本〈後序〉全文的發現，給考辨〈後序〉作年提供了新的資料。它首先證實了序尾署年是李清照原作所有，非後人妄加。今傳各本序尾署年一行是經過後人竄改增刪的。清照原文「玄黓」下無「歲」字，「甲寅」下有「日」字。「玄黓」是紀月朔，「甲寅」是紀日。但考《瑞桂堂暇錄》所載序尾署年尚有舛誤。在傳抄時將「紹興五年」筆誤爲「紹興四年」。關於這行序尾署年的詳細考證，見拙作〈金石錄後序考〉，載《重輯李清照集》。

　　黃盛璋的〈李清照事迹考辨〉是一篇有影響的文字。王仲聞在《文史》第二輯發表〈李清照事迹作品雜考〉一文，完全同意黃盛璋的觀點。王氏云：「黃盛璋先生云：『這裏牽涉及史料之真偽與事實的是非兩個問題。』列舉宋人胡仔、王灼、晁公武、洪适、陳振孫等人之說，證明其確曾改嫁。各家辨誣之說，殆全已落空。深恐尚有人紛紛為改嫁一事翻案，故不憚辭費，就黃先生所未及，或已及而未周者，稍加補充，供研究李清照事迹者參考。」

　　王仲聞同意黃盛璋所謂宋代既有七家之多的說部記載易安改嫁，改嫁便屬實。這不禁使人想起「三告投杼」、「三人成虎」的故事。

　　考辨李清照是否改嫁，不能單憑宋人說部筆記。我認為唐圭璋、潘君照在〈論李清照的後期詞〉一文提出的論點，對研究李清照生平、思想和作品是很有價值的。茲錄於下：「在封建社會中，傾向進步的文人，總是屬於誣陷貶謫，有才難展，以致潦倒終生的。……南渡之初……李清照……詩筆表示了她鮮明的政治態度，……當然是主和派所絕對不能容的；……因此，李清照的遭受打擊，乃是事態發展的必然結果。她之被誣通敵，就顯然是一個惡毒的陰謀。至於因『改嫁』一事引起的風波，更明顯是衛道者的製造輿論，蓄意中傷。……李清照暮年的飄零困頓，正是封建禮教對她施以無情的打擊的結果。」

　　封建時期南宋社會的情況，端木埰序四印齋重刊《漱玉詞》云：「有宋以降，無稽競鳴。……越在偏安，益煽騰說。」就透露個人消息。至於黃盛璋提出的甚麼：「胡仔、王灼成書時，清照仍然健在。要是說清照生前，就敢明目張胆造她的謠言，偽造謝啟，這是很不近情理的。南渡後明誠的哥哥存誠、思誠都做到不小的官，趙家那時並不是沒有權勢。」……李清照的家世是長期處在兩宋激烈政治鬥爭的淤渦激流中，她的遭受打擊是事態發展的必然結果。

　　黃盛璋、王仲聞在考辨所謂改嫁問題時，完全摒棄清照傳記性的敘述〈後序〉，摒棄她的詩詞文賦，照搬宋人說部的記載，羅列一些與清照無關的材料。知人論世，文如其人。宋人之所以要謗傷李清照，就是要毀壞她的聲望令譽。

　　黃盛璋和王仲聞在編寫李清照的事迹時，完全離開了她所處的歷史時代，隻字不提北宋新舊黨政治鬥爭和南渡以後主戰主和兩派的政治鬥爭對李清照生活的影響。黃盛璋並歪曲事實地說：「清照以前四十多年太平日子完全生長深閨，過著養尊處優的生活。」那麼元祐黨人碑，李格非首遭禍害，被遣出京師。清照上趙丞相詩有「炙手可熱心可寒」、「何況人間父子情」之句，

聞者哀之。趙挺之死後三日，蔡京借故陷害，明誠被拘捕，事後被奪官，趙明誠、李清照不得不屏居鄉里十年。這樣能說是「過太平日子」，能說是「養尊處優」嗎？建炎三年八月明誠歿，宋高宗趙構寵幸的御醫王繼先曾以黃金三百兩要到趙家購買金石古物，由明誠表兄謝克家之助方免被劫持，這就暗伏誣陷頒金通敵的禍根。清照的秋詞〈聲聲慢〉中的「三杯兩盞淡酒，怎敵他晚來風急」，是寓意之筆，乃暗指這些接踵而來的迫害。黃盛璋的所謂〈改嫁新考〉，不考慮「頒金通敵」這個嚴重政治事件；也不分析紹興五年清照〈後序〉中「故雖處憂患困窮，而志不屈」這個作家的自我表白。

我認為黃盛璋、王仲聞在沒有解決〈後序〉與〈投內翰綦公崇禮啓〉兩者的矛盾，在沒有解決所謂〈謝啓〉前後文字存在的矛盾，而遽下「李清照改嫁屬實」的結論，是不能令人信服的，是缺乏科學根據的。要對李清照是否改嫁作出結論，必須全面地、歷史地從當時的政治局勢和清照的具體處境來進行分析。

風格即人，李清照是否改嫁是直接影響對她作品的評價，特別〈後序〉這篇傳記散文的評價。〈後序〉中，清照的自我表白：「雖處憂患困窮，而志不屈。」應該作為「改嫁辨誣」的重要依據。事實證明：在明誠歿後，處憂患艱難之中，清照為版行《金石錄》，完好無恙地送到偏遠的福建泉州趙明誠兄思誠家。紹興二十六年，朱熹親自到思誠家，〈家藏石刻序〉：「來泉南，又得東武趙氏《金石錄》觀之……」以上事實說明李清照數十年如一日，忠於明誠，忠於與明誠同志辛勤筆耕的《金石錄》。

南宋以還，七百餘年，從洪邁《容齋四筆》，到清末王鵬運四印齋重刻《漱玉詞》序跋，都是根據李清照的生平著述，特別是《金石錄》及〈後序〉，為清照改嫁辨誣的。

洪邁《容齋四筆》云：「東武趙明誠德甫，清憲丞相中子也，著《金石錄》三十篇。……其妻易安居士，平生與其同志。趙歿後，愍悼舊物之不存，乃作〈後序〉，極道遭罹變故本末。今龍舒郡刻其書，而此序不見取。比獲見原稿於王順伯，因為撮述其大概云：……。時紹興四年，易安居士五十二矣，自敘如此。予讀而悲之，為識於是書。」洪邁這段論述，不但對清照無微詞，而且給予深切同情。如清照果有改嫁之事，洪氏能如此措詞嗎？

南宋寧宗開禧趙師厚重版《金石錄》，才刻李清照所作〈後序〉殿之，並為跋云：「趙德甫所著《金石錄》，鋟版於龍舒齋久矣，尚多脫落。茲幸假手

於其邦人張懷祖知縣，既得郡文學山陰王君玉是正，且惜易安之跋不附焉，因刻以殿之。用以慰德甫之望，亦以遂易安之志云。」趙師厚在跋中，德甫、易安並提。足見所謂「易安改嫁」，乃政敵謗傷，非事實也。

《說郛》第四十六卷錄宋無名氏《瑞桂堂暇錄》云：「易安居士李氏，趙丞相之子諱明誠字德夫之內子也。才高學博，近代鮮倫，其詩詞行於世者多。嘗見其為乃夫作〈金石錄後序〉，使後之人歎息不已。今錄於此曰……。」

宋無名氏對清照的才華評價極高，並明確指出〈後序〉乃為其夫明誠所作。

到了明代徐𤊹《筆精》才開始為「改嫁」辨誣。「李易安，趙明誠之妻也。《漁隱叢話》云：趙無嗣，李又更嫁非類。且曰，其〈啓〉曰：『猥以桑榆之晚景，配茲駔儈之下才。』殊謬妄不足信。蓋易安自撰〈金石錄後序〉，言明誠兩為郡守，建炎己酉八月十八日疾卒。且曰：『余以少陸機作賦之二年，至過蘧瑗知非之兩歲，三十四年之間，憂患得失，何其多也？』作〈序〉在紹興二年，李五十有二，老矣。」

徐𤊹為「改嫁」辨誣，也是以易安五十二作〈後序〉，情文如此沉痛，豈有再醮之理。黃盛璋把徐文歸納為一年老，二宦官名門，未免斷章取義。

清康熙年間，朱竹垞校勘《金石錄》達十餘次之多，再三為清照「改嫁」辨誣。乾隆之世，盧見曾刻《金石錄》所作序，是明清以來為清照「改嫁」辨誣最有力的一篇文字，提出的論點，堅確有據。之後俞理初、況周頤相繼辨誣，清照這個冤案，可以說是已經昭雪了。王鵬運《漱玉詞》跋云：「右易安居士《漱玉詞》一卷。按此詞雖見於《宋史・藝文志》、《直齋書錄解題》，世久無傳本。……此刻以曾端伯《樂府雅詞》所錄二十三首為主，復旁搜宋人選本、說部，又得二十七首，都為一集，而以俞理初孝廉〈易安居士事輯〉附焉。易安晚節，世多訾議，甚至目其詞為不祥。理初此作，發潛闡幽，并是集亦為增重。」

王鵬運是清末著名的詞家兼詞學家，他以為俞理初諸學者為所謂「改嫁辨誣」，對研究李清照的《漱玉詞》有重要的意義。

我認為宋、明、清許多金石家、詞家、詞學家為《金石錄》的版行和校勘，對李清照晚年的遭遇，特別對「改嫁」的造謠謗傷辨誣，是有功於藝林。他們保全了我國文學史上最傑出的女作家李清照的聲譽與光輝的形象，他們的功績是不可磨滅的。

　　黃盛璋在〈改嫁新考〉中說：「明徐燉《筆精》首先提出清照改嫁說的不可信，……直到俞氏〈事輯〉才用猛虎搏獅之力爲清照辯護……」這個論點是不正確的。其實南宋許多學者論述趙明誠、李清照共同校勘編纂《金石錄》和評價清照的詩詞文賦，這些正確的資料是爲改嫁辨誣的重要依據。洪邁、趙師厚、謝伋、陸游、朱熹、劉辰翁……都是根據她生平及〈後序〉來給她評價的，對她的生平都毫無微詞。黃盛璋卻隻字不提清照的政治思想以及傳記性的〈後序〉，而單憑宋人說部的記載，和他找出一條「刑條」和一條「獨松嶺道」，就要推翻「明清三百年來討論已無異議的這件學術公案」，證據是不足的，特爲撰文以辨之。（《齊魯學刊》1980 年第 6 期）

附註

〔1〕見 1957 年《文學研究》第三期。

〔2〕事見《左傳》襄公二十三年，杞梁從齊侯襲莒而死。又《列女傳》云：「杞梁既死，其妻內外無五屬之親。既無所歸，乃枕其夫之尸哭於城下，內誠動人，道路過者莫不爲之揮涕。十日而城爲之崩，既葬，赴淄水死。」

【〈投內翰綦公崇禮啟〉考辨——兼評黃盛璋〈李清照事迹考辨〉中〈改嫁新考〉(節錄)】

　　在李清照的研究工作中，長時間以來存在著兩個問題：一是〈金石錄後序〉（下簡稱〈後序〉）的作年問題，一是改嫁問題。知人論世，李清照是否改嫁，既涉及研究她的生平，又和評價她的作品有關，特別與考辨〈後序〉的眞僞有關。南宋李心傳《建炎以來繫年要錄》記述李清照於紹興二年改嫁張汝舟；南宋洪邁《容齋四筆》又記述李清照於紹興四年作〈後序〉。〈後序〉這篇文字，是李清照以趙明誠的妻室的名分寫的，內容是敘述他們夫婦從結褵到避亂南下的經歷以及明誠死後清照整理遺著和悼念之情。如果清照於紹興二年改嫁張汝舟，不能設想，她在紹興四年又作如上述內容的〈後序〉。二者之間，必有一事是謬傳誤載的。正因爲南宋說部記述清照的生平事迹，存在著這種矛盾現象，才引起後代學者爲改嫁進行辨誣。

　　考辨李清照改嫁問題，最早見諸明代徐燉的《筆精》，清代俞理初在〈易安居士事輯〉，又用史家編年法，排比李清照行實，爲改嫁辨誣。後來陸心源、李慈銘、況周頤等作了補充。現代學者夏承燾又從〈後序〉作年的考辨，提出：「李清照〈後序〉作於紹興五年，其時猶在張汝舟除名之後，即張汝舟紹興二年與李氏涉訟，易安猶爲趙家之一嫠」的論據。到了一九五七年，黃盛

璋才在《文學研究》第三期〈李清照事迹考辨〉一文中提出〈改嫁新考〉，竭力替南宋說部所載李清照改嫁材料的可靠性辯護，認爲明、清以來學者不相信宋人說部的記述是「不公」；還說：數百年明清時代的人替李清照辯護，其原因不外兩點：一是愛才，一是封建觀點。我以爲前代學者替李清照改嫁辨誣，在論證上間或有不充分之處，但對改嫁提疑問，卻是有根據的，特別是況周頤的論據堅確有力。黃盛璋把前代學者在這個問題上分析探討的結論歸納爲「愛才」、「封建觀點」，才眞正是不公之論。有「封建觀點」的正是黃盛璋自己，他的所謂〈改嫁新考〉，充滿了對這位傑出的女文學家生平歪曲。在他其它研究李清照的論文中，對他的作品和〈詞論〉，不惜用最低級的詞語給以貶低。

　　黃盛璋在〈改嫁新考〉提出了下列幾個論點：一、宋代記載李清照改嫁明確無疑的共有七家，其中有的還是宋代可靠的史料；二、宋代並沒有人懷疑改嫁的眞實性；三、《雲麓漫鈔》所載〈投內翰綦公崇禮啓〉確是李清照爲改嫁爭訟謝綦崇禮之信。

　　黃盛璋的三個論點，除了所謂〈謝啓〉的眞僞問題，需要進一步考辨外，第一、二點，只要稍微有一點研究工作的常識，一望便知其站不住腳的。不可否認，考據工作是重視材料的，材料越豐富，論證越有力。但材料的豐富，並不單指數量，更重要是材料的價值。按黃盛璋的論點，既有七家之多的說部說李清照改嫁，改嫁之事便屬實。這豈不等於強人相信「曾參殺人」。

　　黃盛璋認爲宋代說部記述七條材料中，李心傳的《建炎以來繫年要錄》所載最爲具體，而認爲該書是宋代一部可靠的史料。但正是這條有具體年月的材料，與李清照其它有關的生平材料發生矛盾，才引起後代學者的懷疑。李心傳的著述，不要說今天我們運用時，應該采取科學的分析批判態度，早在南宋周密就指出他的《建炎以來朝野雜記》有舛訛（見《齊東野語》）。李心傳在《雜記》中記載史實有舛訛，又怎樣能說《要錄》就是不容置疑的可靠史料？

　　這裏再舉另一條材料來說明研究工作是不能毫無保留地輕信史料的。宋代記載李清照改嫁著作之一《直齋書錄解題》，它在卷十八《渭南集》條這樣記載：「……及韓氏用事，游掛冠久矣，有幼子澤不逮，爲侂胄作〈南園記〉……」這是陳振孫采用當時好事者誹謗放翁晚歲牽於幼子之累，賴以文字取妍於韓氏的讕言蜚語。陳振孫既能這樣輕信謠言，誹謗放翁，他記載李清照「晚歲頗失節」，就不能懷疑嗎？黃盛璋的第二個論點也是不能成立的。

按照這樣立論，宋人沒有替李清照改嫁辨誣，改嫁便屬實；那麼，今天研究歷史人物，只能作古人的應聲蟲，而不能提出不同的看法嗎？

我以爲黃盛璋的〈改嫁新考〉並未能有理有據地解決李清照研究工作中存在的問題。近年中華書局出版的《李清照集》，仍將〈後序〉作年問題、「改嫁」問題作爲「關於李清照的兩個問題」提供了參考資料，就是說明這個情況。

本文試圖再從考辨〈投內翰綦公崇禮啓〉來對黃盛璋的〈改嫁新考〉提出一些不同看法。

趙彥衛《雲麓漫鈔》錄〈投內翰綦公崇禮啓〉是有關李清照改嫁問題的主要材料。這一篇文字的內容，有些學者認爲是李清照因「頒金通敵」案的牽連，經綦崇禮調解，事畢後的謝啓。清代俞理初〈易安居士事輯〉，現代謝无量《中國婦女文學史》主此說；有的學者認爲是李清照因改嫁爭訟與綦崇禮的謝啓，黃盛璋、王仲聞主此說。一篇文字可以同時被理解爲如此不同的內容，懷疑它不是李清照原作的論點是完全可以成立的。

黃盛璋在〈李清照事迹考辨〉及〈趙明誠李清照夫婦年譜〉都主張〈投內翰綦公崇禮啓〉是李清照的原作，而且確定它是李清照爲改嫁爭訟事謝綦崇禮之啓。論據有下列幾點：一、謝啓敘述與李清照生平事迹符合，如啓稱綦公「內翰承旨」，綦公於紹興二年除翰林學士，符合李心傳《建炎以來繫年要錄》記載紹興二年改嫁爭訟的時間；又如啓稱「忝在葭莩」，綦崇禮之女嫁謝伋之子，謝伋乃趙明誠之表甥，綦、趙有親姻之誼。二、《刑統》有妻告夫者雖屬實，仍須徒二年，啓中有「居囹圄者九日」，與《刑統》符合。

我以爲黃盛璋在考辨謝啓的眞偽時，所運用的材料是不夠全面的。李清照〈後序〉有一段文字，記述她在趙明誠死後，攜帶圖書金石輾轉遷徙的行踪：

> 上江既不可往，又虜勢叵測，有弟迒任敕局刪定官，遂往依之。到台，台守已遁。之嵊，出睦，又棄衣被，走黃巖，雇舟入海，奔行朝，時駐蹕章安。從御舟海道之溫，又之越。庚戌十二月，放散百官，遂之衢。紹興辛亥春三月，復赴越。壬子赴杭。先侯病亟時，有張飛卿學士，攜玉壺過視侯，便攜去，其實珉也。不知何人傳道，遂妄言有頒金之語，或傳亦有密論列者。予大惶怖，不敢言，亦不敢遂已，遂盡將家中所有銅器等物，欲赴外廷投進。到越，已移幸四明。不敢留家中，並寫本書寄嵊縣。

這一段記述，值得注意的，是李清照在一節回敘中，提示了她在建炎、紹興間，流離顛沛之際，還被「頒金通敵」的嚴重政治案件所牽連。這一段回敘之筆，是考辨謝啓不可忽視的材料。〈後序〉明明點出，到了紹興元年，「頒金通敵」案仍未了結。清照尚惴惴不安，所以有「到越，已移幸四明。不敢留家中，並寫本書寄嵊縣」的措置。黃盛璋提出謝啓中有「翰林承旨」的稱謂，不符合建炎三年發生「頒金通敵」案的時間，這眞是膠柱鼓瑟的；他沒有考慮到這個政治案件雖然發生在建炎三年，而結案卻是在紹興元年以後的事。而且啓中有「惟智者之言，可以止無根之謗」、「願賜品題，予加湔洗」等措辭，乃清照雪讒自辨，明白如火；只有謝解救「頒金通敵」案才順理成章，移作謝改嫁爭訟，便不知所云了。黃盛璋批評俞理初諸人對謝啓中「官文書」、「玉鏡臺」的解釋有錯誤，這些考證是相當細緻的。但遺憾的是對俞理初等早就提出謝啓中「止無根之謗」、「予加湔洗」等不符合改嫁爭訟的關鍵性問題，卻置之不理，這豈不是「明足以察秋毫之末，而不見輿薪」。黃盛璋在沒有解決謝啓中存在著和改嫁爭訟不合的關鍵問題之前，單憑宋代《刑統》那樣規定的發現而遽下「它確是李清照爲改嫁爭訟事謝綦崇禮之信」的論斷，是不能令人信服的。至於啓中稱「忝在葭莩」，這也只有爲解救「頒金通敵」案才恰當。綦崇禮是趙明誠的親姻，果眞清照背棄明誠，改嫁而又涉訟，怎能腆顏去求趙家的親姻給予援手，而稱「忝在葭莩」？

我以爲清代俞理初、況周頤諸人認爲啓是謝綦崇禮解救「頒金通敵」冤案的立論是符合李清照生平事迹的。既然如此，那麼啓的前半部有關改嫁爭訟的敘述，顯然是附加上去的。不能設想清照在同一時間，吃兩個官司，二者只能居其一。既論證了它是解救「頒金通敵」案的謝啓，也就可以得出這樣的論斷：《雲麓漫鈔》所載〈投內翰綦公崇禮啓〉，內容參雜，文筆劣陋，被竄改的迹象是很明顯的。通過這兩則比較有具體內容的材料的考辨，完全可以論斷所謂「李清照改嫁說」是造謠謗傷，而不是事實。

黃盛璋除了論證〈投內翰綦公崇禮啓〉是李清照改嫁的眞憑實據外，在〈改嫁新考〉中還有這樣一段議論：

> 封建社會丈夫死了，婦女就失去了依靠，而恰恰不幸遭遇這樣災難
>
> 時代……一個舊社會婦女哪裏有應付災難的經驗……。

黃盛璋是完全相信李清照被騙改嫁張汝舟的。這是離開了李清照這個歷史人物的生活實際，我認爲有必要還她一個本來面目。

「生當爲人傑，死亦爲鬼雄。至今思項羽，不肯過江東。」這是在靖康
之恥後不久，詩人對朝廷投降派、逃跑派的誅伐。筆鋒銳利、風義凜然，是
何等氣概！紹興三年，當韓、胡二公使虜，清照以爲自己「神明未衰落，聞
此大號令，不能無言」，於是「瀝血干書」，對主和派痛下針貶，並在另一首
詩中指出「長亂何須在屢盟」的慘酷現實。紹興四年，作〈打馬賦〉，詩人表
現自己強烈的進取心和愛國思想：

> 且好勝者，人之常情；游藝者，士之末技。說梅止渴，稍蘇奔競之
> 心；畫餅充飢，少謝騰驤之志。……平生不負，遂成劍閣之師；別
> 墅未輸，已破淮淝之賊。今日豈無元子，明時不乏安石。

紹興五年，作〈後序〉，以傳記式文字，敘述她與趙明誠「飯蔬衣練，窮遐方
絕域，盡天下古文奇字之志」，和「故雖處憂患困窮，而志不屈」的毅力，同
時也敘述她如何應付南渡後這場國破家亡的災難。

李清照的生平資料遺留下來雖然無多，但研究者仍然可以借助這些僅存
的資料，探索詩人的精神風貌。但難令人相信，紹興二年以前，紹興二年以
後，一個胆識過人、被稱爲「婦人之傑」的李清照，而單單在紹興二年這一
段極短時間，卻是如〈謝啓〉所說的「儡俛難言，優柔莫決」，既被騙，又被
人凌辱毆擊的卑微人物。特別需要注意的是：李清照在紹興三年的〈上樞密
韓公兵部尙書胡公〉詩、紹興四年的〈打馬圖經自序〉、紹興五年的〈後序〉
三篇著述中，均以「易安室」署題。「室」是已嫁婦人的稱謂。「易安室」，就
是趙明誠之室易安。一般慣例「室」置於名號之上，然而李清照置「室」於
名號之下，這是和她紀朔紀日體例一致的，她的〈後序〉末尾署年一行作：

> 紹興五年玄黓壯月朔甲寅日易安室。

如果李清照在紹興二年眞有改嫁張汝舟之事，而又訟而離之，則李清照在紹
興三年是一個無夫女人，如何能署題「易安室」呢？李清照在紹興三年以後
在自己的著述中署題，有力地說明她在紹興二年不可能有改嫁又訟而離之之
事。

黃盛璋在〈改嫁新考〉中說：「學術討論首先該求是，全部案件材料經過
詳細檢查，我們認爲經明、清三百年來討論已無異議的這件學術公案，實有
重新考慮的必要。」其實，黃盛璋所檢查的所謂「全部案件材料」，僅僅是全
部說李清照改嫁的材料，而且在全部說李清照改嫁的材料中，也力圖回避去
探討那些存在著可疑的迹象。例如：李心傳《要錄》所載改嫁爭訟年代與〈後

序〉作年之間的矛盾；〈謝啓〉中「止無根之謗」、「予加湔洗」等措辭，與改嫁事不合等。黃盛璋一方面毫無保留地相信所謂「史料」，小心去為它們求證，另一方面又反對別人運用有關材料來進行論證。他駁斥俞理初引用謝伋《四六談麈》：「趙令人李，號易安，其〈祭湖州文〉曰：『白日正中，歎龐翁之機捷；堅城自墮，憐杞婦之悲深。』婦人四六之工者」這一條材料來為改嫁辨誣是無效的。理由是：洪适《隸釋》也說：「紹興中，其妻易安居士表上於朝，趙君無嗣，李又更嫁。」其實，謝伋和洪适記述的內容，分明毫無共同之處，一是記述紹興年間，李清照為版行《金石錄》，曾表上於朝，這符合紹興五年她作〈後序〉，並企望完成明誠遺志，版行於世的事實，同時又誤信傳聞，說「李又更嫁」；一是稱「趙令人李」，而接著引其祭趙明誠文：「……堅城自墮，憐杞婦之悲深。」謝伋《四六談麈》成書於紹興十八年，時清照尚在人間。如有改嫁之事，謝伋是趙明誠的表親，綦崇禮之女嫁謝伋之子，豈能不知？如知其改嫁，必不稱「趙令人李」，更無引其對趙明誠表示堅貞的祭文之理。李清照距今已七百餘年，在研究這樣一位歷史人物，當材料十分缺乏時，我以為上述謝伋《四六談麈》所記，是考辨李清照「改嫁」非實的重要材料。

黃盛璋在〈改嫁新考〉還這樣說：「改嫁與不改嫁本不關緊要，但這裏涉及史料的真偽與事實的是非兩個問題。」這樣提法，人們不禁要問：既然改嫁與否對李清照這樣一位作家是不關緊要的事，那麼研究有關這個問題的史料和辨明這件事實的是非，目的又安在呢？黃盛璋在李清照研究工作中，確是以研究史料為主，而把研究李清照的生平以及著述擺在一邊，這種研究方法是本末倒置的。這種「史料學即史學」是不科學的。

不可否認，南宋確有七家之多的說部記述了李清照改嫁，從宋人的記載中確實也如黃盛璋所云：沒有發現為李清照改嫁辨誣的直接材料。我以為這種情況是為當時社會歷史條件所決定的。北宋自神宗趙頊以後，新舊黨爭綿延百年之久，甚至到南渡之後，仍有餘波；靖康以後，南渡偏安，主戰和主和派的鬥爭，也一直綿延到宋室淪亡。李清照的生平，無論是與新舊黨之爭、主戰主和之爭都有牽連。在豺狼當道之時，文字獄是極其殘酷的。為李清照辨誣到了明代徐㶿的《筆精》才第一次提出來，是合乎歷史的。因為在金、元時代，替一個主戰派的作家辨誣也是該忌諱的。

黃盛璋的所謂〈改嫁新考〉，除了用大量的篇幅從〈投內翰綦公崇禮〉這篇分明存在著嚴重問題的文字中撮拾一些詞句來小心求證，而置〈謝啓〉中

敘述頒金被謗、得綦公援手的情節於不顧外，還說甚麼「……胡仔、王灼成書時，清照仍然健在。要說在清照生前，他們就敢明目張膽造她的謠言，僞造〈謝啓〉，這是很不近情理。……」

　　黃盛璋這樣立論，是不符合事實的。過去論客引王灼《碧雞漫志》，往往只取首段，至於後面誣蔑、造謠、謗傷李清照作品的話，一般不徵引。爲了駁斥黃盛璋的論點，茲不惜篇幅，摘錄如下：

> 趙死再嫁某氏，訟而離之，晚節流蕩無依。作長短句能曲盡人意，輕巧尖新，姿態百出。閭巷荒淫之語，肆意落筆，自古搢紳之家能文婦女，未見如此無顧藉也。陳後主游宴，使女學士狎客賦詩相贈答，采其尤艷麗者，被以新聲，不過『璧玉夜夜滿，瓊樹朝朝新』等語。李戡嘗痛元白詩纖艷不逞，非莊士雅人，多爲其破壞。流於民間，子婦女母，交口教授，淫言媟語，冬寒夏熱，入人肌骨，不可去。二公集尚存，可考也。……元〈會眞詩〉、白〈夢游春詩〉，所謂纖艷不逞、淫言媟語止此耳。溫飛卿多作側艷曲，其甚者『合歡桃葉終堪恨，裏許原來別有人』、『玲瓏骰子安紅豆，入骨相思知不知』，亦止此耳。……其風至閨房婦女，誇張筆墨，無所羞畏，殆不可使李戡見也。

李清照《漱玉集》傳誦千秋，兩宋以來七百餘年，論詞者莫不公認她的詞境清新，煉句精審，卓然爲宋代一大家。王灼既然能這樣對她的詞進行肆無忌憚的誣蔑與攻擊，爲甚麼他就不能喪盡天良捏造她的改嫁、受辱等等呢？

　　黃盛璋一方面千方百計地爲那些關於李清照改嫁的謠言辯護，我在上面指出王灼《碧雞漫志》這一條，讀者舉一反三，就可以推測其餘了。同時黃盛璋還用反科學的方法，對一些爲李清照改嫁辨誣的人提出的論證，加以否定，例如況周頤說：

> 易安如有改嫁之事，當在建炎三年明誠卒後、紹興二年張汝舟編管以前。今據俞、陸二家所引：建炎三年七月易安在建康，八月明誠卒。四年易安往臺州，之越州，十二月至衢州。紹興元年復之越。二年之杭。汝舟建炎三年知臺州。四年復知明州，六月主管江州太平觀。紹興元年往池州措置軍務，尋爲諸軍審計司。二年九月以增舉入官，除名編管。此四年之中兩人踪迹判然，何得有嫁娶之事？舊說冤謬不辨而明矣。因校越縵跋尾，書以廣所未備。

我認爲況周頤提出的論證，有地點、有時間，是有科學性的。但是黃盛璋卻憑臆度提出：

> 池州去杭州又不是怎麼遠，從宣城、廣德經吳興有一條「獨松嶺道」，
> 是唐宋時江南通杭州的大道。……我們沒有證據或方法證明在池州
> 措置軍務的汝舟不可能到杭州去。

黃盛璋是地理學家，他當然能找出一條「獨松嶺道」來，但單憑這條「獨松嶺道」而毫無確鑿的論據證明在池州措置軍務的張汝舟在紹興二年到過杭州，就斷定得非常堅決說：「況周頤的論證落空了。」這是不能令人信服的。黃盛璋說：「況周頤據建炎三年以後清照與張汝舟踪迹判然，兩人不能有嫁娶之事，其說似能動人。」我認爲況周頤的論證不是「似能動人」，而是「堅確有力」。單憑況周頤這條論證，就完全能夠駁倒黃盛璋的所謂「改嫁新考」了。

　　黃盛璋是研究李清照較早的一位學者，早在一九五九年第二期的《山西師範學院學報》上就發表過〈李清照與其思想〉一文，對李清照這位中國文學史上傑出的女作家的作品、思想和她的生平，作了不正確的評價。李清照的〈夏日絕句〉是一首主戰的政治詩，矛頭直接指向最高統治者趙構及其左右一群投降逃跑派。而黃盛璋卻把這首詩歪曲成爲李清照的「個人英雄主義思想」。李清照的〈詞論〉對宋代名家提出一些意見，〈漁家傲·記夢〉的「我報路長嗟日暮，學詩謾有驚人句」；黃盛璋說〈詞論〉與〈漁家傲〉詞，表現出她「高傲自負，看不起一切人」、「驕傲得夠驚人的」。請看，對李清照作品、思想這一系列議論，和七百年前南宋胡仔對〈詞論〉的攻擊有甚麼不同？其實，李清照的「學詩謾有驚人句」是從杜甫的「爲人性癖耽佳句，語不驚人死不休」蛻化出來的。爲甚麼一千年來沒有人說杜甫「驕傲自負」？原因很簡單，因爲李清照是一個婦人，在封建社會是不許婦人開此「大口」的。

　　唐圭璋、潘君照在〈論李清照的後期詞〉一文中，提出了一些公允的評價，我認爲對研究李清照生平、思想和作品是很有價值的，茲錄於下：

> 在封建社會中，傾向進步的文人，總是屬於受誣陷貶謫，有才難
> 展，以致潦倒終生的。……南渡之初，……李清照……詩筆表示
> 了她鮮明的政治態度，……當然是主和派所不能容忍的；再加上
> 她那灑脫不羈，……越出禮教範圍界限的舉止行爲，……又是封
> 建禮教所深惡痛絕的。因此，李清照的遭受打擊，乃是事態發展
> 的必然結果。她之被誣通敵，就顯然是一個惡毒的陰謀。至於因

　　「改嫁」一事引起的風波，則更明顯是衛道者的製造輿論，蓄意

　　中傷。……李清照暮年的飄零困頓，正是封建禮教對她施以無情

　　打擊的結果。

黃盛璋的〈李清照事迹考辨〉一文中的〈改嫁新考〉是發表在文學研究所的

機關報《文學研究》，影響極大。王仲聞在《文史》第二輯發表〈李清照事迹

作品雜考〉一文，毫無異議地附會黃盛璋的觀點，他說：

　　一九五七年《文學研究》第三期所載黃盛璋先生之〈李清照事迹考

　　辨〉，考明若干李清照事迹，於改嫁一事，引舉確證，駁斥俞氏及其

　　各家之說，成績超越前人。

王仲聞還說：

　　深恐尚有人紛紛為改嫁一事翻案，故不憚辭費，就黃先生所未及，

　　或已及而未周者，稍加補充，供研究李清照事迹者參考。

王仲聞「深恐有人紛紛為改嫁一事翻案」，但是歷史不應當還它以本來面目

嗎？本文已經逐條駁斥黃盛璋的論斷。我和王仲聞的想法恰恰相反，我盼望

人們紛紛起來為這位敢於用她鋒利的詩筆表示她鮮明的政治態度，因而遭受

投降逃跑派和一群小人的陷害誣蔑，以致半生飄零，含恨而終的傑出女作家

辨誣。(《文史哲》1981 年第 6 期)

劉憶萱

【李清照研究中的問題——與黃盛璋先生商榷 (節錄)】

　　我國古代文學史上佔一席地位的女詩人，除了漢代蔡琰，宋代的李清照最

是稱道。清照才華橫溢，技藝全面，富於創造精神，歷代學者無不折服。沈曾

植有段評論極為全面。他說：「易安跌宕昭彰，氣調極類少游，刻摯且兼山谷，……

閨房之秀，文士之豪也。才鋒太露，被謗亦因此。自明以來，墮情者醉其芬馨，

飛想者賞其神駿，易安有靈，後者當許為知己。」⑴ 對清照的思想性格、文

學成就、社會影響以及個人遭遇，作了恰如其分的介紹和評價。

　　從批判繼承文學遺產的角度考察，對李清照及其作品的研究，隨著意識

形態領域裏波瀾起伏的思想鬥爭，經歷著肯定、否定到再肯定的曲折過程。

無論肯定或否定，當時都存在分歧的意見，進行過針鋒相對的論爭。論爭的

結果，對李清照的作品基本得到一致的肯定。就在這時，黃盛璋先生發表了

〈趙明誠李清照年譜〉、〈李清照事迹考辨〉、〈李清照與其思想〉，⑵ 提出了

一些新問題，其中最主要的是強調了李清照晚年改嫁涉訟。當時大家集中在對清照作品的評價，沒有注意到黃文所提出的問題。但是，不少作者深受清照改嫁論的影響，評價、論述時爲其羈絆，故有必要予以澄清。

黃文〈年譜〉、〈事迹考〉，被收入中華的《李清照集》，其中有李清照〈改嫁新考〉（以下簡稱〈新考〉）一章，專門考證改嫁事件，下了很大工夫，搜集了不少材料，這對研究李清照生平事迹是有所裨益的。研究古典文學，爲了對作家作品深入了解，考證工作有時是必不可少的。但是，用甚麼思想指導去考證，則更爲重要。是堅持歷史主義，實事求是，從所搜集的正反兩面的材料中去僞存眞，去粗取精，作出接近科學的結論；還是帶著固定的成見，取其所需，作出片面的、違反歷史眞實的結論？〈新考〉所採取的方法，顯然是後者。在論述中，一再強調記載李清照改嫁的七種材料可靠性，對明、清以來的學者、文學批評家爲李清照辨誣的大量材料則千方百計予以否定，這至少是帶片面性的考證方法。

〈新考〉雖然舉了宋代七種說部記有清照晚年改嫁之說，而其中最主要的兩種，即《雲麓漫鈔》所載〈投綦處厚啓〉、《建炎以來繫年要錄》（以下簡稱〈謝啓〉、《要錄》）的一條記載。我們就先從這兩條材料談談自己的意見。首先對〈謝啓〉有以下幾點質疑：

一、記載〈謝啓〉的《雲麓漫鈔》是一部「雜記古今天文、地理、制度、故事等」的筆記之類的著作，其材料來自社會各方面，「其中也有記載失實之處」。〔3〕且清照曾有被誣「玉壺頒金」謠傳，得到綦崇禮援助，湔雪了冤情，像這樣重大的政治冤案，獲得洗雪，難道能不寫封謝啓表達感激之情！《雲麓漫鈔》所載的〈謝啓〉，很可能就是爲「玉壺頒金」的謠傳所寫，但卻是被竄改了的僞作。〈新考〉片面地肯定它的眞實性，未免過於武斷。

二、對〈謝啓〉表示懷疑的，頗不乏人，古代如徐燉、盧見曾、胡薇元、俞正燮、陸心源、李慈銘、李廷琯、吳衡照等，今人如謝无量、夏承燾、唐圭璋等。他們所提出的大量疑問，至今還沒有人作出圓滿的解答。硬說〈謝啓〉是爲所謂改嫁涉訟事件而作，又無確鑿證據，實難令人信服。說它是經過竄改的僞作，倒有些痕迹可尋：

1. 〈謝啓〉開始一節中有「近因疾病，欲至膏肓」。而〈金石錄後序〉也說：「余又大病，僅存喘息。」這兩處所說的情況，同樣是發生於建炎三年明誠去世不久。〈新考〉的作者所寫的〈年譜〉也是把這件事編入建炎三年。此

後並無淸照患大病的記載，但作者又說淸照在紹興二年改嫁，豈非自相矛盾？

　　2.〈謝啓〉中「猥以桑楡之晚景，配茲駔儈之下材」兩句，歷來被用作攻擊淸照的武器。以淸照的才華，怎能寫出如出拙劣之文句，向自己臉上抹黑，給人以笑柄？俞正燮曾指出，此乃爲人所竄改，這是有道理和可信的。

　　3.〈新考〉說綦與趙家有親戚關係，故爲淸照說話；這是事實。但所說內容，決非淸照改嫁涉訟，而是爲「玉壺頒金」的謠傳。因爲綦、趙兩家既有親誼，趙明誠去世後，如果淸照再醮，而且涉及訴訟，儘管「宋人不以改嫁爲非」，但是「三從四德」的封建禮教，在士大夫思想裏依然是牢不可破的。綦崇禮又怎能爲其改嫁涉訟事去向皇帝陳述和求情？而「玉壺頒金」的謠傳，是重大政治事件，綦當時又適在趙構左右，念在親戚之誼爲之湔洗，則是情理中事。〈新考〉這一條理由也是站不住腳的。

　　〈新考〉的第二個根據，則是李心傳《要錄》的一條記載，並認爲「他們（指明、淸以來爲淸照辨誣者）攻擊最烈的李心傳《要錄》」；接著舉出如下理由，證明《要錄》無誤：「《要錄》記載淸照訟張汝舟，不但年、月、日明確，汝舟定罪以及在那一天行遣都有記載。」我們認爲張汝舟定罪行遣的年、月、日，並不能證明淸照就是告發張汝舟的人，主要還在於這條材料的眞實性。俞正燮說：「李心傳去天萬里，輕信記載，疏舛固宜。」〔4〕周密說：「李心傳《要錄》有疏舛處。」〔5〕吳衡照也說：「宋人說部多載其事（指改嫁之誣），大抵彼此衍襲，未可盡信。」〔6〕這些論斷，都是很合理的。凡是謠言，一經傳出，就不脛而走，以訛傳訛，「彼此衍襲」，完全可能。〈新考〉作者對上舉各家說，全不考慮它們的合理性，反而認爲是對《要錄》「攻擊最烈」。事實上他們都只說李心傳「輕信」、「疏舛」，看不出甚麼「攻擊最烈」之處；而《要錄》所載這條材料，行文上頗有疑點。它在前面已經說「以汝舟妻李氏訟其妄增擧數入官也」，以下把張汝舟定罪行遣等事都寫完了，忽然又增加如下幾句：「李氏，格非女，能爲歌辭，自號易安居士。」這很值得研究。前已明言「妻李氏」，材料主要是記張汝舟事，後面忽而加上關於淸照的幾句，並涉及李格非，很不合乎行文的規律。我們認爲「李氏」只是與淸照同姓者，而下文顯係攻擊淸照者所加，並可能與淸照那些抨擊統治集團的政治諷刺詩有關，甚至與當時黨爭有關，李心傳不察，照搬了原材料。

　　〈新考〉在推理方面，也有違反常情之處。如認爲紹興二年金兵仍有「蠢動的可能，淸照這個舊社會婦女，那有應付災變的經驗」，因此需要有所「依

託和照顧」而考慮改嫁；這種推論不但違反常情，也不合事實。趙明誠去世後，在兵荒馬亂中，爲了辨白「玉壺頒金」謠傳，清照隻身於東南沿海一帶追踪宋高宗趙構的御舟，歷盡風險，備受艱辛，在生活實踐中必然積累了豐富的「應付災變的經驗」，又怎能說她因缺乏此種經驗而考慮再醮！何況紹興二年，時局也比過去安定。〈金石錄後序〉說：「有弟迒，任敕局刪定官，遂往依之。」〈打馬圖經自序〉說：「每事作數語，隨事附見，使兒輩圖之。」前文記建炎三年事，後文記紹興四年事。清照無子女，所說的「兒輩」，當然是指其弟的子女。可見清照長期與其弟生活在一起，並非沒有「依託和照顧」。

〈新考〉說，所舉七種材料都是宋人的記載，胡仔、王灼成書時，「清照依然健在」，有的還是趙家的親戚，沒有理由要造她的謠。這種推論，又是經不起一駁的。

1. 歷史上父子相殘、骨肉拚鬥，爭權奪利，排斥異己，妒賢嫉能，而造謠誣蔑，暗箭中傷的事，比比皆是。

2. 造謠誹謗者，必然是同時代人，如被謗者已經亡故，再造她的謠，又起甚麼作用？正因「清照依然健在」，她的仇敵才要造謠誹謗，以圖報復。

究竟誰是造謠者，爲甚麼要對她造謠誹謗？過去其說不一，胡薇元認爲清照「家藏書畫極夥，……夫死，戚友謀奪不得者，李心傳、趙彥衛造爲蜚謗，誣其再適駔儈。」〔7〕俞正燮、李慈銘、薛紹徽、吳衡照均舉出各種理由，說明其原因，都有一定的根據。但我們認爲最根本的原因，仍在於李清照本人的政治態度招致誣謅。南渡後，清照激於愛國熱情，對於趙構爲首的統治集團的逃跑主義和投降主義深感不滿，寫了些託古諷今的政治諷刺詩，如〈夏日絕句〉、〈詠史〉、斷句等等，對統治集團的揭露和批判是極爲尖銳的，怎能不招致惡劣的後果！而在宋代統治集團內僞造竄改文牘奏疏等事又是一種慣用的手段，如蔡京就因忌嫉鄒浩，「使其黨僞爲浩奏」，〔8〕陷浩於罪，「又使其黨爲元符皇后撰謝表以上，詔并送使官」。〔9〕清照眾多政敵，僞造〈謝啓〉、《要錄》以圖報復，完全是可能的。其它如忌清照之才，或曾受其譏誚者，從而附和之。當時的宋王朝又是半壁山河，風雨飄搖，動蕩不安，社會風氣，可想而知。陸鎣說：「先廣文云：南渡風氣，每借端閨閫，陷人於罪。」〔10〕薛紹徽說：「衣冠王導，斥將杭作汴之非，……奸黠者轉羞成怒，輕蕩者蜚短流長。」〔11〕陸以湉說：「陳雲伯大令云：『宋人小說，往往污蔑賢者，如《四朝聞見錄》之於朱子，《東軒筆錄》之於歐公，比比皆是。』」〔12〕這些論述

都不是沒有根據的，自稱重視「求是」的〈新考〉作者，爲甚麼對此毫不考慮而一概加以否定？

　　在封建社會裏，凡有進步思想傾向的作家，總是避免不了受打擊誣陷的命運。李清照以一女子而越出「女子無才便是德」的封建禮教範疇，專心致力於文藝創作和學術研究，並以顯明的政治態度、飽滿的愛國熱情、鋒利的諷刺筆觸，揭露和抨擊封建統治集團投降派出賣民族利益的罪行，這豈是衛道者所能容忍！「玉壺頒金」的誣陷、「改嫁涉訟」的誹謗，接踵而至，是必然的結果。在南宋那種權奸當道，君主昏庸，朝廷上下一片對敵投降的喧囂聲中，誰敢爲一個主張抗戰的女子申辯！到了明、清，一些有正義感的文人激於義憤，撰文爲清照辨誣，是很值得稱讚的壯舉。黃盛璋先生不去考證特定歷史時代的社會、政治形勢，不去考證和研究李清照在當時的政治態度，不對生活和思想作正確的、實事求是的分析；而是孤立地、津津樂道地爲「莫須有」的所謂改嫁涉訟事件考證，這種研究古代作家作品的態度，是不足取的。爲了正確地對待古代作者作品，爲了維護祖國文學遺產的眞實面目，希望學術界對此予以重視。(《齊魯學刊》1984 年第 2 期)

附註

〔1〕《菌閣瑣談》。

〔2〕其文分別見 1959 年山東某刊物、《文學研究》1957 年第 3 期和《山西師院學報》1959 年第 2 期。以下簡稱〈年譜〉、〈事迹考〉、〈思想〉。

〔3〕見古典文學出版社《雲麓漫鈔・出版說明》。

〔4〕〈易安居士事輯〉。

〔5〕《齊東野語》。

〔6〕《蓮子居詞話》。

〔7〕《歲寒居詞話》。

〔8〕見《續資治通鑑》卷八十七。

〔9〕同註 8。

〔10〕《問花樓詞話》。

〔11〕〈李清照朱淑眞論〉。

〔12〕《冷廬雜識》。

鄭國弼

【李清照改嫁辨正】

　　李清照改嫁問題是由她曾與張汝舟有過一場訐訟及事後寫了〈投內翰綦公崇禮啟〉（以下簡稱〈謝啟〉）引起的。今天要弄清這椿公案，也必須以〈謝啟〉為主。回避或不承認〈謝啟〉都不是解決問題的辦法。但要攬清〈謝啟〉的內容，一方面要辨別其中因傳抄而造成的某些訛誤；另方面又要結合各種史料，特別是清照自己的歷史及有關記述，加以核對和考訂。本文將這樣來作些探討，以為清照改嫁辨正。

一、關於〈謝啟〉的本來面目

　　〈謝啟〉約作於紹興二年九月間，原稿已佚。清照死後約五十年，趙彥衛《雲麓漫鈔》中最早載其餘文。〈謝啟〉云「炎在葭莩」，趙明誠與謝克家為中表兄弟，謝克家又與綦崇禮是兒女親家，王明清《揮塵後錄》「綦、謝姻家也」可證。既是親戚知情人，清照自曾說實情，故不應懷疑〈謝啟〉基本內容。不過有兩點必先究明：一是它的寫作時間。〈謝啟〉中稱綦崇禮為「內翰承旨」，據李心傳《建炎以來繫年要錄》（以下簡稱《要錄》）〔1〕載：紹興二年九月十八日，「御筆：尚書兵部侍郎兼直學士院綦崇禮為翰林學士」（卷五十八），該啟當作於綦崇禮任翰林學士之後。

　　宋朝翰林學士掌制誥，稱為「內翰」。「承旨」在翰林學士院內職位最高，以學士資深者為之，但不常設。當時綦崇禮方升任翰林學士，資歷還不夠，不可能遽授「承旨」。但兩種職稱官階相同，皆正三品，清照稱綦為「內翰承旨」，當是客套。可以斷言：〈謝啟〉確寫於紹興二年九月十八日之後。恰恰這年九月一日，清照與張汝舟訐訟，時間正相合。二是〈謝啟〉中有訛字。一篇不到五百字的短啟，而屢犯清照父諱，這封建社會中是不容許的。清照父名格非，字文叔。但在文中有四處犯父諱，如「非玉鏡架亦安知」、「素非李赤之甘心」、「蓋非天降」、「何嘗老子與韓非同傳」等。可見，《要錄》在傳抄中必有字誤。這個問題雖不大，但個別句子於理容內容有出入，所以有必要指出（實例見後）。

　　同時，關於〈謝啟〉內容又有三個問題必先解決，因為它們涉及文章背景及主旨。

　　第一，李清照曾面臨臨安大火的嚴重威脅。

　　〔既而蒼皇，因成造次〕蒼皇，同蒼黃、倉皇。如杜甫〈破船詩〉：「蒼皇避亂兵，緬邈懷舊丘。」戴叔倫〈寄苗鄭副端明朔陽詩〉：「閃疾雷，蒼皇蕩魂魄。」歐陽修《新五代史‧伶官傳序》：「蒼皇東出。」皆謂匆忙、慌張、

急遽失措。清照在〈謝啓〉中所云「蒼皇」，當指臨安發生大火，弄得舉家手足失措，倉皇應變而言。「造次」，倉猝、匆忙。《論語·里仁》：「造次必于是，顛沛必于是。」可引申爲辦事魯莽、草率、冒失。如蔣防〈霍小玉傳〉：「何等兒郎，造次入此。」清照〈謝啓〉所云「造次」，當指李迒被張汝舟愚弄，冒失代姊受聘。此句蓋言：火災突然襲來，在倉皇失措情況下造次鑄成此錯。這樣說有充分歷史事實作根據。持改嫁說者據〈謝啓〉「友凶橫者十旬」一句推斷：清照「改嫁至離異，爲時不過百日」。如果從紹興二年九月一日，把時間提前一百天，所云清照「改嫁」正是五月二十一日，而恰恰這天，臨安發生了大火。

　　據《要錄》紹興二年五月庚辰（按：即二十一日）條下：「是日，臨安府火，彌六、七里，延燒萬餘家。火之始熾也，神武右軍都統制張俊仗劍登屋，督所部救之，不能止。最後修內司搭材兵至，火乃熄。」（卷五十四）又據《宋會要輯稿》（以下簡稱《輯稿》）記載：「高宗紹興二年，臣僚言：五月二十一日，臨安城中火災，頃刻之間，彌亘六、七里，延燒一萬餘家。」（〈瑞異〉二之三五）五月二十一日這場大火，平均每十戶有一戶被燒成廢墟。其火勢之盛，規模之大，眞是罕見；再加上兵盜搶劫和行凶，這是幾十萬杭州人民，在遭受金兵蹂躪之後的又一次浩劫。而清照是「流寓士民」，賃「茅屋」以居，按《輯稿》提供的當時情況，她必遭火災脅迫。大禍臨頭，病重臥病，生死尚且不測，怎能是改嫁行婚的時辰？「既而蒼皇，因成造次」，這句話包含著多少痛苦和辛酸，這正是血和淚的申訴啊！

　　第二，李清照斷然拒絕改嫁。

　　〔呻吟未定，強以同歸〕「同歸」，同返，同回也。《詩·邶風·北風》：「惠而好我，攜手同歸。」〈傳〉：「幽公子躬率其民，同時出，同時歸也。」李頎《古今詩話》云：晉人石崇和潘岳同時遇害，「石謂潘曰：『安仁復爾耶？』潘曰：『可謂白首同歸也。』」清照所云「同歸」，蓋指全家在火災、兵匪的危急情況下，自己又患重病，無家可歸，而張汝舟強邀李迒姊弟寓居其宅。

　　〔視聽才分，實難共處〕「視聽」，即辨認外界事物的能力。當清照病情略有好轉，僅能辨認外界事物之際，馬上看出同汝張舟這種人實難相處，斷然拒絕改嫁。

　　〔忍以桑榆之晚節，配茲駔儈之下才〕「忍」爲「怎忍」「豈忍」之省詞。凡肯定式反詰句，其意必爲否定。這句謂：我豈忍在垂暮之年，去改嫁給一

個市儈式的庸人！

第三，官府未按「告周親以下罪」判清照徒刑。

〔友凶橫者十旬，蓋非天降；居圜圉者九日，豈是人為〕「友」為客居，當指清照與弱弟曾寓居張汝舟宅。如謂婚配，取《詩經·關雎》「琴瑟友之」之義，則與當時訐訟氣氛不能相容，清照斷不肯出此言。「蓋非天降」，「非」疑「亦」字，否則，與下句「豈是人為」自相矛盾。所謂「天降」，當指臨安大火，茲造成棄宅居凶十旬，足見恨情難消。

宋《新詳定刑統》規定：「告周親尊長、外祖父母、夫、夫之祖父母，依〈名例律〉，并相容隱。被告之者，與自首同；告者各徒二年。」若清照曾改嫁，雖訟其夫妄增舉數按問屬實，其夫仍按自首對待，而清照本人卻因訟夫而判兩年徒刑。然清照只居圜圉九日即釋放，未按訟律判刑。有人說，這是綦崇禮替她講情的緣故，但〈謝啟〉中感謝綦崇禮的話是：「哀憐無告，雖未解驂；感戴鴻恩，如真出己。」其意為感謝綦崇禮為她湔洗，辨明冤情，絕無袒護她得以免罪之意。

弄清以上幾點，可以對〈謝啟〉內容分二部分來逐一詮釋。

一、關於張汝舟趁危騙婚部分內容：

1. 〔素習義方，粗明詩禮〕在中國古代，「詩禮」是聖賢之訓，「義方」乃父母之教。清照鄭重言之，全不是改嫁婦人的口氣。

2. 〔近因疾病，欲至膏肓；牛蟻不分，灰釘已具〕清照久病虛悸，不能辨認事物，甚至連棺材都準備好了。當此生命垂危之際，她怎麼改嫁呢？

3. 〔嘗藥雖存弱弟〕此言只有弱弟在身邊護理。據〈後序〉：「有弟迒，任敕局刪定官，遂往依之。」但明抄《說郛》本《瑞桂堂暇錄》作「有弟任」，〈結一廬本金石錄後序〉作「有弟近任」。因此，王學初懷疑：「清照弟是否名迒，殊未可必。」（《李清照事迹編年》）據我考證，李迒確有其人，且確曾於建炎三年四月八日至紹興元年八月四日任敕令所刪定官，從八品，因編修《紹興新敕》受過朝廷的獎勵。據〈輯稿〉記載：「見在所并已離所刪定官：宣教郎鮑廷祖、宣義郎李迒……，檢閱文字使臣兩經進書人各轉一官。」（〈刑法〉一之三五）又據李格非所撰〈廉先生序〉碑殘石拓本，後有李清照堂兄李迥（志書誤作迥，此據碑）題跋於後。[2]「迥」「迒」部首相同，亦可證。

4. 〔應門惟有老兵〕據王明清《揮麈餘話》：「朦賮袖中，偶遺墜，為應門老卒得之。」可見老兵司閽，宋人皆然。

5. 〔信彼如簧之說，惑茲似錦之言〕《詩經・巧言》：「巧言如簧，顏之厚矣。」又《詩經・巷伯》：「萋兮菲兮，成是貝錦。」「萋菲」是指很少的、不太顯著的、錯雜的文彩。〈傳〉：「貝錦，錦文也。」〈箋〉：「喻讒人集作己過，以成於罪，猶女工之集彩色以成錦文。」蓋謂誤信讒言，把別人一點點小過失說成大罪，就像把略有文彩東西當作貝錦一樣。例如《周書・宇文測傳》：「何爲間我骨肉，生此貝錦。」「貝錦」即指流言蜚語。清照蓋謂張汝舟出言虛僞，而社會上又輕信謠言，竟把清照姊弟的小過失說成「失節」的大罪。「如簧」二典，用得十分恰當。

6. 〔弟既可欺，持官文書來輒信；身幾欲死，非玉鏡架亦安知〕按：「可欺」與下文「輒信」呼應，謂易受欺騙。「非」疑「下」字。「官文書」喻騙局，用韓愈〈試大理評事王君墓誌銘〉文中侯翁嫁女時索看官文書故事。「玉鏡架」喻聘禮，見《世說新語・假譎》：「姑以屬公覓婿，……因下玉鏡臺一枚。」前二句爲清照回護其弟之語，李迒爲人，庸愚無能，毫無主見，任人擺布。後兩句「幾欲死」「亦安知」，爲自己病得不省人事。

7. 〔傴俛難言，優柔莫決〕按：「傴俛」，意即勉強，如歐陽修《歸田錄》卷一：「傴俛行之。」岳珂《桯史》卷四：「少蘊傴俛奉詔。」「優柔」，文弱貌，如《舊唐書・高祖紀論》：「然而優柔失斷，浸潤得行。」

二、關於張、李訐訟事的內容：

8. 〔身既懷臭之可嫌，惟求脫去；彼素抱璧之將往，決欲殺之〕清照極端厭惡張汝舟，切盼擺脫弱弟上當所造成的困境。「將往」者，尚未往也。張汝舟妄以鏡臺既下，垂涎頗久的書畫古器將歸彼有。「殺之」，謂張汝舟覬覦書畫古器，欲謀害清照姊弟兩人。

9. 〔遂肆侵凌，日加毆擊〕「侵凌」，謂外人逼犯。如杜甫〈前出塞〉：「苟能制侵陵，豈在多殺傷。」又如《左傳》：「秋，楚子辛救鄭，侵宋、呂、留。鄭子然侵宋，取犬立。」「侵」字用法皆類此。清照此句實指外人侵凌自己。如爲夫婦反目，不得謂之「侵凌」。

10. 〔可念劉伶之肋，難勝石勒之拳〕「劉伶之肋」，見《世說新語・文學》注引〈竹林七賢〉：「伶和其色曰：「雞肋豈足以當尊拳。」「石勒之拳」，見《晉書・石勒載記》：「既至，勒與歡謔，引陽臂笑曰：『孤往日厭卿老拳，卿亦飽孤毒手。』」「念」，惦記別人也。劉伶云云，當指李迒被打，不是對手。劉伶、石勒皆男性，不可遽認爲其夫毆婦。

11.〔局天扣地，敢效談娘之善訴〕按：「扣」疑誤，當爲「蹐」。《詩經·小雅·正月》：「謂天蓋高，不敢不局；謂地蓋厚，不敢不蹐。」〈傳〉：「局，曲也；蹐，累足也。」《釋文》：「局又作跼。」曲者，傴僂其身也。薛琮注《文選·東京賦》引此詩，訓「局」爲傴僂，與訓「曲」同。段玉裁《說文解字注·足部》：「累足者，小步之至也。」傴僂及累足，皆爲戒愼恐懼之貌。談娘事，見唐人崔令欽《教坊記》。「敢」，不敢、豈敢。清照既爲張汝舟所誣，惶怖萬狀，冤屈難伸，怎敢如謠傳的那樣，去學談娘善訴其夫呢？

12.〔升堂入室，素非李赤之甘心〕按：「非」疑「亦」字。唐柳宗元〈李赤傳〉，李赤發狂，誤認廁鬼爲妻，是非向背皆顚倒，後醉入廁中而死。清照以李赤比張汝舟，純爲憤恨和蔑視之語。

13.〔外援難求，自陳何害〕清照以張汝舟騙婚事，向官府控告。

14.〔豈期末事，乃得上聞；取自宸衷，付之廷尉〕張、李訐訟，本是末事。後因發現張汝舟「妄增舉數」問題，事情便鬧大了。朝臣上奏皇帝，批交大理寺審訊。

15.〔設桎梏而置對，同凶醜以陳詞〕訐訟開始，張汝舟反誣清照以妻告夫罪，故她先被桎梏。但經對質，並由綦崇禮作證說明眞相，案情即大白。清照被扣九日旋無罪釋放。

16.〔豈惟賈生羞絳灌爲伍，何啻老子與韓非同傳〕「賈生」誤，應作「淮陰」。此言同這個惡棍打官司，實爲自己的奇恥大辱。

17.〔但祈脫死，莫望償金〕在清照姊弟寓居張宅時，可能張汝舟曾從李迒手中騙去一些財物。此時清照只求免禍，不望償金。

18.〔抵雀捐金，利當安往；將頭碎璧，失固可知〕隋珠彈雀，典出《莊子》。「捐金」既難償，何肯再「失璧」，故清照作了以身殉古器的打算。其弟誤交匪人，損失大矣。

19.〔實自謬愚，分知獄市〕「獄市」者，善惡兼收，是非難分。既然受聘，便難說清，弱弟把事情攪複雜了，弄得一時眞假難辨。

20.〔故茲白首，得免丹書〕按：《左傳》襄公二十一年：「裴豹，隸也，著於丹書。」注：「若犯罪沒爲官奴，以丹書其罪。」此言清照避免了吃冤枉官司。

三、清照否認改嫁，并請綦崇禮爲她湔洗。

21.〔清照敢不省過知慚，捫心識愧。責全責智，已難逃萬世之譏；敗德

敗名，何以見中朝之士〕受聘一事，姊弟實堪慚愧，按《春秋》責備賢者之義，我已難免人譏；但誣我失身匪人，敗德敗名，決非事實；不然，我有何面目見中朝之士？清照未改嫁，說得十分明白。

22.〔雖南山之竹，豈能窮多口之談；惟智者之言，可以止無根之謗〕「無根之謗」者，謂誣我改嫁，純屬誹謗，毫無根據，但「多口」傳播謠言，須借重智者之言止謗。

23.〔高鵬尺鷃，本異升沉；火鼠冰蠶，難同嗜好〕清照以「高鵬」「冰蠶」自喻，冰清玉潔，傲視一切，豈肯與「尺鷃」「火鼠」如張汝舟之流同流合污！

24.〔願賜品題，與加湔洗〕清照請求綦崇禮利用其社會地位，進一步澄清謠言。

25.〔再見江山，依舊一瓶一鉢〕唐僧貫休〈陳情獻蜀皇帝〉：「一瓶一鉢垂垂老，萬水千山得得來。」清照被釋出獄，再見江山，依舊趙氏一嫠。

26.〔重歸畎畝，更須三沐三薰〕按：「畎畝」，謂田間。《孟子·告子》下：「舜發於畎畝之中。」此言再回去當老百姓，更加潔身勵操，以度晚年。
由上分析可見，〈謝啓〉不但不是作者改嫁的自供狀；恰恰相反，它是一篇聲淚俱下的辨誣書。為了證明這一點，我們再引有關材料加以論證。

二、關於清照未嫁的佐證

證據之一：趙明誠表侄謝伋（字景思）提供了清照未改嫁的有力證據。

據王明清《揮麈後錄》載：趙明誠是謝克家的「姨弟」，謝克家（即任伯）之子謝伋。又據施宿《嘉泰會稽志》卷十六及桑世昌《蘭亭考》卷三載：謝伋曾攜同郡人周谷所贈李後主故物閻立本〈蕭翼賺蘭亭圖〉至建康借與表叔趙明誠。因未歸還，明誠故歿，清照流寓臨安，該畫散佚。後在紹興元年七月，有人攜畫「貨於錢塘者，郡人吳說得之」。謝伋曾親對吳說述說故物來歷，吳以之作跋。可見，謝伋作為表侄曾在趙明誠家住過。另據趙明誠跋蔡襄書〈趙氏神妙帖〉、岳珂跋蔡忠惠公〈趙氏神妙帖〉及《詩說雋永》，建炎元年清照「從秘閣守建康」，她曾對丈夫所跋之〈神妙帖〉篤好深愛，後在兵革流離間仍「負之不釋」。可知，謝伋至建康表叔家，表嬸尚在江寧，表嬸表侄曾晤面，謝伋是最知清照身世者。紹興二年，他與父任伯又皆在臨安，清照是否改嫁，他當然最清楚。謝伋作於紹興十一年五月十三日之〈四六談麈序〉云：「趙令人李，號易安，其〈祭趙湖州文〉曰：『白日正中，歎龐翁之機捷；堅城自墮，憐杞婦之悲深。』婦人四六之工者。」

宋人分命婦爲九等，即郡國夫人、郡夫人及郡君四等、縣君三等。令人爲六品郎君，而趙明誠在建炎元年八月，正是以從六品的朝散大夫、秘閣修撰起復江寧府，品階剛好吻合。謝伋尊稱清照爲「趙令人」，而敬避名諱，這是她未改嫁的鐵證。「母出與廟絕」，若與趙氏離異，謝伋爲夫黨，豈肯敬避名諱，再稱她爲「令人」？封建士大夫最講究「正名分」，如果對一個「失節」之婦這樣稱呼，豈不是對死去的表叔的一種褻瀆行爲？

李清照的那篇對亡夫表示堅貞的祭文，其中一聯用了杞婦的典故；而在張、李訴訟九年之後，謝伋在自己著作中引用此聯，視之爲警句。這是她未改嫁的另一鐵證。「杞婦」典出《古列女傳》卷四〈齊杞梁妻傳〉。清照在〈祭文〉中自比杞婦，足見她誓不嫁二姓。如果清照改嫁「失節」，謝伋必不肯引用她在〈祭文〉中的這一聯。杞梁妻乃千古節烈之女，用來比擬再醮之婦，將爲謝伋「名節」之玷。在封建社會，這是不可設想的。

證據之二：趙明誠死後若干年，清照逃離時，仍要千里投奔夫黨，即趙家的親戚。

清照〈後序〉云：「念侯有妹婿任兵部侍郎，從衛在洪州，……。」又按：《要錄》卷二十九：宋高宗建炎三年，「十一月壬子，隆祐太后退保虔州」條，記有「……中書舍人李公彥、徽猷閣待制權兵部侍郎李擢皆遁」。遍查有關資料，當時任兵部侍郎并身在洪州者，僅李擢一人。時間、地點全合。可見，所謂趙明誠的妹婿，即是李擢。

又據清照〈打馬賦序〉：「今年（紹興四年）冬十月朔，聞淮上警報，……易安居士亦自臨安溯流，涉嚴灘之險，抵金華，卜居陳氏第。」再據《要錄》：紹興三年十月二十日，禮部尚書李擢爲徽猷閣直學士知婺州（卷六十九）。又，〈輯稿〉：「紹興四年八月二十七日，以知婺州李擢言：今歲應辦大禮錢帛，……。」（〈選舉〉二十之四）可見紹興四年時，在金華即婺州任知州的正是李擢，時間、地點又全合。足見當時清照避難，專程到金華乃投奔李擢而來。因兩家至親，便於照應。

證據之三：清照及其子女繼承了趙明誠的遺產。

趙明誠死後，他的大哥趙存誠於紹興二年初死於廣州帥任。二哥趙思誠在宋徽宗宣和年間曾任過中書舍人，到紹興二年直秘閣主管江州太平觀，這是閑職，可留京師食祿；八月二十九日守起居郎，職務是陪伴皇帝，記錄言行，并書以授著作郎。尚有從弟潘、漁，皆第進士，漁任御史。明誠還有兩

個侄兒，一名恬，〔3〕一名誼。〔4〕

　　清照是否有子嗣？〈謝啓〉雖說：「嘗藥雖存弱弟，應門惟有老兵。」但不可作爲清照沒有子嗣的依據。因時值兵荒馬亂之際，兒女或寄養存誠、思誠處，或尚幼小，很難說定。清照的大量著作雖散失，但從現有的殘篇零什中，仍可看出她是有子嗣的；至於己出還是庶出，不甚清楚。清照在紹興四年十一月二十四日作〈打馬賦序〉云：「予獨愛依經馬，因取其賞罰互度，每事作數語，隨事附見，使兒輩圖之。」這不正是她的兒女們嗎？

　　紹興二年以後，趙存誠的子女已經移居泉州，其母郭氏亦移葬此地，後趙思誠也遷泉州。趙氏家族很興盛，若明誠乏嗣，清照又改嫁，明誠的遺產必歸存誠、思誠的兒輩所有。然事實並非如此。明誠死後，大量財產確由清照及其子嗣繼承。

　　關於趙明誠遺產，據〈後序〉、《要錄》、〈輯稿〉及岳珂跋〈米元章帖〉等載，有黃金三百兩、書二萬卷、金石刻二千卷、書畫墨迹無數，其中國史實錄即《哲宗實錄》善本最足珍貴。據〈輯稿〉載，朝廷曾下詔索取，先向趙存誠兒輩取未得，繼而向趙明誠家索要始得。既在趙明誠家，又稱清照住處爲趙明誠家，更可證她未曾改嫁；否則，詔旨決無此稱。另，明誠、清照所存米南宮眞迹〈靈峰行記帖〉，據米友仁跋云：清照曾携之往訪求跋，因彌足珍貴，「今不見四十年矣」，當即允承。米芾死於大觀四年（1110）。四十年後爲紹興二十年（1150），時清照六十八歲，明誠已亡二十一年。易安對此傳家寶帖這般珍愛，至晚年猶不忘請米家後代序跋，足見對明誠至誠之情。〈後序〉雖云「歸然獨存者，乃十去七八，所有一二殘零不成部帙書册」等，但這是客氣話，有所隱瞞，在戰亂年頭也屬常情。重要的還在「猶復愛惜如護頭目」一句，這是她對明誠至死忠貞不渝的內心獨白。

　　證據之四：清照本人晚年自稱「嫠婦」。紹興三年，清照在〈上樞密韓公詩〉中，兩處稱「嫠」：「閭閻嫠婦亦何知」、「嫠家父祖生齊魯」。韓、李兩家本世誼，如清照云：「父祖皆出韓公門下。」而至紹興元年，李迒仍爲韓肖胄部屬，韓爲重修敕令詳定官，李迒任刪定官，乃上下級關係。韓肖胄出使金國，清照贈之以詩，完全在情理之中。有人據詩的小序「以待采詩者」，斷言此書未投韓，這是不知道韓肖胄和李迒是部屬關係的緣故。又有人說：這時明誠已死，張汝舟已離異，自稱「嫠婦」，有何不可。據《左傳》襄公二十五年：「嫠也何害，先夫當之矣。」杜預注：「寡婦曰嫠。」清照熟讀經史，深

知「嫠」字分量，如果她改嫁而又離異，怎敢在親友面前這樣自詡？足見改嫁云云，純屬子虛。

證據之五：清照終生摯念明誠。她與明誠志趣相同，肝膽相照，情深似海，堅如磐石，生死不渝。明誠歿後，她無時不在懷念。〈後序〉回憶闐著一段，感人肺腑，令人泣下，眞是至文。紹興五年春，即明誠故世六年，清照作〈武陵春〉云：「物是人非事事休，欲語淚先流。」這是何等眞摯的眷念之情！其晚年詞還有〈孤雁兒〉：「吹簫人去玉樓空，腸斷與誰同倚？一枝折得，人間天上，沒個人堪寄。」〈浣溪沙〉：「重簾未捲影沉沉，倚樓無語理瑤琴。」等，都是金石之情。若已改嫁，怎有如此眞摯之情？言爲心聲，感情無法作假。

證據之六：清照的思想、性格及其晚年生活狀況亦可證其無改嫁之事。「生當作人傑，死亦爲鬼雄。」這充分表現了她晚年的思想。她有家國之痛，備嘗顛沛流離之苦；加之中年喪夫，屢受惡勢力打擊迫害，思想十分苦悶。但她膽識過人，臨危不懼，遇邪不屈，其詩文表現了強烈的愛國主義思想，而且敢於把矛頭直指以趙構爲首的投降派，言人之所不敢言。再如前舉之〈打馬賦序〉云：「予性喜博，凡所謂博者皆耽之，晝夜每忘寢食。但平生隨多寡未嘗不進者何？精而已。」「乍釋舟楫而見軒窗，意頗適然。更長燭明，奈此良夜何？於是博奕之事講矣。」這可以看出她性格爽朗而頗有毅力。其〈蝶戀花·上巳召親族〉云：「隨意杯盤雖草草，酒美梅酸，恰稱人懷抱。醉莫插花花莫笑，可憐春似人將老。」宛然是趙氏家族中一位老人的口吻。又如：「元宵佳節，融和天氣，次第豈無風雨。來相召，香車寶馬，謝他酒朋詩侶。」（〈永遇樂〉）「風柔日薄春猶早，夾衫乍著心情好。」（〈菩薩蠻〉）足見清照晚年並未潦倒。雖然清照自稱「今家世淪替，子姓寒微」，「又貧病」，也不過與趙、李兩家鼎盛時期相比較而言。大概不至於「流蕩無歸」的吧！一個身世飄零、「晚年流落江湖以卒」的婦女，能有上述精神，生活得如此健康樂觀嗎？紹興四年所撰〈後序〉云：「雖處憂患困窮而志不屈。」這就是清照的性格。她如改嫁，敢這樣說話嗎？

末了，有人曾以王安石改嫁兒媳和魏了翁改嫁女兒爲例，證清照改嫁爲時風所尚，可謂不類之比。王雱婦和魏了翁女是年華正茂的少婦，而清照乃年已半百的誥命令人。在封建社會，前者雖亦招物議，但能夠被人們所理解；而後者極難爲社會輿論所接受，必將引起趙氏家族的強烈反對。在道學盛行的宋代，細檢宋代各種史料，絕無例證，怎可妄加附會？本文的結論是：李

清照五十歲而猶改嫁，根本不是事實，一切不實之詞都應當推倒。(《齊魯學刊》
1984 年第 2 期)

附註

〔1〕《要錄》之可靠價值，人所公認。但以其誤解〈謝啓〉某些內容，用詞不愼也
　　不可否認，如稱「汝舟妻李氏」即一例。此處不論。

〔2〕見《光明日報》1981 年 6 月 15 日第 4 版。

〔3〕見《夷堅志》卷九。

〔4〕見樓鑰《攻媿集》卷七十〈跋趙淸憲公遺事〉。

榮　斌

【淸照改嫁難以否認——從俞正燮的「辨誣」說到黃墨谷的再辨誣】

　　在李淸照研究中，改嫁問題爭論彌久。近見黃墨谷先生連作兩文，繼續
爲淸照改嫁事辨誣。〔1〕讀後有些不同想法，提出來與作者商榷。

一

　　黃文爲淸照所作的辨誣，其主要論據大都採自淸人俞正燮〈易安居士事
輯〉。〈事輯〉中涉及辨誣的文字主要理由有四條：（一）易安「老命婦也」，
不會（或不必）改嫁；（二）李心傳《建炎以來繫年要錄》（以下簡稱《要錄》）
中關於李淸照改嫁的記載不可信，因爲該書「采鄙惡小說，比其事爲文案」；
（三）李淸照的〈謝綦崇禮啓〉「文筆劣下，中雜有佳語，定是竄改本」，是
小人「用輕薄之詞，作善謔之報」；（四）南宋人中猶有稱李淸照爲「趙令人
李」（謝伋）、「趙明誠妻」（張端義），而未提更嫁事者。

　　以上四個論據，黃文都是認可并采用了的，我們不妨一一作些研究。

　　一、說李淸照年老便不會（或不必）改嫁，純是論者的想當然，可以不
予論列。

　　二、《要錄》關於淸照改嫁記載是否屬實，確是關鍵。因記載此事最早見
諸宋人，且持此說者有八家之多。倘能證明宋人在造謠或傳謠，改嫁之說定
然一觸即潰。但俞正燮指責《要錄》「采鄙惡小說」，是缺乏根據的。《四庫全
書》編者以爲《要錄》「最足以資考證」。今人王仲聞先生已全面批駁過俞正
燮貶低《要錄》的作法，本文不再在此贅論。這裏要著重談的是黃文對俞正
燮看法的維護和論證。

　　黃文說：「早在南宋周密就指出他（李心傳——引者）的《建炎以來朝野雜

記》有舛誤（見《齊東野語》）。李心傳在《雜記》中記載史實有舛誤，又怎能說《要錄》就是不容置疑的可靠史料？」這個推論是不能成立的。即使《朝野雜記》有個別舛誤（其實俞氏所指「舛訛」，也並不完全屬實，此且不論），也不應據此而否定全書，更不能用來證明《要錄》有錯誤。宋人關於清照改嫁記載，雖有八家之多，懷疑也是可以的；但懷疑、否定必須有事實依據。〈事輯〉沒有提出有力的根據，黃文的懷疑與證據也有問題。他提出如下幾點：

（1）（陳振孫《直齋書錄解題》）既能這樣輕信謠言，誹謗放翁，他記載李清照「晚歲頗失節」，就不能懷疑嗎？

（2）（洪适《隸釋》）記述紹興年間李清照爲版行《金石錄》，曾表上於朝，這符合紹興五年她作〈後序〉，並企望完成明誠遺志，版行於世的事實；同時又誤信傳聞，說「李又更嫁」。

（3）（王灼《碧雞漫志》）既然能這樣對她的詞進行肆無忌憚的誣蔑與攻擊，爲甚麼他就不能喪盡天良地捏造她的改嫁、受辱等事呢？

（4）我在上面指出王灼《碧雞漫志》這一條，讀者舉一反三，就可推測其餘了。

這裏（一）否定陳振孫與否定李心傳采用了相同的辦法，一一以此否彼，實不足爲據。（二）否定洪适只是扣了一頂「誤信傳聞」的帽子，沒有舉出半點誤信的證據。（三）否定王灼的根據，是因他曾對李清照的詞有貶語。但王灼對李清照的成就首先是肯定了的，他稱李清照「自少年便有詩名，才力華贍，逼近前輩，在士大夫中已不多得，若本朝婦人，當推詞采第一」，個別貶語不代表總評價。黃依某些貶詞而斷定他品質低下，無中生有地去謗傷一個寡婦，那是武斷的。（四）「舉一反三」就可推測其餘，她指的是晁公武、趙彥衛、胡仔等人的記載，這也是以此證彼法，實在沒有甚麼力量。所以這幾條未能動搖「改嫁」事實。

三、俞正燮斷言李清照的〈投內翰綦公崇禮啓〉（以下簡稱〈謝啓〉）「定是竄改本」，因而不能作爲改嫁的證據。黃文認爲此啓「分明存在著嚴重問題」，並進行了「考辨」。對俞正燮的立論，黃盛璋、王仲聞均有過駁斥，[2]這裏不談，需要研究的是黃文的考辨有無根據。

黃文認爲，清照〈謝啓〉，歷來有兩種解釋：一解爲「因頒金通敵案的牽連，經綦崇禮調解，事畢後的謝啓」；一解爲「因改嫁爭訟與綦崇禮的謝啓」。因而推論道：「一篇文字可以同時被理解爲如此不同的內容，懷疑它不是李清

照原作的論點是完全可以成立的。」這很奇怪，讀者有不同理解，怎麼能證明原文不可信？我們再看她的具體論證。黃文寫道：

> 我以為清代俞理初、況周頤諸人認為啟是謝綦崇禮解救「頒金通敵」冤案的立論是符合李清照生平事迹的。既然如此，那麼啟的前半部有關改嫁爭訟的敘述，顯然是附加上去的。不能設想清照在同一時間，吃兩個官司，二者只能居其一。既論證了它是解救「頒金通敵」案的謝啟，也就可以得出這樣的論斷：《雲麓漫鈔》所載〈投內翰綦公崇禮啟〉，內容參雜，文筆劣陋，被竄改的迹象是很明顯的。通過這兩則比較有具體內容的材料的考辨，完全可以論斷所謂「李清照改嫁說」是造謠謗傷，而不是事實。

這段論證，一沒有舉出俞、況的結論所以正確的根據，因而前提失之空鑿；二沒有指出〈謝啟〉一文於何時、何處、為何人竄改的具體文字，同樣陷於空泛；顯然，無法證明其最後的結論。

　　關於〈謝啟〉為清照感謝綦崇禮因改嫁涉訟而予以援手所作，現就其內容作些分析。

　　〈謝啟〉的內容主要講作者自己嫁受欺、涉訟遇救的經過及感恩，並表示了追悔心境，它與「頒金通敵」毫不相干。如：「信彼如簧之說，惑茲似錦之言。」若與「頒金通敵」聯繫，「如簧之說」還可勉強解為張飛卿以珉作玉的狡辨，但「似錦之言」就不好解釋了。這裏顯然是指媒人的花言巧語。「儡儳難言，優柔莫決，呻吟未定，強以同歸。」前二句正說明了清照改嫁之前因不了解對方而產生的思考、猶豫、動搖和徬徨；「強以同歸」是唯「改嫁」一事所可用的，而用於「頒金通敵」則無法解釋。這四句顯然是寫改嫁前的心情和對方的作為。「忍以桑榆之晚景」以下至「豈期末事，乃得上聞」一段，用了「懷臭」、「抱璧」、「劉伶之肋」、「石勒之拳」、「談娘善訴」、「李赤入廁」等一系列典故，借以說明新夫品質卑劣，與自己無法匹配，以及自己受到的欺凌，二人無法相處，追悔莫及，唯有涉訟，以求解脫。寫的全是夫婦之間事，與「頒金通敵」掛不上鈎。下文中的「友凶橫」與前文的下配駔儈同義，只是加重了追悔莫及的心情。「居囹圄者九日」亦很說明問題。李清照曾受「頒金通敵」之冤，她本人並不避諱此事，曾在〈金石錄後序〉中詳細地寫了自己的蒙冤和欲赴外廷投進寶器以明心迹的經過；倘若為此涉訟而「居囹圄」，清照是不會也不必在〈後序〉中避而不談的。正因為自己改嫁非類又訟而離

異，以至觸犯了刑律（宋《刑統》規定：「諸告周親尊長、外祖父母、夫、夫之祖父母，雖得實，徒二年。」）。這些私事倒是不宜張揚的。改嫁、離異，這是李清照一生中最感窩囊難言之事，雖然最後得到解脫，但實難啓齒訴人，因而在〈後序〉中隻字未提「居圄圉」一事。「居圄圉者九日」，也是李清照之所以要謝綦的原因所在。倘清照因「頒金通敵」問罪，性質嚴重，如此要案重犯，綦崇禮有天大本事，九日之內也難以了結。而「訟夫」之罪性質不同，脫較易，因而才有「九日」之說。接下來，李清照說了一些致謝語，便「省過知慚，捫心識愧」了。倘因「通敵」蒙冤，清照只會有怨恨不會有反悔。下文「雖南山之竹，豈能窮多口之談；惟智者之言，可以止無根之謗」四句，講的是自己的要求，希望綦繼續幫助她消除因與夫爭訟而引起的種種流言蜚語，以恢復自己的名譽。「高鵬尺鷃，本異升沉；火鼠冰蠶，難同嗜好。」這是進一步表白解脫的原因和可以恢復名譽的理由。文章末尾的「誓當布衣蔬食，溫故知新」，更明顯表示了平安獨居和對趙明誠恩愛相處的生活的思念。亡羊補牢，半途知返，作者表示從此重繼舊日瓶鉢，三沐三薰，唯以完成愛夫明誠的遺業為最大欣慰了。

〈謝啓〉最後兩句「忝在葭莩，敢茲塵瀆」，黃文以為最足資證清照無改嫁事：「綦崇禮是趙明誠的親姻，果真清照背棄明誠，改嫁而又涉訟，怎能腆顏去求趙家的親姻給予援手，而稱『忝在葭莩』？」我們認為這是作者的主觀想像。李清照因告夫涉訟、身陷圄圉，對再嫁非類後悔莫及，對前夫恩愛念念不忘，央求前夫親姻救助有甚麼不可以呢？倘若清照改嫁之後，做了甚麼對不起明誠的事，或者表現得毫無氣節，甘心受辱，那才是無顏求助趙家親姻的。她問心無愧，綦氏又知內情，求助原是情理中事，故稱「忝在葭莩」。

綜上可見，從俞正燮到黃墨谷對〈謝啓〉的解釋，都不符原文主旨，因而不足為據。

四、俞正燮以南宋謝伋、張端義仍然稱李清照為「趙令人李」、「趙明誠之妻」為根據，證明清照無改嫁事。黃文對此十分贊同，並補充說：「洪邁、趙師厚、謝伋、陸游、朱熹、劉辰翁……都是根據她生平及〈後序〉來給她評價的，對她的生平都毫無微詞的。」這些論據同樣缺乏說服力。

據我們所知，不言清照改嫁的宋人遠不止以上這些，如須代為補充，還可以列舉一串名單。問題不在言者多少而在事實。黃文所舉以謝伋《四六談麈》最為得意，認為僅此一條便足證「『清照改嫁』掀起的軒然大波，原是出

於當時她的政敵的謗傷。」事實真如此嗎？先看黃文所引謝伋原文：「趙令人李，號易安，其〈祭湖州文〉曰：『白日正中，歎龐翁之機捷；堅城自墮，憐杞婦之悲深。』婦人四六之工者。」黃文這樣論證說：「謝伋《四六談麈》成書於紹興十八年，時清照尚在人間。如有改嫁之事，謝伋是趙明誠的表親，綦崇禮之女嫁謝伋之子，豈能不知？必不稱『趙令人李』，更無引其對趙明誠表示堅貞的祭文之理。」

　　這裏有不少問題。謝伋成書時，李清照已是六十五歲老人，而改嫁離異事發生在十六年以前。正因謝與趙、綦二家有遠親關係，所以他才不忍心去提那些舊事。謝伋稱「趙令人李」，恰恰是因他正視了李清照改嫁離異之後仍眷於明誠，為完成明誠遺志而不辭辛苦的事實。我們說清照有如此情感、如此行為，又何愧於「趙令人李」之稱？難道改嫁三個月，就可以把三十一年的夫妻情誼一概抹煞嗎？謝伋有無此種從一而終的思想很難說，至少他不至以此衡量清照。而在「趙令人李」上做文章，恐怕這是引用者的強差人意。以此缺乏佐證的推測而斷定這是清照未改嫁之有力依據，未免過於主觀了吧？至於宋人記載是否如黃文所說均是小人和政敵的謗傷，別的不說，論者的理由就很牽強。黃文承認第一個出來為清照改嫁辨說的是明人徐𤊹。南宋至明萬曆近五百年間是否文字獄時代，史書缺載。個別時期內有箝制言論的問題，但不能代替全體。何況在南宋時代敢於為好人和主戰派申冤辨誣最著名的就有太學生程宏圖等上書訟岳飛之冤，不能視那時誰都不敢說話。再說，清照「受謗」即屬實事也無法與岳飛受害相比，用不了擔偌大風險，怎能說人都不敢言？關鍵恐怕還在她不是受謗。

二

　　以上是黃墨谷先生重申和發揮俞正燮的難以成立的四條理由。黃文還有自己新的證據，也一併在此討論。其證據是：（一）以〈後序〉成文時間證明：「如果清照於紹興二年改嫁張汝舟，不能設想，她在紹興四年又作如上述內容的〈後序〉。」（二）以〈後序〉文末的署名證明：「『易安室』，就是趙明誠之室易安。」（三）以〈後序〉的內容證明：「〈後序〉中清照的自我表白：『雖處憂患困窮而志不屈。』應該作為『改嫁辨誣』的重要依據。」

　　以〈後序〉來證清照未曾改嫁最早由徐𤊹提出，繼之清人盧見曾、吳衡照、陸以湉、胡薇元等也都有不同申述。黃文所作的上述論證雖無新的發明，但仍有辨明的必要。

首先，李清照在紹興二年如果曾有改嫁之事，是否她不會或不能、不該、不配在「紹興四年」作〈金石錄後序〉（這裏黃墨谷先生大概忘了，她曾「考」出〈後序〉作於紹興五年）？顯然這是論者的推度，缺乏必要的事實作依據，因而難以成立。

其次，黃文釋「易安室」爲「趙明誠之室易安」的倒裝，根據是「李清照置『室』字於名號之下，這是和她紀朔紀日體例一致的」，并引〈後序〉最末署年一行：「紹興五年玄黓壯月朔甲寅日易安室」作證。

關於〈後序〉的署年和署名，流傳下來的幾個本子各有異文。如宋洪邁《容齋四筆》爲「紹興四年也，易安年五十二矣」；明鈔本《瑞桂堂暇錄》爲「紹興四年……易安室題」；各本《金石錄》則爲「紹興二年……易安室題」。出現這種現象並不奇怪，因〈後序〉多出自鈔本，其中文字難免有謬訛處，各本署法孰是孰非歷來有不同意見。黃文所引是雜取多家說法而成。如「以歷代學者考證」用了各本皆無的「五年」說，從《瑞桂堂暇錄》刪去了他本的「歲」字，增添了一「日」字，又從各本《金石錄》採用了「易安室」（註：前面兩處從瑞桂堂本，而此卻不從）。當然，作者在研究〈後序〉時完全可以樹立自己的「一家之言」，但以此證明自己的觀點，畢竟是自證，缺乏立論必要的他證。更何況釋「易安室」爲「明誠之室易安」的倒裝，不過是論者的推測。

再次，所謂「清照的自我表白」，即「雖處憂患困窮而志不屈」。從〈後序〉內容看，指她與明誠離東京屏居鄉里時的處境與心情，倒是很符合原意的；而且黃墨谷先生在〈李清照《金石錄後序》考〉中也承認〈後序〉不過是篇傳記式敘事文，但解爲明誠歿後的清照處境與心情，就與原文相去甚遠了。不知黃先生何以有此粗疏，釋之爲清照矢志不嫁，終身孀居？

最後，還要談一談黃文多次提出的清照性格剛直，決非「既被騙，又被人凌辱毆擊的卑微人物」問題。我以爲一時被騙受辱不能說就不剛正而成了卑微人物。首先，改嫁事本身雖在封建時代不爲人稱許，但也不是絕對忌諱之事，談不上失節和背棄前夫，歷代都有再嫁從善的事。其次，清照一旦發現受騙迅速醒悟，受欺時又毫不屈服，特別是得知新夫措置軍務失當觸犯刑律敢於向官府告發，這恰恰證明她是個剛毅堅貞的人，怎能說甘受凌辱呢？明明知道宋《刑統》規定訟夫屬實也要徒刑二年，她寧可身陷囹圄，「被桎梏而置對，同凶醜以陳詞」，這不正表現了她「生當作人傑，死亦爲鬼雄」的精神嗎？總之，清照改嫁無罪，離異有理，訟夫邪惡不怕徒刑，尤表現出女中

丈夫的凜然正氣，這有甚麼難以理解的呢？（《齊魯學刊》1984 年第 2 期）

附註

〔1〕黃墨谷先生的文章見〈翁方綱《金石錄》本讀後〉（《齊魯學刊》1980 年第 6 期）、《〈投內翰綦公崇禮啓〉考辨》（《文史哲》1981 年第 6 期），現已收入她的《重輯李清照集》。本文所引均見於上二文，不再註明。

〔2〕黃盛璋先生對俞正燮〈易安居士事輯〉的駁論，見於 1957 年《文學研究》第 3 期〈李清照事迹考〉。王仲聞先生駁論見於 1962 年《文史》第二輯〈李清照事迹作品雜考〉。

王光前

【桑榆晚景無人情——李清照再嫁問題的爭論（節錄）】

黃盛璋先生認爲宋人記載李清照再嫁，是可以相信的事。他在〈事跡考辨〉第八節〈改嫁新考〉，用了一萬字以上的篇幅，對明以來諸家爲李清照所作再嫁的辨誣，作了最大努力的反駁。當然，他論辯的焦點，還是集中於推翻清俞正燮之說，因爲學者大抵贊同俞氏的論證。黃盛璋的考證相當細密，態度也還客觀，諸家爲李清照辯護的一些憑主觀推斷之詞，大都被他廓清。但我們對黃先生的論見細加審讀，發現也有值得商榷的地方。

引起爭論的，主要的是再嫁材料的可靠性問題。

俞正燮《癸巳類稿》說：

> 讀《雲麓漫鈔》所載〈謝綦崇禮啓〉，文筆劣下，中雜佳語，定是竄改之本。……及見李心傳《建炎以來繫年要錄》，采鄙惡小說，比其事爲文案，尤惡之。——（〈易安居士事輯〉）

這是否定宋人有關李清照再嫁的記載。

黃盛璋不以爲然，他說：

> 宋代記載清照改嫁明確無疑的共有七家，……有的寫書還在清照生前，有的還是趙、李兩家親戚或世交；書的性質又都是史部、目錄、金石都有，不僅都是小說筆記。要說這些材料還不可信，那麼我們不能不迷惑，究竟甚麼材料才能使人相信呢？

這和俞正燮的論見，恰成相反。

我們現在先把爭論雙方所提材料來源的書籍、作者及對清照再嫁的記載，作一介紹，然後再來談論問題。也許大家看了，所得的概念將會比較具

體而清晰些。

　　俞正燮說的小說，指的是胡仔的《苕溪漁隱叢話》、王灼的《碧雞漫志》、趙彥衛的《雲麓漫鈔》。黃盛璋說的史部，指的是李心傳《建炎以來繫年要錄》；目錄指的是晁公武的《昭德先生郡齋讀書志》、陳振孫的《直齋書錄解題》；金石指的是洪适的《隸釋》。這七家的書，除陳振孫的《直齋書錄解題》，因為沒有序文，不知成書的時間外，其餘大都可據其序文等而知成書的時間。胡仔的《苕溪漁隱叢話》成書於紹興十八年（公元 1148 年），王灼的《碧雞漫志》成書於紹興十九年（公元 1149 年），這兩書就是黃盛璋先生說的寫在李清照生前。另一部晁公武的《郡齋讀書志》，成書於紹興二十一年（公元 1151 年），但此書序年不一定是實，否則也算是清照生前寫成的。晁公武又是黃盛璋說的「還是趙、李兩家親戚或世交」。

　　各書對清照再嫁的記載，如次：

《苕溪漁隱叢話》：

　　易安再適張汝舟，未幾反目，有啓事與綦處厚云：「猥以桑榆之晚景，配茲駔儈之下材。」傳者無不笑之。

《碧雞漫志》：

　　易安居士，京東路提刑李格非文叔之女，建康守趙明誠之妻。……趙死後，再嫁某氏，訟而離之。晚節流蕩無依。

《郡齋讀書志》：

　　《李易安集》十二卷：右皇朝李氏格非之女，先嫁趙誠之。……然無檢操，晚節流落江湖間以卒。

《隸釋》：

　　（《金石錄》）紹興中，其妻易安居士表上於朝。趙君無嗣，李又更嫁。——（〈跋趙明誠金石錄〉）

《雲麓漫鈔》：

〈投內翰綦公崇禮啓〉

　　清照啓：素習義方，粗明詩禮。近因疾病，欲至膏肓，牛蟻不分，灰釘已具；嘗藥雖存弱弟，應門惟有老兵。既爾蒼皇，因成造次，信彼如簀之說，惑茲似錦之言。弟既可欺，持官文書來輒信；身幾欲死，非玉鏡架亦安知。僶俛難言，優柔莫決；呻吟未定，強以同歸；視聽才分，實難共處。忍以桑榆之晚節，配茲駔儈之下材。身

既懷臭之可嫌，惟求脫去；彼素抱璧之將往，決欲殺之。遂肆侵凌，日加毆擊。可念劉伶之肋，難勝石勒之拳。局地扣天，敢效談娘之善訴？升堂入室，素非李赤之甘心。外援難求，自陳何害？豈期末事，乃得上聞，取自宸衷，付之廷尉。被桎梏而置對，同凶醜以陳詞。豈惟賈生羞絳灌爲儕，何啻老子與韓非同傳？但祈脫死，莫望償金。友凶橫者十旬，蓋非天降；居圉圄者九日，豈是人爲？抵雀捐金，利當安住？將頭碎璧，失固可知。實自繆愚，分知獄市。此蓋伏遇內翰承旨，搢紳望族，冠蓋清流；日下無雙，人間第一。奉天克復，本緣陸贄之詞；淮蔡底平，實以會昌之詔。哀憐無告，雖未解驂；感戴鴻恩，如眞出己；故茲白首，得免丹書。清照敢不省過知慚，捫心識媿？責全責智，已難逃萬世之譏；敗德敗名，何以見中朝之士？雖南山之竹，豈能窮多口之談；惟智者之言，可以止無根之謗。高鵬尺鷃，本異升沈；火鼠冰蠶，難同嗜好。達者共悉，童子皆知；願賜品題，與加湔洗。誓當布衣蔬食，溫故知新。再見江山，依舊一瓶一鉢；重歸畎畝，更須三沐三薰。忝在葭莩。敢茲塵瀆。

《建炎以來繫年要錄》：

（紹興二年九月戊午朔）右承奉郎監諸軍審計司張汝舟屬吏，以汝舟妻李氏訟其妄增舉數入官也。其後有司當汝舟私罪，徒，詔除名，柳州編管（自注：十月己酉行遣）。李氏，格非女，能爲歌詞，自號易安居士。

《直齋書錄解題》：

《漱玉集》一卷，易安居士李氏清照撰。名士李格非文叔之女，嫁東武趙明誠德甫，晚歲頗失節。

這七條再嫁材料中〈謝綦崇禮啓〉及《繫年要錄》所載的，是爭論的焦點。因爲前者等於是清照的自供，後者被認爲是「可靠史料」。那麼，我們也就從這兩項開始，依次討論下去吧。

我們前面提過，俞正燮認爲〈謝啓〉是「竄改本」。那麼，〈謝啓〉本來的內容是什麼呢？俞正燮說是玉壺頒金事，「時中書舍人綦崇禮左右之，事解，清照以與綦舊親情，作啓謝之。」（〈事輯〉）所謂玉壺頒金事，就是李清照在〈金石錄後序〉說的──

壬午，又赴杭。先侯疾亟時，有張飛卿學士，携玉壺過視侯，便携
去，其實珉也。不知何人傳道，遂妄言有頒金之語，或傳亦有密論
列者。余大惶怖，不敢言，亦不敢遂已，盡將家中所有銅器等物，
欲赴外庭投進。到越，已移幸四明，不敢留家中，並寫本書寄剡。

所以〈謝啟〉的原來內容，就是清照謝綦崇禮為她銷解被人誣告玉壺餽金而
罹的牢獄之災。

然而為什麼有人竄改她的〈謝啟〉呢？俞正燮對此一再地說：

時無學者不堪易安譏誚，改易安與綦學士啟，以張飛卿為張汝舟，
以玉壺為玉臺。——（〈事輯〉）

又說：

小人改易安謝啟，以飛卿玉壺為汝舟玉臺，用輕薄之詞，作善謔之
報。

李清照確實「譏誚」過不少人，她的一篇〈詞論〉，差不多指摘了詞林所有名
家的疵病。南渡以後，清照忠憤激發，她的詩更是「所非刺者眾」。因此俞正
燮之說，被許多學者認為大致是可以相信的。

然而黃盛璋則說：「這封〈謝啟〉很難說是假的。」他首先指出俞正燮一
個錯誤，就是「中書舍人」是崇禮在建炎三年的官職，紹興二年九月崇禮已
由兵部侍郎除為翰林學士。啟的題稱他為「內翰」，內翰就是翰林的號稱，所
以清照投啟應在這一年，和玉壺頒金事的謠言不是在建炎三年。黃氏這是想
以時間證明〈謝啟〉不是如俞正燮說的是玉壺頒金事。其次，黃盛璋指陳：「謝
綦啟究竟那些經過竄改，俞氏舉不出證據。」

俞正燮在〈易安居士事輯〉裡，把謝綦的啟列在建炎三年，是他的疏忽；
這不必仔細檢查《繫年要錄》，祇要看前面所舉清照〈後序〉的話，就可以知
道。壬午，就是紹興二年，清照自己已經交代清楚。「先侯疾亟時」，則是建
炎三年的事，這也只要看〈後序〉就可知道。所以，玉壺頒金事的謠言是發
生在建炎三年，而清照投〈謝啟〉則是在壬午歲，因為這年才因有人密報而
罹牢獄之災，所以俞氏只是時間弄錯，所見還是正確的。其次，俞正燮〈事
輯〉有一段記載頒金事白，清照謝綦的話，等於是舉出〈謝啟〉經過竄改的
證據，不知道是不是黃盛璋先生沒有留意到。俞氏說：清照謝綦曰——

「清照素習義方，粗明詩禮。近因疾病，欲至膏肓；牛蟻不分，灰
釘已具。豈期末事，乃得上聞，取自宸衷，付之廷尉。」序欲投進

家器曰：「抵雀捐金，利當安往？將頭碎璧，失固可知。實自繆愚，
分知獄市。」序綦爲解釋曰：「內翰承旨，搢紳望族，冠蓋清流；日
下無雙，人間第一。奉天收復，本緣陸贄之詞；淮蔡底平，共傳會
昌之筆。哀憐無告，義同解驂；感戴鴻恩，如眞出己。故茲白首，
得免丹書。」序頌（頌）金事無形跡曰：「雖南山之竹，豈能窮多口
之談；惟智者之言，可以止無根之謗。」

我們看了這段話，也就大體可以了然謝綦啓那些是經過竄改的了。試想，如
果綦崇禮是爲清照訟離事而左右之，當然對清照與張汝舟之間的糾葛，早有
所知，通達明理如李清照者，還會在〈謝啓〉絮絮聒聒，唯恐醜事不外揚嗎？
由此不難想知竄改的人是在蓄意醜化清照，扭曲清照的形象，所以俞正燮說：
「用輕薄之詞，作善謔之報。」然而他們卻留下一條尾巴被俞正燮抓到，俞
氏問：「夫婦訐訟，必自證之，啓何以云無根之謗？」這條尾巴連黃盛璋先生
都無法替竄改者掩藏，否則，黃先生何以避開這點不談呢？

　　黃盛璋先生把李心傳的《建炎以來繫年要錄》，說成「是南宋的一部可靠
史料」。他又說心傳「撰《要錄》時，大抵以國史日曆爲主，又參考家乘志狀、
案牘奏報、百官題名」；而「記清照訟張汝舟，不但年、月、日明確，汝舟定
罪以及在那一天行遣，都有記載；要是說他『比附文案』，全無事實根據，那
是很難叫人信服的；何況在他以前已有四、五個人都留有相同的記載」。

　　但據我們所了解的，這部《要錄》不全如黃氏所說的情形。它的材料來
源，除黃盛璋所提的以外，也參以稗官、野史（不知黃氏是否故意漏列）；它
不過是宋人野史中最足資考證的一種而已，並不是所載事事都是絕對眞實可
靠。就以所說李清照訟張汝舟的年、月、日及汝舟定罪行遣的時間來說，況
周儀就指出：李、張兩人這段時間的踪跡，全然不同，不可能有嫁娶之事。
他說：

易安如有改嫁之事，當在建炎三年明誠卒後、紹興二年汝舟編管以
前。今據俞（正燮）陸（心源）二家所引：建炎三年七月，易安至
建康；八月，明誠卒。四年，易安往臺州，之越州；十二月，至衢
州。紹興元年，復之越。二年之杭。汝舟建炎三年知明州。四年，
復知明州；六月，主管江州太平觀。紹興元年，往池州措置軍務，
尋爲監諸軍審計司。二年九月，以增舉入官，除名，編管。此四年
中，兩人踪跡判然，何得有嫁娶之事？──（〈越縵堂校跋〉）

雖然，黃盛璋對此仍辯稱：

> 據《繫年要錄》，汝舟往池州措置軍務在紹興元年三月；而改嫁發生，據謝慕崇禮的信推算，應該在紹興二年五六月間；中間相隔已經一年多，池州去杭州又是並不怎麼遠，從宣城、廣德經吳興有一條「獨松嶺道」，是唐宋時江南通杭州的大道，建炎四年金完顏宗弼就從這裏打到杭州，為時只有一個多月；我們沒有證據或方法證明在池州措置軍務的張汝舟就不可能到杭州去。至於知明州的張汝舟據近人李浼的考據，他跟往池州措置軍務的並不是一個人（自注，李文未見，此承夏瞿禪師見告者）。況氏所舉這個反證顯然又落了空。

但黃氏之辯，還是無法證明清照和汝舟有嫁娶之事。因為：（一）我們已指出玉壺頒金案件發生在壬午歲，亦即紹興二年，清照正為此事「大惶怖」，無論如何不會想去嫁人。這是人情之常，不辯可知。（二）池州雖有一條路可到杭州，但黃盛璋先生同樣的是「沒有證據或方法證明在池州措置軍務的張汝舟」，絕對可能到杭州去。（三）知明州的張汝舟，即使「跟往池州措置軍務的並不是一個人」，也不影響況氏之說的可靠性。因為「知明州」是在建炎四年，而黃氏推算清照改嫁時間是在紹興二年五六月間，因此只要往池州措置軍務的張汝舟不是另一個張汝舟，就扯不上清照與汝舟有嫁娶之事。

現在我們來討論黃盛璋先生說的，在李心傳以前的人留下李清照改嫁的記載。

黃盛璋說：「七條改嫁材料中，胡仔、王灼、晁公武、洪适都是清照同時人，而胡仔、王灼成書時，清照仍健在。要是說在清照生前，他們就敢明目張胆造她的謠言，偽造〈謝啟〉，這很不近情理。南渡後明誠的哥哥存誠、思誠都曾做不小的官，趙家那時並不是沒有權勢。」

我們以為這不是可以站得住的理由。第一、胡仔等人雖不一定會造清照的謠言，却不能保證他們也不會聽信謠言。第二、胡仔、王灼成書時間，雖前者序云在紹興十八年（清照時年已六十五），後者序云紹興十九年，但刊印時間絕對不在成書當年。宋代始有印刷術，不是處處都能剞劂刷印的。一部書寫成後，從謄清、校正到刻板、印刷、裝訂，這過程不知道要多少時間。即以趙明誠的《金石錄》來說，成書在他生前，序當然也是在他生前寫的，然而刻印却不在他生前。再以李文裿所集《漱玉集》來說，據他在再版弁言說，輯成於癸亥歲（民國 12 年），「順德黃晦聞先生校閱而序之。越三年丁卯

（民國 16 年），始付鉛槧」。而在這三年中，他又搜集到「其他遺事及詩詞文評，亦數十則，遂重爲詮次，再付鉛槧」。到民國十八年出版，前後歷六年之久。所以再嫁材料，我們也不能斷言不像李文裿一樣，是在成書後聽到謠言才增益的。

黃盛璋又說：「晁公武的《郡齋讀書志》是一部講目錄版本之書，……晁氏、趙氏間接還有親戚關係，而晁補之（公武伯叔）跟李格非都出自蘇軾之門，甚贊清照的詩，公武更不可能造她的謠言。」這話失之武斷，管叔及其群弟和周公爲手足之親，尚且會「流言於國」，說周公「將不利於孺子」；（《尚書·金縢》）何況晁氏、趙氏不過是間接的親戚關係，怎可以斷言「更不可能造她的謠言」呢？並且我已說過，縱然他不造清照的謠言，但我們也不能斷言他不會聽信謠言。

黃盛璋還說洪适《隸釋》，是一部研究碑石文字之書，無緣要破壞清照聲名；洪适又是非常推崇趙明誠的人，《隸釋》錄《金石錄》三卷，後附一跋，最後說：「趙君無嗣，李又改嫁，其書行於世而碑亡矣。」黃氏說，這話言外很有惋惜之意，絕不是說人壞話的口氣。黃氏又說，洪适的《隸釋》是在尚書右僕射任內寫成，「憑他這時的地位、名望，也沒有理由要造一個婦人的謠言」。

這理由看起來是很充分的，但仔細一想，就會發現有不可盡信的地方。洪适這篇跋不長，我們先錄在下面，然後說明比較方便些：

> 右趙氏《金石錄》三卷。趙君名明誠，字德夫，密州諸城人，故相挺之之子也。所藏三代彝器及漢、唐前後石刻，爲目錄十卷，辨證二十卷。其稱漢碑者百七十有七，其陰四十。今出其篆書者十四，非東漢者二。《隸釋》所闕者，蓋未判也，摭其說載之。趙君之書，證據見謂精博，然以衛彈爲街彈，以縣竹令爲縣令之類，亦時有誤者。紹興中，其妻易安居士表上之。趙君無嗣，李又更嫁，其書行於世而碑亡矣。

《隸釋》是一本純學術的著作，洪适在這篇跋的最後，爲甚麼有這三句與其書不相干的話？實在令人猜疑。這三句話純是蛇足，洪适絕對沒有寫進的必要。紹興三年（1133）五月，高宗命僉書樞密院事韓肖胄、工部尚書胡松年，充奉表通問使、副使使金（《續通鑑》），這事當然洪适是知道的。那時清照上詩韓、胡二人寄意，有「嫠家父祖生齊魯，位下名高人比數」句，如果

洪适知道並且讀到此詩，我們相信他絕不會寫進那最後三句話的；因為清照如果改嫁，詩中怎會用「夫家」這個詞呢？洪适的書成於乾道二年（1166），比晁公武、王灼、胡仔的書都遲了五六年以上，如果他不知道清照上詩韓、胡二人，那就像曾參之母雖不信曾參殺人，卻以三人踵至相告曾參殺人，而不得不懼而投杼踰牆而走一樣地不經意的采了胡仔等人之說，所以就像黃盛璋所說的一樣，讀來覺得「絕不是說人壞話的口氣」。因此這三句話是否可據以證明清照再嫁？似乎有先對它作一次考證的必要，否則是不能作為可靠的材料用的。

前人已指出，宋人不諱言再嫁，黃盛璋先生也提到這一層。例如《宋史·范仲淹傳》說：「仲淹二歲而孤，母更適長山朱氏。」再嫁的事堂而皇之的載於正史。如果清照再嫁是實，且有那麼多的書記載，我想《宋史·李格非傳》不會祇說：「女清照，詩文尤有稱於時，嫁趙挺之之子明誠，自號易安居士。」而必足以「明誠死，更適張汝舟」之類的句子。再嫁既不是不體面的事，那麼，胡仔等人的書記載此事時，多對清照出一句半句譏嘲笑罵的話，如：「傳者無不笑之」、「然無檢操」、「晚歲頗失節」之類，目的不是在醜詆清照是甚麼？當然，這些記載都不太可能是清照在生前能看到的，否則以清照的性格和一枝健捷的筆看來，她是不會不還以顏色的。

黃盛璋因為在潛意識裡堅認李清照是再嫁了的，因此他憑主觀推斷，說甚麼清照「年老而猶考慮改嫁」，是因為「兵荒馬亂所最需要的就是照顧與依託，若就情理論，這樣的考慮未嘗不合乎情理」。我們對這種臆測不敢苟同，因為我們還記得被竄改的〈謝啟〉裡有「嘗藥雖存弱弟，應門惟有老兵」的話，清照還不缺少人照顧她哩。黃氏又說：「汝舟所以要用欺騙的手段，所以要迎娶年近半百的寡婦為妻，大概主要是貪圖清照的財物。」我們看了這話覺得好笑，十九歲之時就能說出「炙手可熱心可寒」這話的清照，跟著做過幾任地方官的丈夫，跑了許多地方，見了許多人物，讀了幾車的書，竟會被一個「駔儈下材」輕易欺騙，那不是太不可思議的嗎？

我不是想為李清照辨誣，而是覺得就現有這些材料來看，還不能斷定清照之確實再嫁。我們只要不能說明為甚麼〈謝啟〉有「無根之謗」一語，上韓氏、胡氏詩為甚麼用「夫家」一詞，似乎就不能遽斷李清照是再嫁的了。（《李清照和她的作品》）

邵德潤

【關於李清照再嫁之爭議】

一、盡信書不如無書

宋人胡仔的《苕溪漁隱叢話》、王灼的《碧雞漫志》、晁公武的《郡齋讀書志》，以及李心傳的《建炎以來繫年要錄》等書，肯定的指稱李清照夫死再嫁。明人徐𤊹的《筆精》則說，李清照爲故夫作〈金石錄後序〉時，年已五十二歲，老矣，必無改嫁之理。徐氏之後，更有胡薇元的《歲寒居詞話》、朱彝尊的《明詩綜》、王士禎的《分甘餘話》，爲李清照辨誣；而盧見曾的〈重刊金石錄後序〉與俞正燮的〈易安居士事輯〉，更列舉各種理由，肯定李清照受人誣蔑，從無改嫁的事證。〔1〕但是近人黃盛璋的〈李清照事迹考辨〉，以及王仲聞的〈李清照事迹作品雜考〉、〈李清照事迹編年〉仍以宋人的記載爲實，始終未有所改變。〔2〕

誠然，婦人因夫死而改嫁，亦屬人情之常，何況宋人對生母兒媳改嫁，亦從不諱言。〔3〕如范仲淹的母親和媳婦、王安石的媳婦都曾「從二夫」。但我對李清照以五十歲老婦而改嫁的說法，始終抱持懷疑的態度。因爲「才高眾忌人情薄，峨眉從古多謠諑」，自古以來，中國的才女，幾乎無不遭人嫉忌和流言中傷。例如「去年元夜時」一詞，實際乃歐陽修所作，後人誤編入朱淑眞的《斷腸集》，因詞中有「月上柳梢頭，人約黃昏後」的句子，朱淑眞就從此蒙上放佚不貞的壞名聲。〔4〕

李清照不但才調高於朱淑眞，其文詞才識，亦爲同輩文人所難躋及；更撰有〈詞論〉一文，〔5〕把北宋詞人批評得一無是處。上自柳（永）、張（子野）、歐陽（修）、蘇（東坡），下至晏（幾道）、賀（方回）、秦（少游）、黃（山谷），在李清照眼中，若非「詞語塵下」，即爲「句讀不葺」，如此眼高於頂，肆意譏評，豈能不爲當時詞人所側目。

胡仔《苕溪漁隱叢話》後集第三十三卷，對李清照的〈詞論〉，即大施譏評，指爲蚍蜉撼大樹，對李清照有極深的成見。

俞正燮爲她辨誣文中，亦曾指出，李清照在金人入侵，徽、欽二宗被擄之時，隨夫倉皇南渡，對臨安君臣但圖苟安的局面，頗多感慨，因之所撰詩文不免有譏評時事的地方。例如「南渡衣冠少王導，北來消息欠劉琨」等句，雖然忠憤激發，但以所譏刺者眾，頗招時忌。於是有人誣她改嫁，以後甚至竄改她的〈致綦內翰啓〉作爲僞證，使她千古沉冤。俞氏所持證據雖嫌薄弱，

但衡諸人情，則頗入理。〔6〕

　　近年獲讀新出《李易安集校注》，及何廣棪所著《李易安集繫年校箋》。兩書雖力主李清照曾經改嫁之說，但蒐集資料頗多。李清照南渡逃難時，曾在衢州小住，後又常住金華。衢州為我故鄉，金華為我舊遊之地，「千古風流八詠樓」的遺跡猶存，只是「物是人非事事休」，已非南宋當年的風光可比。更遺憾的：趙彥衛輯錄李清照〈投翰林學士綦崇禮啓〉的《雲麓漫鈔》，於宋開禧二年重刊於（衢州）信安郡齋。誣指李清照「無檢操」的晁公武《郡齋讀書志》，原刻於四川，後刊於衢州。蜀本僅說李清照無檢操，晚節流落江湖以卒；衢州本且在中間加上「後適張汝舟，不終」七個字，擅加竄改。張元濟先生認為宋版書的衢州本常不及他本，我不禁要替同鄉前輩慚愧，但這也說明古人印書，往往任意添加註解，或把註解竄入正文，使後人發生誤會，李清照因此吃了大虧。〔7〕「盡信書不如無書」，這是我要對堅信宋人書籍記載，硬說李清照夫死嫁人的朋友，先為提醒的一點。

二、六種人云亦云的記載〔8〕

　　最早記載李清照夫死改嫁的是兩部近乎有聞必錄，名為《漫志》和《叢話》的書。成書較早而記載較詳的為胡仔的《苕溪漁隱叢話》，在《叢話》的前集卷六十，胡仔作如下的記述：

> 近時婦人能文詞如李易安，頗多佳句。小詞云：「昨夜雨疎風驟，濃睡不消殘酒。試問捲簾人，卻道海棠依舊。知否，知否？應是綠肥紅瘦。」「綠肥紅瘦」，此語甚新。又〈九日〉詞云：「簾捲西風，人似黃花瘦。」此語亦婦人所難到。易安再適張汝舟，未幾反目，有啓事與綦處厚云：「猥以桑榆之暮景，配茲駔儈之下才。」傳者莫不笑之。

較後於《苕溪漁隱叢話》的記載，則為王灼之《碧雞漫志》。在該書卷二，王灼以道學先生筆調，對李清照的詩詞，先揚後抑，有頗為嚴厲的批評：

> 易安居士，京東路提刑李格非文叔之女，建安守趙明誠德夫之妻。自少年便有詩名，才力華贍，逼近前輩。在士大夫中已不多得，若本朝婦人，當推文采第一。趙死再嫁某氏，訟而離之，晚節流蕩無歸。作長短句，能曲盡人意，輕巧尖新，姿態百出。閭巷荒淫之語，肆意落筆，自古搢紳之家能文婦女，未見如此無顧藉也。

照胡仔及王灼二書的序文，胡書成於宋高宗紹興十八年戊辰八月（1148），這

時李清照尚在人世，但已六十五歲；王書成於次年三月，相差衹半年。不過，宋人書成之後，要出版頗不容易，往往要等上十年、八年，才有機會問世。例如：《苕溪漁隱叢話》書中即有若干處引自洪邁的《夷堅志》，所載之事有下至紹興二十九年者。〔9〕而《碧雞漫志》說李清照「晚節流蕩無依」，據《李清照事迹編年》的作者推算，李清照的卒年不能早於紹興二十五年（1155），享年至少七十三歲。〔10〕如果李清照人還未死，王灼又何能斷言她晚節流蕩無依？王灼，四川遂寧人。據他這本書的自序，為紹興十九年（1149）寫成於成都，足見王灼當時與住在臨安的李清照相隔數千里，不但連她再嫁何人未能深悉，甚至生死亦都未知，就憑道路傳聞，妄下斷語。

再說這兩部書都以記述詩詞的評論為主。胡仔記述李清照改嫁之事，是在稱讚她的詞中佳句之後，帶上這麼幾句，又像「補記」，又稱「箋註」。最後又說：「傳者無不笑之。」足見他本人並未讀到這篇與綦處厚（崇禮）的啓事，亦衹是道聽塗說。王灼的記載更令人懷疑，且似有後人竄改之嫌。因為他的文章在「當推文采第一」之下，本應連接「作長短句能曲盡人意」，才是一氣呵成。但在當中插入「趙死，再嫁某氏，訟而離之，晚節流蕩無歸」這幾句話，把文氣弄得不相聯串。而且「閭巷荒淫之語」以下這段評語，和前面稱讚李清照「力才華贍」、「文采第一」的話，自相矛盾，如非他人竄改，即是以後聽人傳說，任意補加，自難認為真實。

但是胡仔《苕溪漁隱叢話》摭拾傳聞的記載，以後卻被若干說部相互傳鈔，以供談助。甚至紀昀在《四庫全書總目提要・詞曲類》評述《漱玉詞》時，亦引用了胡仔這段話，並參證李心傳《建炎以來繫年要錄》的記載，認為李清照曾經再嫁，且曾與後夫搆訟。雖然毛晉汲古閣所刊李清照《漱玉詞》，卷末備載其軼事逸文，獨不及此，紀昀且認為「蓋諱之也」。〔11〕胡仔和王灼的記載，不但給李清照留下千古沉冤，亦使宋時專以記述野史遺聞見稱的李心傳，發生絕大的錯覺，甚至晁公武、洪适、陳振孫都信以為真而以訛傳訛。晁公武與洪适雖可說和李清照同時，但是兩人的書都是李清照死後十餘年才寫成的，而李心傳和陳振孫更是李清照死後一二十年才出生的。〔12〕

清人劉聲木所撰的《萇楚齋三筆》，認為李清照夫死再嫁，胡仔、李心傳等人詳載其事，無少隱諱，絕非架空虛偽可知。俞正燮力為辨白，究之皆為事後之強詞，「非如胡、李諸人當時所目擊，記載翔實，為可據也」。〔13〕現在堅信李清照夫死改嫁的論者，都和劉聲木犯了同樣毛病，認為宋人當時記

載翔實可靠，而有先入爲主的成見。其實連和李清照同時的胡仔、王灼都是攟拾道路傳聞，並非目擊親知，何況年代較晚於李清照甚多的晁公武、洪适、李心傳與陳振孫，更是輾轉抄錄舊聞，又何能斷言其記載翔實。我們卻按晁、洪、李、陳四人的成書先後，就其記載加以探討。

甲、晁公武

晁公武的《昭德先生郡齋讀書志》今傳者有兩種本子：一爲袁州本，一爲衢州本，都依原來的蜀本重刊。兩本內容不同，而衢州本顯經後人竄改。《續古逸叢書》所依據的是袁州本，在卷四下有如下的記載：（註：括弧中爲衢州本竄改處）

> 《李易安集》十二卷。右皇朝李氏，格非之女。先嫁趙誠之，有才藻名。（衢州本作「幼有才藻名，先嫁趙誠之」）。其舅正夫相徽宗朝，李氏嘗獻詩曰：「炙手可熱心可寒。」然無檢操（衢州本下有「後適張汝舟，不終」七字）。晚節流落江湖間以卒。

晁公武一直在四川做官，直至乾道六年（1170）才任淮南東路安撫使，知揚州，次年自揚州移守潭州府。又爲臨安少尹，乾道八年罷官，退老於四川嘉定之符文鎮。《郡齋讀書志》的寫作，當在公武退居以後。晁公武從四川到東南做官，前後不過三年；雖然讀到《李易安集》，但已去李清照之死將近二十年，關於李清照的生平事蹟，祇能得之傳聞。很明顯的，他批評李清照「無檢操，晚節流落江湖間以卒」，乃受王灼《碧雞漫志》和傳聞的影響。至於衢州本《郡齋讀書志》復根據《苕溪漁隱叢話》任意竄改，其不可信，已見前述，不再贅及。〔14〕

乙、洪　适

洪适（1117～1184），字景伯，爲洪邁（容齋）長兄。所著《隸釋》一書，輯錄《金石錄》漢碑題跋爲二十四、二十五、二十六卷，計三卷，這是一本研究碑石文字的書。據洪适自序，書成於乾道二年（1166），這時李清照已死了十多年。洪适在輯錄《金石錄》之後加上一跋：

> 右趙氏《金石錄》三卷。趙君名明誠，字德夫，故相挺之之子也。所藏三代彝器，及漢、唐前後石刻，爲目錄十卷、辨證二十卷。其稱漢碑者一百七十有七，其陰四十。今出其篆書者十四，非東漢者二。《隸釋》所闕者，蓋未判也，掇其說載之。趙君之書，證據見謂精博，然以「衛彈」爲「街彈」，以「綿竹令」爲「縣令」之類，亦

時有誤者。紹興中，其妻易安居士李清照表上之。趙君無嗣，妻又
更嫁，其書行於世，而碑亡矣。〔15〕

（1）《金石錄》一書，最早引用者爲朱熹，他在《朱文忠公文集》卷七
十五〈家藏石刻序〉中說：「來泉南，又得東武趙氏《金石錄》，大略如歐陽
子書（指歐陽修的《集古錄》），然詮敘益條理，考證益精博。」朱熹此序撰
於紹興二十六年八月，其時《金石錄》方版行於世。洪适得見《金石錄》的
年代，不可能早於朱熹，而朱熹對趙明誠的另一稱讚見於《朱子語類》卷一
百三十：「明誠，李易安之夫也，文筆最高，《金石錄》煞做得好。」〔16〕朱
熹與李清照爲同時人，在紹興二十六年之後，猶稱趙明誠爲李易安之夫，足
見洪适跋中「妻又更嫁」之說，實嫌無據。

（2）洪适《隸釋》有趙明誠妻又改嫁之說，而其弟洪邁所撰《容齋隨筆》
多次談及趙明誠的《金石錄》。如《容齋四筆》曾記獲見〈金石錄後序〉原稿
於王順伯處，乃爲撮述大要，並謂易安此序作於紹興四年，時年五十二歲。
何以洪邁從不提及李清照改嫁之說，豈非可疑。〔17〕

（3）洪适在紹興十二年獲中博學鴻詞科，十三年任秘書省正字。他說，
紹興中，趙明誠之妻易安居士李清照表上《金石錄》，與現今考證李清照表上
《金石錄》時應爲紹興十三年，正相符合。〔18〕洪适其時在臨安任官秘書省，
職管圖籍，對李清照當時以趙明誠之妻的身分，表上趙明誠所著《金石錄》
的事實，自然非常清楚。縱然秘書省正字官職不高，不能親自目擊，亦必有
所耳聞，所記自屬正確。何以洪适明知紹興十三年李清照尙爲趙明誠之妻，
且又誤信李清照改嫁之說，殊爲可疑。按李清照唯一可能改嫁的一年，即爲
紹興二年，而洪适乃說她表上《金石錄》之後才改嫁，「以致（《金石錄》）書
行於世，而碑亡矣」。洪适的記載顯亦爲摭拾道路傳聞，以說明《金石錄》何
以書存而碑亡，未加查考，以致自相矛盾。洪适在宋孝宗時曾屢任樞密使，
官高權重，其《隸釋》一書部分或由他人代表，以致有此疏失。

丙、李心傳

李心傳生於乾道二年（1166），其時李清照已死了十一年之久。他是四川
隆州井研人。據他自己在《朝野雜記》的自序中說：「幼年隨父爲官杭州，就
喜歡從長老前輩訪問故事，曾竊窺玉牒所藏金匱之副。」也就是說他曾偷看
了部分政府檔案的副本，回四川後就撰述了《建炎以來繫年要錄》和《朝野
雜記》等書。其實李心傳自己也曾做到工部侍郎，可以見到許多案牘奏報和

邸抄；再參考私人的家乘志狀，以至百官題名等資料，就可以寫成《要錄》和《雜記》之類的野史。這類根據邸抄、奏報以及私人文件寫成的史料，雖亦有其可信性；但因傳聞異辭，民間史料更多自相矛盾。所以李心傳的記錄，尤其是他自己所說「倘有異同，常自注於下」的注釋，當不免根據道聽塗說而時有錯誤。〔19〕

宋人謝枋得就曾寫過文章，批評李心傳《繫年要錄》及《朝野雜記》兩書記載之非（見元人吳師道的《吳禮部詩話》）。我們對於私人的野史自不能要求過高，尤其李心傳個人的品格亦頗多可議。《宋史》對李心傳的評論，就說他「有史才，通故實，然其作〈吳獵〉、〈項世安傳〉，褒貶有媿秉筆之旨，蓋其志常在川蜀，而薄東南之士」。所以他摭拾傳聞，以輕薿的心態，對李清照改嫁的傳說輕率附會，以致李清照沉冤難雪。

李心傳在《建炎以來繫年要錄》卷五十八（《叢書集成》本）有如下的一條記載：

> 紹興二年九月戊午朔。右承奉郎監諸軍審計司張汝舟屬吏，以汝舟
> 妻李氏訟其妄增舉數入官也。其後有司當汝舟私罪，徒，詔除名，
> 柳州編管（注：十月己酉行遣）。李氏，格非女，能為歌詞，自號易
> 安居士。

很顯然的，這段記載是李心傳鈔錄自邸鈔或案牘的。邸鈔、朝報或案牘絕不會詳加解釋張汝舟的妻室是何許人的。這「李氏，格非女，能為歌詞，自號易安居士」，使李清照千古蒙冤的十五個字，自是李心傳憑著耳食的傳聞，自行注釋的。我們也可假定李心傳的《繫年要錄》原祇熱心記錄朝廷仕官的動態，他本人對於文學亦可能缺乏了解，所以對於當時早已文名藉藉的李清照，只寫著「能為歌詞」四個字的介紹。他甚至連胡仔和王灼二人的書都未曾看到過，可見他對李清照並無了解，亦不重視，也就對傳聞之事不加查證，而信筆直書。

李心傳的《繫年要錄》從不被人視為信史，就因為他記載不盡翔實。俞正燮說：「李心傳在蜀，去天萬里，誤信記載，疏舛固宜。」宋代的造紙與印刷大有進步，出版事業頗為發達，遂不乏草率輯錄成書以為立言，如李心傳者的好名之士。對於這類瑕瑜互見的書，自不能不稍加甄別。

丁、陳振孫

陳振孫的年代較李清照更後。他在理宗端平年間（1234～1236），曾為浙江

提舉，和李清照相差幾達一個世紀。陳振孫的《直齋書錄解題》卷二十一〈歌詞類〉，僅有如下的簡單記載：[20]

> 《漱玉集》一卷，易安居士李氏清照撰。元祐名士格非文叔之女，嫁東武趙明誠德甫，晚歲頗失節。

陳振孫爲李清照寫下「晚歲頗失節」的評語，顯然受了王灼《碧雞漫志》，或晁公武《郡齋讀書志》的影響。事隔百年，無從查證，陳振孫也只有人云亦云而已，自然無足爲怪。

三、不堪卒讀的僞投啟文 [21]

宋人有關李清照有虧的記載，僅見於上述胡仔、王灼、晁公武、洪适、李心傳、陳振孫六人的著作，而且祇有胡仔的《苕溪漁隱叢話》中，提到李清照「再適張汝舟，未幾反目，有啓事與綦處厚（崇禮）云：『猥以桑榆之暮景，配茲駔儈之下才。』傳者無不笑之」的傳說，其餘五人都未提及李清照曾有此啓事。王灼以衛道君子自命，對李清照詩詞的「輕巧尖新，姿態百出，閭巷荒淫之語，肆意落筆」，曾經大爲攻擊。如知李清照曾有此書啓，豈肯輕易放過？尤其李心傳擷拾朝野故事，可說有聞必錄，假如知有此啓，又何能不加記載？直到李清照死後五十年，才有趙彥衛的《雲麓漫鈔》刊出李清照〈投翰林學士綦崇禮啓〉這篇東西，對於研究李清照生平事蹟的人，豈可不對之表示懷疑。[22] 究竟這是宋代文人的遊戲文章，抑或是那些不滿李清照者改頭換面的誣蔑之作？因爲這篇〈啓〉的文句，頗爲庸俗，格調甚低，且多相互矛盾之處，似非出自李清照的手筆，至少是經過竄改的。

趙彥衛的《雲麓漫鈔》，原名《擁鑪閒紀》，開禧二年（1206）重刊於信安郡齋，亦爲宋版書的衢州本。署名李清照的〈投翰林學士綦崇禮啓〉即收於該書第十四卷，文用四六駢體，其中用事頗多，因之辭義隱晦，而可疑之處亦多。[23] 例如：

（1）啓文開始說：「近因疾病，欲至膏肓，牛蟻不分，灰釘已具。嘗藥雖存弱弟，應門惟有老兵。」既然李清照自稱衰病垂危，像殷仲堪那樣聞蟻動以爲牛鬭，而且棺殮所需的灰泥與棺釘都已準備。雖有弱弟照料湯藥，但家中服役的人只有一個退伍的老兵。假如啓文是眞的，試想李清照這時年已半百，在古人眼光中已成老婦，而且病重垂死，又有誰願意娶這麼病重將死的老婦，而李清照又何能有再嫁的念頭？[24]

（2）即令李清照有機會再嫁，不論是嫁前受欺騙，抑或嫁後受虐待，以

致反目求去；在平時夫妻離異，即為家庭瑣事，亂世男女悲歡離合，更是尋常小事，又何至於「豈期末事，乃得上聞」；而且嚴重到「取自宸衷，付之廷尉」。即令說李清照以檢舉「後夫」張汝舟「妄增舉數」，涉嫌貪污？宋代廷尉又何至讓女流之輩「被桎梏而置對，同凶醜以陳詞」，如同審訊江洋大盜？李清照既為名士李格非之女，又為相臣趙挺之之媳，建康知府趙明誠之妻，若說她以檢舉「後夫」貪污，請求離異，而遭桎梏對訊，顯然不近情理！〔25〕

（3）既說李清照是為了檢舉後夫張汝舟貪污而涉訟，依宋《刑統》告周親尊長罪，妻告夫者雖得實，仍處徒刑二年，並非死罪。則啟文內的一些話，如「但祈脫死，莫望償金」，「故茲白首，得免丹書」，將作何解釋？李清照又犯了甚麼死罪，要皇帝丹書處罪；更又有何理由可以期望得到「償金」？

（4）假如說宋代婦人改嫁本為社會所容許，更為大家所不諱言，如范仲淹的母和媳都曾改嫁，則李清照又何以在啟中說得嚴重萬分：「省過知慚，捫心識媿。責全責智，已難逃萬世之譏；敗德敗名，何以見中朝之士。」除非通敵叛國，才難逃萬世之譏；婦人改嫁，何以又見不得中朝之士？

（5）既然宋代社會認為婦女夫死改嫁，並不敗常失德，李清照又何必怕「雖南山之竹，豈能窮多口之談」？假如說李清照夫死改嫁乃是事實，則綦崇禮縱然位高權大，可以為李清照的事向宋高宗直接請命，也沒有力量可以做到「惟智者之言，可以止無根之謗」。何況改嫁若為事實，就不能夠算是謗，更不能任意稱之為「無根之謗」。

（6）李清照在啟文結尾處，對綦崇禮提出請求：「願賜品題，與加湔洗。」如果說李清照投啟綦崇禮，是為了申謝他幫助她和後夫離婚，而且免去牢獄之災，則李清照又怎能請求「品題」？品題的對象是甚麼？夫死改嫁而後離婚嗎？檢舉後夫貪污嗎？而且改嫁、訟夫、離異，既然都是事實，綦崇禮又何從為之湔洗？

根據上面簡單的分析，就可看出《雲麓漫鈔》輯錄的這篇李清照〈投翰林學士綦崇禮啟〉，文字鄙俗，內容矛盾，如何會出自才調絕倫的李清照的手筆？

我個人雖堅信，自視甚高而又重病衰危的李清照，絕不會在夫死之後改嫁；但也不能不讓旁人如黃盛璋、王仲聞等，指說李清照曾於夫死之後作「短期的」改嫁。不過歷史重證據，李清照改嫁的說法，既未見之於正史或方志；和李清照同時的著名文人，如洪邁、朱熹、陸游、朱弁、朱敦儒等人的著作

中，也未見有類似的傳聞，而且都一致記載李易安爲趙明誠之妻。例如宋代大儒朱熹對趙明誠的《金石錄》極爲推重，就說：「明誠，李易安之夫也。文筆最高，《金石錄》煞做得好。」（《朱子語類》卷一百三十）足見朱熹心目中，李易安的文名比趙明誠更高，而趙明誠則幾乎是夫以妻貴，假如李清照眞的有過夫死改嫁而且訟離坐監的醜事，維護禮教的道學宗師朱熹能如此推崇她嗎？〔26〕

　　近人指出《雲麓漫鈔》所錄的這篇李清照〈投翰林學士綦崇禮啓〉，內容極不可靠，可能出自僞造，理由是：

　　（1）李清照在啓內稱綦崇禮爲「內翰承旨」，而綦崇禮要到紹興二年九月乙亥（十八日）才被除爲翰林學士（見宋洪邁《翰苑群書》下〈翰苑題名〉）。「承旨」並不常設，且須由資深的學士爲之。綦崇禮在紹興四年即出知越州，並未擔任過「承旨」職務。這篇李清照的啓中稱之爲「內翰承旨」，不符事實。

　　（2）綦崇禮字叔厚，《宋史》有傳，著有《北海集》六十卷，經《永樂大典》輯出者四十六卷，其中並無一字提及趙、李兩家。這篇李清照的啓，卻說她和綦崇禮「忝在葭莩」，兩家有戚誼關係，事亦頗有可疑。〔27〕

　　雖然近人黃盛璋考出宋人的記載中曾說：綦崇禮「有女嫁謝克家之孫，伋之子」；謝克家與趙明誠爲表兄弟，同爲郭槩的外孫；而謝伋之弟謝傑，又是趙氏的外孫，說得上是親戚（見〈李清照事迹考辨〉）。〔28〕照這考證，李清照是長於綦崇禮一輩的親戚。綦崇禮幫助李清照離婚脫罪，謝伋既爲他兒女親家，又是李清照的表侄，哪有不知之理？李清照離開趙家改嫁，已非趙氏之人，她和明誠又未養育子女，爲何謝伋在紹興十一年作《四六談麈》，仍尊稱李清照爲「趙令人李」，且於書中載有李清照〈祭趙明誠文〉的斷句。〔29〕照常理推測，這篇李清照〈投翰林學士綦崇禮啓〉的內容確不可靠。

四、才高眾忌人情薄

　　樊樊山（增祥）曾有長詩並序〈題李易安遺像〉，對李清照被人誣蔑頗多感慨。他說：「易安才高學贍，好詆訶人，遂爲忌者誣謗。」自古文人相互忌妒已成風氣，宋代此風尤烈。樊樊山認爲易安「眼波電閃無餘子」，觀察敏銳，目中無人，招致「謗議由人亦由己」，蓋亦有咎由自取的道理。樊樊山詩中有幾句說得頗爲透徹：

　　　　才高眾忌人情薄，蛾眉從古多謠諑；歐陽且有竊甥疑，第五猶蒙箑翁惡。……知命衰年宰相家，肯同商婦抱琵琶；憔悴已如金線柳，

　　　　荒唐誰信《碧雲騢》。〔30〕

這幾句詩中所用典故，大抵皆爲人所熟悉，惟《碧雲騢》一詞則應加以解釋。
這是唐怡陵御馬之名，以旋毛貴，宋人用爲書名，書僅一卷，置名梅堯臣聖
俞撰，專門詆毀當時顯貴之人，然其意專在攻訐范文正（仲淹），或云實爲魏
泰所撰，託用聖俞之名（參見《辭海》引用《通考·經籍考》）。樊山用此典
故，用意即指宋人各書記載，皆爲誣蔑李清照而僞造的誣蔑之辭。魏泰既可
專撰《碧雲騢》一卷，以攻訐一代名臣范仲淹，則胡仔、王灼、李心傳以至
趙彥衛等人，自然亦可摭拾異聞，不惜誣蔑才女李易安，以表示其廣聞博覽。

　　俞正燮在〈易安居士事輯〉中，曾列舉宋人好誣蔑的事例，其中提到《四
朝聞見錄》有劾朱文公（熹）閨闈中穢事疏，及朱（熹）謝罪表（朱熹謝罪
表，收入《朱文公文集》卷八十五，篇名爲〈故秘閣修撰依前官謝表〉）。宋
代大賢如歐陽修、范仲淹、朱熹等，既然都被當代的人攻訐誣蔑，悠悠眾口，
無一完人；「才高眾忌人情薄」的李清照，蒙受改嫁離異之冤，似亦無足爲奇
矣。

　　俞正燮在〈易安居士事輯〉中說：「審視〈金石錄後序〉，始知頌金（應
爲頒金之誤）事由，綦（崇禮）有湔洗之力。小人改易安謝啓，以飛卿玉壺
爲汝舟玉臺，用輕薄之詞，作善謔之報。」俞氏這一推斷，從啓文內容分析，
頗近乎事實。宋室南渡之初，人心惶惶，李清照以家藏鼎彝古器書畫甚多，
不免爲人覬覦，遂有人誣言其家以張飛卿售與之玉壺，贈送金朝以通好。「頒
金」是通敵大罪，謝啓中有許多辭句，亦說明罪情的嚴重。李清照既被桎梏，
又遭囹圄之災，綦崇禮爲她洗刷罪名，李清照乃有此啓。其後誣蔑李清照者，
更竄改此啓，以坐實其夫死改嫁的流言，實亦有其可能，但以李清照被誣「頒
金」通敵之說，史書並無記載，而李清照〈金石錄後序〉對此事亦僅有簡略
的敘述：

　　　先侯（指其夫趙明誠）疾亟時，有張飛卿學士攜玉壺過視侯，便攜
　　　去，其實珉也。不知何人傳道，遂妄言有頒金之語，或傳亦有密論
　　　列者。余大惶怖，大敢言，亦不敢遂已，盡將家中所有銅器等物，
　　　欲赴外廷投進。

在李清照被謠言所困擾而大惶怖的時候，自可能到處懇求親朋，代向政府澄
清謠諑；但是李清照自己在〈金石錄後序〉中，並未敘及被冤刑訊和收獄的
情事，僅說「或傳亦有密論列者」，祇是傳說可能被人秘密檢舉。李慈銘（蓴

客）在〈書陸剛甫觀察「儀顧堂題跋」後〉一文，特別提到李心傳《建炎以
來繫年要錄》的另一條記載：〔31〕

> 《要錄》又載：「建炎三年閏八月，和安大夫開州團練使致仕王繼先
> 嘗以黃金三百兩，從故秘閣修撰趙明誠家市古器。兵部侍郎謝克家
> 言：『恐疏遠聞之，有累盛德，故望寢罷。』上批令三省取問繼先。」
> 則所云徵及玉壺，傳聞置獄，當在此時。王繼先本姦黠小人，時方
> 得幸，必有恫嚇之事。

李慈銘這一看法亦頗合理。謝克家爲趙明誠的中表兄弟，與綦崇禮既爲姻親，
而綦爲宋高宗所親信，亦可能從中代爲進言，以免李清照爲王繼先所訛詐，
則李投啓綦崇禮申謝，亦屬情理之常。而當時小人挾嫌竄改啓文，藉以爲李
清照夫死改嫁的僞證，更非毫無可能的揣測。總之，《雲麓漫鈔》中所收錄這
篇李清照〈投翰林學士綦崇禮啓〉的眞實性極低，非爲捏造，亦必經竄改，
不具採信價值。

五、對於六種傳言的反駁

綜上所述，宋人指稱李清照夫死改嫁的六種記載，都是摭拾傳聞，轉相
援引，既非眞實史料，自難憑信。而《雲麓漫鈔》所收錄李清照的〈投翰林
學士綦崇禮啓〉，誇張矛盾，不符事實，顯爲小人捏造或竄改，尤無採信價值。
宋人的記述既已失眞，嗣後歷代文人的傳述，更無非人云亦云。甚至若干藉
宋人此等不實之記載，坐實李清照夫死改嫁的考證，更屬強爲之辭。蓋前提
既已落空，又何能得出足以令人信服的結論。

自明萬曆年間，閩縣徐燉指責《漁隱叢話》所稱李清照夫死改嫁之說，
爲「殊荒謬不足信」之後，有清一代文人，如謝章鋌《賭棋山莊詞話》、陸以
湉《冷廬雜識》、陳廷焯《白雨齋詞話》、吳衡照《蓮子居詞話》、葉廷琯《鷗
波餘話》，以及況周頤、薛紹徽、蕭道管等人，無不認爲李清照改嫁之說，乃
千古厚誣，荒唐不足信。尤以盧見曾、俞正燮、陸心源、李慈銘及近人夏瞿
禪的辨證，最爲精到周詳。他們都是搜羅事證，說明李清照夫死之後，身爲
趙氏嫠婦，絕無改嫁之事。他們的論點是：

甲、知命衰年何能改嫁

傳說李清照夫死改嫁之年已近五十，衰年老婦，且出自名門望族，豈有
改嫁之理。這是認爲李清照絕無改嫁之理由者一致說法。茲選錄徐燉、盧見
曾及吳衡照三人的言論，以爲代表：〔32〕

（1）徐燉的《徐氏筆精》說：李易安，趙明誠之妻也。《漁隱叢話》云：趙無嗣，李又更嫁非類。且曰，其啓曰：猥以桑榆之晚景，配茲駔儈之下才。殊謬妄不足信。蓋易安自撰〈金石錄後序〉，言明誠兩爲郡守，建炎己酉八月十八日疾卒。且曰：「余自少陸機作賦之二年，至過蘧瑗知非之兩歲，三十四年之間，憂患得失，何其多也！」作序在紹興二年，李五十有二，老矣。清獻（按應爲憲）公之婦、郡守之妻，必無更嫁之理。今各書所載〈金石錄後序〉，皆非全文，惟余家所藏舊本，序語全載。更嫁之說，不知起於何人，太誣賢媛也。

（2）盧見曾在〈重刊金石錄序〉中說：「德夫之室李清照字易安，婦人之能文者。相傳以爲德夫之歿，易安改嫁，至有桑榆晚景，駔儈下材之言，貽世譏笑。余以是書所作跋語考之，則知其絕無是也。德夫歿時，易安年四十六矣，遭時多難，流離往來，具有蹤跡。又六年始爲是書作跋，是時年已五十有二，匪夏姬之三少，等季隗之就木，以如是之年而猶嫁，嫁而猶望其才地之美、和好之情，亦如德夫昔日；至大失所望而後悔之，又不肯飲恨自悼，輒諜諜然形諸簡牘，此常人所不肯爲，而謂易安之明達爲之乎？觀其迭經喪亂，猶復愛惜一二不全卷軸，如護頭目，其惓惓德夫不忘若是，安有一旦忍相背負之理？此子輿氏所謂好事者爲之，或造謗如《碧雲騢》之類，又可信乎？易安父李文叔，即撰〈洛陽名園記〉者。文叔之妻，王拱辰孫女，亦善文，其家世若此，猶不應爾。余因刊是書而並爲正之，毋令千載下易安猶蒙惡聲也。」

（3）吳衡照在《蓮子居詞話》中說：「世傳易安居士再適張汝舟，卒至對簿，有與綦處厚啓云云，爲時訕笑。今以〈金石錄後序〉考之，易安之歸德甫，在建炎辛巳，時年一十有八；復二年癸未，德甫出仕宦。越二十三年靖康丙午，德甫守淄川。其明年建炎丁未，奔母喪。又明年戊申，德甫起復知建康府。又明年己酉春罷職，夏被旨知湖州，秋，德甫遂病不起，時易安年四十有六矣。越五年紹興甲寅，作〈金石錄後序〉，時年五十有一。其明年乙卯，有〈上韓胡二公詩〉，猶自稱閭閻嫠婦，時年五十有二。豈有就木之齡已過，墜城之淚方深，顧爲此不得已之爲，如漢文姬故事。意必當時嫉元祐君子者，攻之不已，而及其後；而文叔之女多才，尤適供謠諑之喙，致使世家帷薄，百世而下，蒙垢抱誣，可慨也已。」吳衡照特別注意到以李清照之多才，遂爲攻訐者選作目標，成爲「箭靶子」。這一看法頗合情理，我們相信

李清照的蒙冤，多少與她的才高眾忌，成爲社會流言的箭靶有關。

乙、改嫁張汝舟在時空上皆不可能

根據李易安的〈金石錄後序〉，在丈夫死後幾年中流離奔走，行踪皆有記載；直到紹興二年李清照四十九歲再度赴杭以後，以序文回敘趙明誠病亟時，張飛卿攜玉壺過訪，嗣後引起謠傳爲人密告的往事，才未見有關其本人行踪的敘述。而張汝舟剛在這一年九月，被其妻李氏控告，以私罪除名，行遣柳州編管；於是有人就說李清照夫死改嫁，就是在這一年夏天，結婚三個月，就控告張汝舟妄增舉數入官。張汝舟因被削職爲民，發遣柳州編管，而李清照亦依宋代法律，以妻控夫，其罪雖實，亦須判刑的規定，坐了九天牢獄，經人救援才獲釋出。

這一說法完全根據《雲麓漫鈔》那篇啓文中的兩句話：「友凶橫者十旬，蓋非天降；居囹圄者九日，豈是人爲」附會出來的，見黃盛璋〈李清照事跡考辨〉。其實李慈銘、況周頤以及夏瞿禪等，查對紹興二年李清照與張汝舟二人的行踪，早已證明；雖然這一年中，李清照的行踪未見敘述，但張汝舟的事跡卻有記載，在短短的三四個月中，李清照豈能有嫁而復離的時間。且看李、況、夏三人的說法：〔33〕

（1）李慈銘說：「易安〈金石錄後序〉自題：『紹興二年玄黓歲壯月朔甲寅易安室題。』（李心傳）《要錄》繫訟增舉事於紹興二年九月戊午朔，相去一月。豈有三十日內，忽在趙氏爲嫠婦，忽在張氏訟其夫，此不待辨者也。又易安於紹興三年五月上使金工部尙書胡松年詩，有『嫠家祖父生齊魯』之句，則易安以老寡婦終，已無疑義。」（〈書陸剛甫觀察「儀顧堂題跋」後〉）李蓴客的看法頗有見地。近人夏瞿禪考證李易安作〈金石錄後序〉時應爲紹興五年（宋人洪邁在《容齋四筆》中則說〈後序〉爲紹興四年所撰），〔34〕其時猶在張汝舟除名之後三年，即張汝舟紹興二年與其妻李氏涉訟之時，易安確猶爲趙家之一嫠，更可爲雪誣之一證。

（2）況周頤說：易安如有改嫁之事，當在建炎三年明誠卒後、紹興二年汝舟編管以前。建炎三年七月易安至建康，八月明誠卒；四年易安往臺州，之越州，十二月至衢州；紹興元年復之越；二年至杭。汝舟，建炎三年知明州；四年復知明州，六月主管江州太平觀；紹興元年往池州措置軍務，尋爲監諸軍審計司；二年九月以增舉入官，除名編管。此四年中兩人蹤跡判然，何得有嫁娶之事。舊說冤謬，不辨而明矣。因據越縵跋尾，書此以廣所未備。

（《越縵堂乙集・書陸剛甫觀察〈儀顧堂題跋〉後校》）

（3）夏瞿禪說：況周頤謂易安如嘗改嫁，當在建炎三年明誠卒後、紹興二年汝舟編管以前，因歷舉易安、汝舟此四年間行實，決其無嫁娶之事。李佩秋先生考定建炎間知明州之張汝舟，乃毘陵人，與編管柳州之張汝舟實非一人，然則況氏所舉皆毘陵進士之事，蓋與易安無涉矣。予細案易安此四年間事，建炎三年十二月依弟迒於臺州；建炎四年十二月又偕迒至衢州，此兩年姊弟相依，當無改嫁之事。次年（紹興元年）三月赴越，卜居士民鍾氏宅。若改嫁當在此時，至明年（紹興二年）九月間（汝舟九月除名，十月行遣）。考《宋史》張九成舉進士即在紹興二年三月，易安爲詩誚之，所謂「桂子飄香張九成」也。設易安如此時改嫁，是以四十八、九歲之名門老嫠，爲駔儈下才而墜節，方且匿恥掩羞之不暇，其敢爲諧笑刻薄之辭，誚科第新貴，以自取詬侮哉。以情理度之，必不致有此，此亦雪誣之一旁證，爰拈出之。李越縵（慈銘）〈書陸剛甫觀察「儀顧堂題跋」後〉論易安事，亦引「桂子飄香」之語，謂：「足證其嫠居無事，若方與後夫爭訟仳離，豈尚有此暇力弄狡獪乎？」然誚九成詩作於三月，汝舟涉訟則在九月。予謂即在涉訟之前，亦不致爲此，卻非因爲無暇。此與越縵之說，義可相補也（《《易安居士事輯》後語）。

以上所引李慈銘、況周儀、夏瞿禪三人的分析，可知李清照唯一可能改嫁的時日，即爲紹興二年春天自越赴杭以後。〈李清照事迹編年〉的作者認爲紹興二年夏，約在四五月間，李清照再適張汝舟，而張汝舟以九月屬吏，才符合李清照投綦崇禮上「友凶橫者十旬」，亦即結婚一百天的說法。但是這樣夏婚而秋離的兒戲式婚姻，又何能加到名門嫠婦李清照的身上？作僞者的心勞日拙，亦可見矣。

丙、既經改嫁何能終老趙家

根據現存李清照的文章，以及宋代若干史書的記載和名人的著述，都可證實李清照直到晚年，始終是以趙門嫠婦自稱，而諸家的記載亦都以「趙令人」或「明誠（德甫）之妻」稱之。假如她是夫死改嫁，又何能自稱嫠婦？大賢如朱熹又何能如此推崇她（見前述）；而謝伋在《四六談麈》中，更以「趙令人」稱之。謝伋寫書時，李清照已六十歲，而較此更後的則爲陸游（放翁）在《渭南文集》卷三十五〈蘇夫人孫氏墓誌銘〉所說：「夫人幼有淑質，故趙建康明誠之配李氏，以文辭名家，欲以其學傳夫人，時夫人始十餘歲。」孫夫人生於紹興十一年，如其遇李清照時爲十五歲，則紹興二十五年，其時已

七十三歲。〔35〕假如李清照六十歲時，被人尊爲趙令人；七十三歲時，陸游仍記其爲「故趙建康明誠之配」；則她直到暮年仍爲受人禮重的趙氏嫠婦，又有何可疑？

中國儒家對婦人改嫁他人，即不認其爲家族中人。《禮記·檀弓》記載：「子思之母死，子思哭於廟，門人至，曰：『庶氏之母死，何哭於孔氏之廟？』子思曰：『吾過矣。』遂哭於他室。」子思的母親在伯魚死後，嫁於衛之庶氏。既嫁即非孔氏家族之人，即連親生的兒子也不得在家廟中哭祭，這是何等嚴格的規矩。李清照和趙明誠並未養育子女，假如她有夫死再嫁的事實，不但不能再以趙氏嫠婦自居，更不能再度回到趙家，和趙氏家族共同生活，這是我國的族規，也是所謂禮教的名分問題。但是李清照自始至終和趙氏家住在一起，而且她所主持的家，對外仍然是趙明誠的家，足見她自始至終都爲趙氏的嫠婦。

紹興四年十月間，李清照以聞淮上警報，遂從臨安泝流，涉嚴灘之險，抵金華，卜居陳氏第。她在〈打馬圖經自序〉中說：「乍釋舟楫，而見軒窗，意頗適然。更長燭明，奈此良夜何！於是乎博奕之事講矣。」李清照認爲打馬爲閨房雅戲，「簡要而苦無文采，取其賞罰互度，每事作數語，隨事附見，使兒輩圖之。使千萬世後，知命辭打馬，始自易安居士也」。可見李清照紹興四年避難金華時，是和頗多的家人同住的；更重要的是她命辭打馬，居然「使兒輩圖之」。她自己無子女，這兒輩可能是其弟李迒的子女，更可能是趙明誠的二哥趙思誠的子女。因爲趙思誠在紹興四年五月，以徽猷閣待制知溫州，爲殿中侍御史常同所劾；八月又調知臺州。官運不佳，可能將家人併移金華，和李清照住在一起。這當然是李清照未離趙家的佐證。〔36〕

更重要的是紹興「五年五月三日，詔令婺州取索故直龍圖閣趙明誠家藏《哲宗皇帝實錄》繳進」（見《宋會要輯稿》第五十五冊〈崇儒〉四引）。婺州即金華，趙明誠家即李清照家。李心傳《建炎以來朝野雜記》甲集卷四亦載此事，說是蔡京所修《哲宗實錄》，得於故相趙挺之家。可見李清照藏有此書，且已繳進。〔37〕這是年已五十二歲的李清照身爲趙氏嫠婦，率領趙氏婦孺，避地金華的官方記載，自可闢正任何妄稱李清照夫死改嫁的讕言。〔38〕

六、晚節流蕩無依之誣蔑

對李清照最爲毒辣而無稽的誣蔑，無過於王灼《碧雞漫志》卷二的記載，既說她「晚節流蕩無依」，又說她對「閭巷荒淫之語，肆意落筆」。王灼以道

學自居，信口雌黃，直把李清照說成流落江湖的蕩婦。以後晁公武就受他影響，跟著說李清照無檢操，「晚節流蕩江湖以卒」；甚至陳振孫也說她「晚歲頗失節」。我們對宋代文人著作的落筆輕率，深以為怪。〔39〕

甲、李清照囊有餘資

首先，我要說明李清照並不窮。李清照在趙明誠死後，時值變亂，金人南窺，宋高宗的行在流徙無定，因而備嘗奔走之苦。但是趙、李兩家這時尚有很多人在朝為官。〈金石錄後序〉特別提到趙明誠的妹婿，任兵部侍郎，「從衛在洪州」，也就是說隨同朝廷在江西南昌，李清照曾經「遣二故吏先部送行李往投之」。後來洪州陷敵，「上江既不可往，又虜勢叵測，有弟迒任勅局刪定官，遂往依之」。李迒所任勅局刪定官的職責，為「掌裒集詔旨，纂類成書」（《宋史‧百官志》），亦為侍從官員，必須追隨行在。以後李清照到台（浙江臨海），之剡（浙江嵊縣），走黃巖（浙江黃巖），雇舟入海，奔行朝，駐驛章安（鎮名，屬浙江臺州），從御舟行海道，之溫（浙江溫州），又之越（浙江紹興），都是跟著李迒，追隨宋高宗到處避難。庚戌十二月，放散百官，遂之衢。這時李迒的官職被遣散，姊弟二人遂到衢州暫住。〔40〕紹興元年辛亥，李清照四十八歲，三月間李迒回行在。全家又到越州會稽，卜居土民鍾氏宅，被盜書畫硯墨五大箱，其中有極名貴的唐代閻立本所畫〈蕭翼賺蘭亭圖〉。〔41〕足見李清照雖然流離遷徙，但以追隨行在，行李不致損失，仍擁有大批收藏的書畫古器。例如她所收藏的《金石錄》二千卷，及以後奉詔繳進的《宋哲宗實錄》計一百九十四卷，都是卷帙浩繁的大部頭書。足見李清照〈金石錄後序〉所稱，會稽被盜後，收藏「廼十去其七八」，僅「有一二殘零不成部帙書冊三數種」的說法，顯為訴苦而誇張的過甚之辭。

李清照紹興四年率同家人避地金華，居陳氏第。紹興五年三月作〈武陵春〉詞，懷念前夫趙明誠，有「物是人非事事休，欲語淚先流」等句。據夏瞿禪考證，易安〈金石錄後序〉作於是年，則所謂「物是人非」，必為重讀《金石錄》，見德夫手澤而有此感觸。但亦可見李清照寄居金華時，生活優閑，得以博奕打馬，填詞寫序。既然她於夫死後，仍能享受著安適的家庭生活，豈可謂之「流蕩江湖」？看她在〈武陵春〉詞中對趙明誠的一往情深，又何能說「晚歲頗失節」。陳廷焯《白雨齋詞話》說：「易安〈武陵春〉後半闋云：『聞說雙溪春尚好，也擬泛輕舟；只恐雙溪舴艋舟，載不動，許多愁。』又淒婉，又勁直。觀此益信易安無再嫁事，即風人『豈不爾思，畏人之多言』也。〈投

綦公〉一啓，後人僞撰，以誣易安耳。」陳廷焯的說法頗有道理，因爲李清照夫死之後，稍有積蓄，生活安適，即令出售古董字畫也可度日（例如前述宋高宗的醫官王繼先於明誠死後，曾以黃金三百兩，從李清照處市古器）；而且趙、李兩家仍有頗多達官貴人，李清照既無再嫁的理由，更無改嫁之必要。

乙、李清照家族貴盛

尤其紹興二年，時局略見平定，宋高宗離城返杭。建炎四年放散的行在百官，也陸續返杭起復。李清照被盜之後，不願在越居住，亦於紹興二年全家遷居杭州。其弟李迒原爲行在員司，回到杭州後，當可以原官起復。這時趙明誠的大哥存誠以待制守廣州，二哥趙思誠以直秘閣主管太平觀。紹興二年八月間，趙思誠調守起居郎，亦回杭州居住。紹興三年正月，趙思誠以起居郎試中書舍人。紹興四年五月眞除中書舍人時，爲殿中侍御史常同所劾；八月復改爲徽猷閣待制，出知臺州。〔42〕在趙思誠出知臺州之前的三四年內，趙、李兩家都有很多人住在杭州，兩家的親戚亦復不少。宋人記載中可考者，如謝克家與趙明誠爲表兄弟，同爲郭槩的外孫；〔43〕李清照與秦檜的妻子王氏亦爲中表；〔44〕謝、秦兩家都具有相當權勢。而李清照晚年所寫那首以「落日鎔金，暮雲合璧」起句，爲當時人所傳誦的〈永遇樂〉，詞中自敍酬應之繁，有「來相召，香車寶馬，謝他酒朋詩侶」的盛況，可見李清照早以詩酒馳名，因而有那麼多的酒朋詩侶，紛紛以香車寶馬前來相召。李清照晚年更常有召宴親族的盛舉，她有一首〈蝶戀花〉，下題「上巳召親族」，其下半闋爲：「隨意杯盤雖草草。酒美梅酸，恰稱人懷抱。醉莫插花花莫笑，可憐春似人將老。」何廣棪的《李易安集繫年校箋》說：「此詞亦南渡後追懷京洛之作，『可憐春似人將老』一句，足證清照其時已垂暮。」試想李清照以垂暮之年，尚能於上巳日招宴親族，雖自謙杯盤草草，且也酒美梅酸，顯然蔗境彌甘，何能厚誣她「晚節流蕩無依」？

丙、李清照收藏甚富

李清照晚年生活並不貧困，既如前述。此外，尚有兩段宋人記載，可以證明李清照的「囊有餘資」和「交游貴盛」。〈李清照事迹編年〉的作者考定，李清照曾在紹興二十年庚午（西元 1150 年）六十七歲時，親訪米芾（元章）之子米友仁，爲其所藏米元章墨蹟題跋。據米友仁在跋中所說，米元章那幅字的價值可抵黃金千兩；而且李清照帶給他看的前人墨蹟，尚不止一幅，李清照收藏之富，可見一斑。宋人岳珂（岳飛之孫）《寶眞齋法書贊》卷十九，

所載米元章〈靈峯行記帖〉的米友仁跋，即說：「易安居士一日攜前人墨蹟臨顧，中有先子留題，拜觀不勝感泣。先子尋常爲字，但乘興而爲之，今之數字，可比黃金千兩耳，呵呵。」

同書卷二十，載米友仁的又一跋，說：「先子眞蹟也。昔唐李義府出門下典儀，宰相屢薦之。太宗召試講武殿，賜坐，而殿側有烏數枝，上令作詩詠之。先子因暇日偶寫，今不見四十年矣。易安居士求跋，謹以書之。」〔45〕

這兩則跋語的署名，都爲「敷文閣直學士、右朝議大夫、提舉佑仁觀，友仁謹跋」，可知李清照所擁有的許多收藏中，至少有兩幅米襄陽的眞蹟，當時價值已非常貴重。同時亦證明李清照晚年文名藉藉，交游貴盛，爲世所重。那時米友仁年已八十左右，對李易能如此尊敬，親自爲她寫下兩則題跋；這豈是晚節無檢操，流蕩江湖的婦人所能辦得到的？

丁、李清照名動宮廷

另外一段是宋人周密所作《浩然齋雅談》卷上的記載：「李易安紹興癸亥在行都，有親聯爲內命婦者，因端午進帖子。……時秦楚材在翰苑，惡之，止賜金帛而罷。」〔46〕進帖子原爲學士院的事。陳元靚《歲時廣記》卷二十二引《皇朝歲時雜記》的記載說：「立春及端午，學士院前一月，撰皇帝、皇后、夫人閤門帖子，送後苑作院，用羅帛製造，及期進入。」〔47〕進帖子的事，南渡以後即已廢置。紹興十三年癸亥立春節，才恢復進帖子。〔48〕大概李清照的詩詞，這時已名動宮禁，李氏親聯中的命婦爲取悅宮廷，遂請李清照代作。《李易安集》中收有〈立春帖子詞〉三首、〈端午帖子詞〉三首，皆爲紹興十三年癸亥六十歲時所寫。這時秦檜的哥哥秦梓（楚材）正爲翰林學士，對李清照越俎代庖，使學士院顏面無光，可能不太愉快，但以李清照與秦檜的妻子王氏爲中表之親，祇得「止賜金帛而罷」。李清照晚年開罪權貴，自是不智，但代作帖子，宋代原有此例。以後俞正燮等人或以爲李清照開罪了這批學士院中人，大家遂造她夫死改嫁的謠言。此說雖有可能，並不足信。李清照與秦檜之妻王氏既有戚誼，代進帖子詞亦可能與王氏有關，秦梓投鼠忌器，似不致對李清照作如此報復。不過李清照晚年交游貴盛，甚至和宮廷命婦往還的事實，自可否定王灼《碧雞漫志》說她「晚節流蕩無歸」的誣蔑。

七、堪歎千古悠悠之口

以上所述，既已證明李清照並未改嫁，晚年更不是流落江湖以卒，並說明宋人說部記載，大都摭拾傳聞，以訛傳訛，殊不足信。如果承認這些推斷

都可成立，那麼最後的一個疑點尚須澄清，爲甚麼宋人對李清照會有故加誣蔑的流言？

　　清人爲李清照辨誣者對此有幾種說法。盧見曾認爲宋人好事者故意編造，用以誣蔑才女（其說已見前述），比較近乎情理，有許多人同意這一看法。但是無風不起浪，誣蔑亦須有起因。我個人認爲李蓴客（慈銘）的看法，頗能言之成理，而且也似乎更爲接近事實。李蓴客說：

> 至張汝舟妻李氏，或本易安一家，與夫不咸，訟訴離異，當時忌易安之才如學士秦楚材者，及被易安誚刺如張九成者等，因將此事移之易安。或汝舟之妻亦嫻文字，作文自述被夫欺凌毆擊之事，其訟妄增舉數時，亦必牽及閨門乖忤，自求離絕，及置獄根勘得實，並遂其請。後人因其適皆李姓，遂牽合之，李微之（心傳）不察而誤採之。（〈書陸剛甫觀察「儀顧堂題跋」後〉）

李蓴客這一看法，和前述吳衡照「文叔之女多才，尤適供謠諑之喙」的論點，可謂所見略同。李清照出身仕宦之家，自幼有才女之稱，未免心高氣傲。宋室南渡，倉皇離亂，且以夫死，而一度至爲狼狽。但幼弟與夫兄均在政府供職，一俟政局稍安，所攜書畫古器仍極貴重，生活既頗優裕，難免眼高於頂；加以交游貴盛，歡喜批評當時文士，因而開罪於人。這時剛巧有張汝舟的妻子李氏控告丈夫貪污，遂有人誣指這李氏，即爲李格非之女，能爲歌詞的易安居士李清照。以後更有好事之徒，僞造或竄改那篇〈投內翰綦崇禮啓〉，來附會這段謠言。雖然謠言止於智者，但是李清照仍蒙受了千古莫辯的冤屈。

　　歷史重證據，有關李清照改嫁的宋人說部記載，既都出諸道聽塗說；而宋代大儒如朱熹、陸游、洪邁皆爲李清照同一時代的人，或尊稱李清照爲趙令人，或鄭重稱述其與趙明誠的夫婦關係。孰眞孰僞，一望而知。但千古悠悠之口，似皆以毀人名節爲快，或竟謂婦人改嫁，亦屬人情之常。然以宋代講求禮教與理學的社會，豈有老婦五十而嫁，嫁後三月而訟離，而此老婦竟爲一代才女李清照。其事之荒唐，實難令人輕信。（《中外文學》第十三卷第五期）

附註

〔1〕前人有關李清照是否改嫁問題，甚多爭議。何廣棪《李易安集繫年校箋》（以下簡稱《繫年校箋》）曾加彙載，詳見《繫年校箋》，頁139至頁184，並參見王仲聞《李清照集校注》（以下簡稱《校注》）附錄，頁310參考資料。

〔2〕黃盛璋的〈李清照事迹考辨〉、王仲聞〈李清照事迹作品雜考〉，均經何廣棪收

錄，詳見《繫年校箋》，頁 156 至頁 178。〈李清照事迹編年〉，則收入王仲聞〈校注〉附錄。

〔3〕黃盛璋特別強調宋人不禁婦女改嫁之說，詳見《繫年校箋》，頁 172。

〔4〕參看《繫年校箋》，頁 141 所引陸以湉《冷廬雜識》論點。

〔5〕〈詞論〉一文，胡仔收入《苕溪漁隱叢話》後集卷三十三，並對之大肆譏評。何廣棪收入《繫年校箋》，頁 185，並於文後附列各家評箋。王仲聞《校注》將〈詞論〉收入頁 194 至 201，並附列參考資料三種。

〔6〕參考俞正燮〈易安居士事輯〉。王仲聞將俞文收入《李清照事迹編年》附錄，列入《校注》，頁 275 至 282。

〔7〕參看王仲聞〈李清照事迹編年〉，或《校注》，頁 267 至 269。

〔8〕黃盛璋〈李清照事迹考辨〉說宋代記載李清照改嫁的共有七家。除本文所分述的六家外，他把趙彥衛《雲麓漫鈔》所收錄的〈投內翰綦公崇禮啟〉，也算為「記載改嫁明確無疑」的一家。但趙彥衛僅收錄了這篇疑似偽造的啟文，並未表示意見，不能算是一家。故另列一節，並對之略加分析。

〔9〕〈李清照事迹編年〉作者王仲聞說：紹興十八年，清照六十五歲；秋八月十五日胡仔為《苕溪漁隱叢話》前集作序。但書實成於序後約十年左右，書中所載事有下至紹興二十九年者，且有若干處引用洪邁《夷堅志》。參見《校注》，頁 264。

〔10〕參見《校注》，頁 267。

〔11〕〈李清照著作考〉轉錄《四庫全書總目提要·詞曲類·漱玉詞》。參看《校注》，頁 299。

〔12〕〈李清照事迹編年〉作者考定晁公武《郡齋讀書志》必成書於紹興三十二年（西元 1162 年）以後（參見《校注》，頁 268）。〈李清照著作考〉亦認為《郡齋讀書志》成書於乾道年間（《校注》，頁 293）。洪适《隸釋》成書於乾道二年（1166）。李心傳亦生於是年（《校注》，頁 271）。陳振孫於理宗端平年間始為浙西提舉，著書更在西元 1235 年之後。

〔13〕劉聲木的說法，參見何廣棪《繫年校箋》，頁 150。

〔14〕王仲聞〈李清照事迹編年〉對晁公武《郡齋讀書志》的著作，與不同版本有詳細考證。參見《校注》附錄，頁 267 至 269。

〔15〕洪适〈金石錄跋〉一文，收入《繫年校箋》附錄，頁 313，並參看《校注》附錄，頁 271〈李清照事迹編年〉。

〔16〕參看〈李清照事迹編年〉轉引朱熹原文（《校注》，頁 266）。

〔17〕參看《校注》卷三，頁 189 參考資料《容齋四筆》卷五原文。

〔18〕黃盛璋推測李清照表上《金石錄》當在紹興十三年間。王仲聞亦認為「或有可能」，見〈李清照事迹編年〉（《校注》附錄，頁 266）。

〔19〕李心傳生於乾道二年（西元 1166 年），卒於淳祐三年（西元 1243 年），年七十八，《宋史》有傳。所作《建炎以來繫年要錄》，載有李清照訟張汝舟事，近人黃盛璋引爲李清照改嫁鐵證，見〈李清照事迹考辨〉（《繫年校箋》，頁 156 至 173）。俞正燮的〈易安居士事輯〉則力斥李心傳的記載道聽塗說，殊多舛誤，參看《校注》附錄，頁 275 至 282 所引錄〈事輯〉全文。

〔20〕〈李清照著作考〉，見《校注》附錄，頁 297。

〔21〕爲便於讀者參考，附載〈投內翰綦公崇禮啓〉全文於後（編者案：此文已見本《彙編》「宋代」部分）。

〔22〕明、清兩代學者駁斥李清照改嫁讕言者，自徐𤊹以下，復有謝章鋌、盧見曾、陸以湉、黃友琴、胡薇元、俞正燮、陸心源、李慈銘、葉廷琯、薛紹徽、吳衡照、陳廷焯、端木埰、況周頤等。今人則有謝无量、夏承燾、唐圭璋等人。其中以俞正燮、李慈銘、況周頤之說爲最詳，夏承燾之說爲最確。他們提出的質疑，尚無人能作出圓滿解答。

〔23〕最近大陸學人對黃盛璋所主張李清照改嫁之說，紛紛爲文駁斥。如劉憶萱〈李清照研究中的問題〉、鄭國弼〈李清照改嫁辨正〉，均刊於《齊魯學刊》1984年第 2 期。他們對這篇〈謝啓〉的眞實性都表示懷疑。鄭文除指出：〈謝啓〉不但不是作者改嫁的自供狀，而是一篇聲淚俱下的辨誣書；更列舉六大證據，說明李清照並未改嫁。此外，黃墨谷的《重輯李清照集》更附有兩篇文章：一爲〈翁方綱《金石錄》本讀後——兼評黃盛璋〈李清照事迹考〉中〈改嫁新考〉〉，二爲〈投內翰綦公崇禮啓考辨〉，也是兼評黃盛璋〈改嫁新考〉的。這幾篇文章對黃盛璋、王仲聞等抹殺史實，臆斷爲文，都深表不滿。

〔24〕黃盛璋〈李清照事迹考辨〉對張汝舟「何以要用欺騙手段，迎娶一個年近半百的寡婦」的解釋，硬說是「大概主要貪圖清照的財物，所以娶回之後，財物到手，即加虐待」；又說：「這種事究竟眞象如何，現在已很難考明，上面所說也只是一種推測，但是我們也無法否定這種可能存在。」可見黃盛璋全憑臆斷，以不負責態度，寫出了李清照〈改嫁新考〉（參看《繫年校箋》，頁 171）。

〔25〕黃盛璋爲解釋〈謝啓〉中「付之廷尉」、「被桎梏以置對」，以及「居囹圄者九日」，特別引證宋代《刑統》第二十四卷「告周親尊長罪」，即妻告夫者雖得實，告者仍須處徒刑二年。黃盛璋認爲李清照控告本夫，本應判徒刑二年，但因綦崇禮的幫助，只坐了九天牢獄（見〈李清照事迹考辨〉，《繫年校箋》，頁 168 轉引）。王仲聞《校注》，頁 252 附錄〈李清照事迹編年〉對此亦有頗爲詳盡的解釋，可參閱。

〔26〕朱熹對《金石錄》的評語，參見《校注》，頁 266 附錄〈李清照事迹編年〉。

〔27〕王仲聞〈李清照事迹編年〉「清照四十九歲作啓謝綦崇禮」條下有此兩項記載，可參看《校注》附錄，頁 251 至 252。

〔28〕參看《繫年校箋》，頁165至168。

〔29〕參看《校注》附錄，頁281俞正燮〈易安居士事輯〉。

〔30〕樊增祥〈題李易安遺像詩並序〉，原刊冷雪盦本《漱玉詞》，經何廣棪收入《繫年校箋》附錄，頁335。

〔31〕李慈銘此文，經王仲聞收入《校注》附錄，頁286至288。

〔32〕徐燉、盧見曾及吳衡照三文，均由何廣棪分別收入《繫年校箋》，頁139、140及149。

〔33〕李、況、夏三人的論點，均經何廣棪收入《繫年校箋》，頁146至147，頁152及頁155至156。

〔34〕夏承燾云：洪邁《容齋四筆》僅後易安作序六十餘年，嘗親見〈後序〉原稿於王厚之處，謂：「紹興四年也，易安年五十二矣。」（見《容齋四筆》卷五）其云「紹興四年」，與今本〈後序〉不同，而文中「辛巳歸趙」一語，亦未嘗異。今既定辛巳歸趙為較可信，則依其自述之文以推，辛巳十八為始婚之年，五十二為作〈後序〉之歲，是易安實生於元豐七年甲子，〈後序〉當作於紹興五年乙卯也。據《宋史》本紀，紹興五年之八月，實壬寅朔，乃悟署年原文當作「紹興五年壯（八月）玄黓（壬寅）朔甲寅」。玄黓（壬寅）所以紀朔，甲寅則以紀日。予為此說，猶有一事足為旁證者，王半塘刊《漱玉詞》，載諸城舊藏易安三十一歲小象，明誠題辭署政和甲午。政和四年，逆數三十一年，易安正生元豐七年甲子，是五十二歲作〈後序〉，其確為紹興五年之乙卯，更無疑義。《容齋隨筆》作紹興四年，必筆誤也（〈易安居士事輯後語〉，並見《繫年校箋》，頁124至125）。

〔35〕〈李清照事迹編年〉「清照年六十八至七十三歲」條下轉引陸游文（《校注》附錄，頁266至267）。

〔36〕〈李清照事迹編年〉「清照五十一歲」條下有趙思誠辭中書舍人及調知臺州的記載，可參看（《校注》附錄，頁255）。

〔37〕《校注》「清照五十二歲」條下高宗令婺州取索趙明誠家藏《哲宗實錄》。王仲聞竟不知婺州即金華，且說：「紹興二年，洪炎所言泉州故相趙挺之家藏實錄善本，殆即此書也。」王仲聞又說：「洪炎所說泉州故相趙挺之家，以實錄繳進事觀之，即明誠家亦即清照家也。據此，似清照平生行蹤，或曾至福建。倘確曾駐家泉州，則〈臨江仙〉詞所云『人老建安城』（趙萬里本作『人老建康城』），殆為入閩或出閩時過建安作，其時當在紹興二年與張汝舟離異之後。」王仲聞的地理知識如此貧乏，而臆測清照曾駐家泉州，尤為荒謬（參見《校注》附錄，頁258至259）。

〔38〕王仲聞不但疏於地理，對中國固有的禮法習俗，似乎亦都茫然無知。李慈銘說：李心傳《要錄》繫易安訟張汝舟事於紹興二年九月，但易安於紹興三年五月上書

韓肖冑與胡松年，先自稱「閭閻嫠婦」，再稱「嫠家父祖生齊魯」，仍在趙氏爲嫠
婦，可見易安必無再嫁之事（見《繫年校箋》，頁 146 至 147）。王仲聞竟於〈李
清照事迹編年〉「清照五十歲」條下辯稱：「人或以清照詩內自稱『閭閻嫠婦』，
遂以爲未曾改嫁之證，其說殊難成立。是時趙明誠已死，張汝舟已離異，稱嫠婦
有何不可？」（《校注》附錄，頁 254）他在〈李清照事跡作品雜考〉也說：「至
清照自稱爲嫠，則其時趙明誠已死，與張汝舟亦已離異，又何以不能稱嫠，稱嫠
又何以能證明其未改嫁？」如此強辭奪理，可發一笑。改嫁之後不能再冠前夫姓
氏，非獨中華古國爲然，即立國甫逾二百年的美國亦復如此。美國故總統甘迺迪
夫人賈桂琳，改嫁希臘船商歐納西斯後，即成爲歐納西斯夫人。歐納西斯死後，
即爲歐納西斯的遺孀。賈桂琳與甘迺迪雖育有子女，亦不能回頭進入甘氏家族，
更不能再冠甘迺迪姓氏。誠不知王仲聞何以連人事常識亦告缺乏？

〔39〕或有謂王灼「晚節流蕩無依」之說，不足以侮辱易安居士。但因王灼如此說，
以後晁公武說她「無檢操」，陳振孫也說她「晚歲頗失節」，致使易安人格受損，
故知王灼實爲始作俑者。若能細讀王灼《碧雞漫志》全文，（《校注》附錄，頁
319）當可知王灼誣蔑易安之用心。

〔40〕李清照於夫死後這段逃難時間的行踪，均記載於〈金石錄後序〉。

〔41〕此事見〈李清照事迹編年〉「清照四十五歲」條下，謝伋攜閻立本畫〈蕭翼賺
蘭亭圖〉過江寧，趙明誠借去不還。「清照四十八歲」條下，吳說得唐閻立本
畫〈蕭翼賺蘭亭圖〉於錢塘。

〔42〕有關趙存誠與趙思誠這段時間官職的調動，可參看〈李清照事迹編年〉（《校注》
附錄，頁 253 至 255）。

〔43〕黃盛璋說：根據王明清《揮麈後錄》卷七的記載，謝克家跟趙明誠是表兄弟，
同是郭槩的外孫（《繫年校箋》，頁 165 至 166 及附注）。

〔44〕王仲聞說：「清照母王氏，《宋史‧李格非傳》云：『王拱辰孫女，善屬文。』
宋莊綽《雞肋編》卷中云：『岐國公王珪，元豐中爲宰相。父準，祖贄，曾祖
景圖皆登進士第。漢國公準子四房，孫婿九人：余中、馬玿、李格非、閻邱籲、
鄭居中、許光疑、張燾、高旦、鄧詢仁皆登科。鄧、鄭、許相代爲翰林學士。
曾孫婿秦檜、孟忠厚同時拜相開府。』依《雞肋編》之說，則清照之母爲王準
之孫女，非王拱辰孫女，與《宋史》異。莊綽與清照同時，且所云秦檜與孟忠
厚爲僚婿，與史實合，疑莊綽所言爲是。」（見《校注》，頁 210 附錄〈李清照
事迹編年〉）

〔45〕參看〈李清照事迹編年〉「清照六十七歲」條（《校注》附錄，頁 264 至 265）。

〔46〕參見《校注》卷二，頁 124 參考資料。

〔47〕參見《校注》卷二，頁 121 注釋（一）端午帖子。

〔48〕王仲聞云：《建炎以來繫年要錄》卷一百四十八載：紹興十三年辛丑立春節，學

士院始進帖子詞，百官賜春旛勝，自建炎以來久廢，至是始復之。紹興十三年春，有吳貴妃自十三年閏四月立皇后後，貴妃閣即久虛。春帖子二首，必紹興十三年立春前作。《浩然齋雅談》卷上明載端午帖子詞三首，乃紹興十三年所作。

張以仁

【〈關於李清照再嫁之爭議〉講評】

李清照以她絕世的才華，雕金鏤玉，發為詞章，艷傳千古，像這樣一位不世出的女作家，她能得到後人的敬愛，是很應該的；她與趙明誠夫妻恩愛，兩情相悅而又志同道合，賭書識字，閨房之樂，勝於畫眉。可惜明誠早逝，雙飛折翼，以致清照晚景淒涼寂寞，她的遭遇，得到後人的同情憐惜，也是很自然的。因此，後人論及她夫死再嫁的事情，出之以義憤填膺的態度，為她洗刷，為她做出種種辯護，提供種種證明，希望維護自己心目中那一完美印象，或希望塑造一完美的偶像；這種反應，絕對是合情合理的。

不過，如果涉及學術的領域，討論到事實的是非以及資料的真偽，便得拋開一切情緒的反應，進入理智的思維之中。

邵德潤先生這篇報告，似乎正是本著上述態度，[1] 以流暢的文筆、衛道的精神，組織並發揮了前人的意見，駁斥再嫁之說，從資料的考證到事理的檢討，都曾著力為之。但是，這椿公案，並不如此易於定讞，至少對於下列幾項重點，邵先生的論文並沒有提供使人信從的解說。

一、李清照再嫁之說，有相當早期而且豐富的資料，這些資料，不只是小說筆記，更包括史書（《建炎以來繫年要錄》）、目錄（《郡齋讀書志》）、金石（《隸釋》）之書，這是一。而作者寫書時，有的還在清照生前，如《詩說雋永》的作者俞正己，他的書曾為胡仔的《苕溪漁隱叢話》所引用，而胡仔與清照同時；[2] 其他如王灼的《碧雞漫志》、晁公武的《郡齋讀書志》，成書時清照仍然健在；[3] 便是作《隸釋》的洪适，清照卒時他也三十八歲了；[4] 這是二。且有的作者，與清照居處相近，如胡仔之書，成於湖州；洪适之書，刻於越州，寫於杭州；[5] 即使王灼的《碧雞漫志》，雖寫於成都，邵文說他「與住在臨安的李清照相隔數千里，不但連她再嫁何人未能深悉，甚至生死都未知，故憑道路傳聞，妄下斷語」，實則王灼在紹興十二及十三年和清照一樣，都曾住在臨安，已有學者為文考證[6]，邵先生一時疏於檢驗，這是三。作者之中，如晁公武，更與趙、李兩家有親戚及世誼的關係[7]，這是四。綜

合來看，以上述諸作的性質，以及和清照時地距離之密接，和趙、李兩家的關係，加上各該作者的身分、地位、聲望、學識種種方面之言，都不應也不會捏造或傳播此一誣人名節之事件。

邵文雖曾花了很大的篇幅討論這些資料的信實度，但多憑主觀臆想，殊少確證。如論胡仔《苕溪漁隱叢話》的記述云：「胡仔記述李清照改嫁之事，是在稱讚她的詞中佳句之後，帶上這麼幾句，又像『補記』，又像『箋記』，最後又說：『傳者無不笑之。』足見他本人並未讀到這篇與綦處厚（崇禮）的啓事，亦祇是道聽塗說。」按胡書原文是：「近時婦人能文詞如李易安，頗多佳句，小詞云：『昨夜雨疏風驟，濃睡不消殘酒，試問捲簾人，却道海棠依舊。知否？知否？應是綠肥紅瘦。』綠肥紅瘦，此語甚新。又九日詞云：『簾捲西風，人似黃花瘦。』此語亦婦人所難到。易安再適張汝舟，未幾反目，有啓事與綦處厚云：『猥以桑榆之暮景，配茲駔儈之下才。』傳者無不笑之。」胡文首尾文從字順，實在看不出它後面一段，為甚麼會像「補記」或「箋記」，這是一。如果是「補記」或「箋記」，是否暗示非胡仔所為？但與邵先生後文又有牴觸，邵文「足見」云云，實在仍然承認這種「補記」或「箋記」，仍是胡仔手筆。然則，揭出「補記」「箋記」之說，在本題上便失去意義，這是二。「傳者無不笑之」一語，實在無法據以得出「他本人並未讀到這篇綦處厚的啓事」的結論，只能證明知道這件事情的不只他一人，這是三。邵文的論證，多半與此相類，不煩一一駁辯，舉此一例，其不足使人信從之故，已甚明顯。

二、宋人不再以嫁為恥，即使如朱熹這種理學先生，也不諱言改嫁之事。所撰〈榮國夫人管氏墓誌銘〉，即載其有五女，次適承直郎沈程，再適奉議郎章駒（《晦庵先生朱文公文集》卷九十二）。便是邵文也說：「誠然，婦女因夫死而改嫁，亦屬人情之常。何況宋人對生母兒媳改嫁，亦從不諱言（如范仲淹的母親和媳婦、王安石的媳婦都曾「從二夫」)。改嫁之事，明、清以來，看得嚴重，是有當時的社會背景與政治因素的；但在宋人，則不以為恥。捏造此事，既無損於清照之人格，自不能達到誣蔑的目的。然則，讎恨清照的人為甚麼要出此下策，為此無意義之事呢？

三、清照〈投內翰綦公崇禮啓〉，其中述及再嫁及訟夫諸事，證據確鑿，實可與上述胡仔等諸資料相互印證。乃邵文竟提出六項疑點，謂該謝啓「粗鄙庸俗，格調甚低，且多相互矛盾之處」。而以為係宋人遊戲文筆，或不滿清照者改頭換面的誣蔑之作。然試觀其六項疑點，實皆無法成立。如疑點之一，謂啓中

清照自言病危體弱，則何以有再嫁之念？張汝舟何以要娶此老病之婦？不知前人早有說明，李之再嫁，實因時值戰亂，欲覓依靠，而張汝舟則志在貪其財物。疑點之二，謂如此小事，何以上達天聽，驚動皇帝？如果我們知道宋代刑法的情形，便可另有解釋。按宋代刑法，凡妻訟夫者，不論是非，妻皆處徒刑二年，見於《刑統》。今清照訟夫，只囚九日，恐怕非通過皇帝的特許，不克臻此；而綦崇禮當時正得帝眷，乃能給予助力，這一點前人亦早有說明。疑點之三，謂謝啟有「但期脫死，莫望償金」之語，清照有何理由可以得到償金？謝啟有「故茲白首，得免丹書」，清照犯了甚麼死罪，要皇帝丹書處罪？我們不知道檢舉貪污，是否例當有償？或清照財物，為張所欺奪，是否可藉此訟以獲償還？如此設想，雖無證據，但並非沒有可能。而「丹書」云云，只是泛言刑罰，不必涉及皇帝。疑點之四，謂宋代婦人改嫁，既為社會所容許，「何以啟中說得嚴重萬分？」。不知啟中所云「省過知慚，捫心識愧。責全責智，已難逃萬世之譏；敗德敗名，何以見中朝之士」，實是慚其再嫁非人，且又涉訟，此所以嚴重萬分也。疑點之五，謂當時社會，既不以改嫁為敗常失德，李又何必「雖南山之竹，豈能窮多口之談」？而綦崇禮雖位高權重，亦無法「惟智者之言，可以止無根之謗」。按此實與前條類似，李之所懼綦之所止者，並非再嫁之謠，實係訟夫之謗。疑點之六，謂啟文之末有「願賜品題，與加湔洗」語，李之改嫁、訟夫、離異，既是事實，綦崇禮又何能品題湔洗？按此所謂「品題」「湔洗」者，蓋指齊大非偶，離異有因，讒謗無根，污人如染，崇禮處清貴之位，得帝眷之隆，自然可以替她品題湔洗。

討論至此，邵文之疑，均可別作解釋，可見此啟內容並無矛盾之處。且其中若干細節，如（一）李清照與綦崇禮的間接的親戚關係，不是當事者恐怕很不容易知曉；（二）「內翰承旨」之說，正與綦氏此年九月為翰林學士時間相合，也正在清照再嫁訟離之後，而宋人稱翰林為「內翰」，更是當時的特殊稱謂；（三）李無子息，自越奔衢，姊弟相依，亦與事實相符；（四）李再嫁之時，年已四十有九，啟中云「桑榆晚景」「故茲白首」，均合事實；（五）啟文有「奉天克復」「淮蔡底平」語，時間皆合。凡此多非局外人所能憑空捏造而如此天衣無縫者。

邵先生這篇論文，不但無法對上述三點提出有力的反駁，且有下列幾項嚴重的缺失：

它的缺失之一是：它整個內容不過是重新將俞正燮以來為李清照改嫁問

題辯護的各家說法組織一過，很少提出新的理據。

缺失之二是：文中化俞正燮等人的意見爲自己的意見，多半是不作交代說明的。而那些重要的話題，如論《建炎以來繫年要錄》一書不可恃；論〈投內翰綦崇禮啓〉之不可信；論清照「知命衰年，何能改嫁」、「改嫁張汝舟，時空上皆不可能」、「既經改嫁，何能終老趙家」；論清照之身分地位不當有改嫁訟夫事，以及閨房鄙論，亦不當上達天聽……等等，皆本於舊說而加以主觀的發揮，實則這些課題都久經後人（如邵文所提及的「黃盛璋」「王仲聞」等）駁斥或另予解釋，如果不是別有新見，根本沒有再行提出的必要。該文卻以此等已遭駁斥的舊說爲基礎，又不理會駁斥者的意見，一再糾纏於舊說之中，加上些主觀的情緒的話，不僅予人以掩蓋資料浪費筆墨之感，且使讀者產生學術眞誠上的懷疑，這是頗不值得的。

缺失之三是：文中推論，幾乎多是缺少證據且不講究邏輯性的。例如謂清照晚年終老趙家，所提證據是清照〈打馬圖經自序〉中有一句「使兒輩圖之」的話，便說她晚年「是和頗多的家人同住的」。但何以從這些「兒輩」推知是趙家呢？邵先生復提出兩個假設，由於清照自己沒有子息，因此假設之一是「這兒輩可能是其弟李迒的子女」，假設之二是「更可能是趙明誠的二哥趙思誠的子女」，因爲趙思誠官運不佳，移住金華，清照便可能和他家同住，這樣便證明了清照晚年終老趙家了！於是，邵先生更進一步以此作爲根據，說她「既經改嫁，何能終老趙家」？試問這是甚麼樣的證據？甚麼樣的邏輯？趙思誠住在金華，清照就非住不可嗎？清照老年孤寡，不依靠自己的兄弟，反而去和「夫兄」住在一起嗎？何況在建炎三年清照就有和她弟弟李迒同住的事實？這是一例。又例如邵文謂「中國儒家對婦女改嫁他人，即不認其爲家族中人」，舉《禮記·檀弓》子思哭母之事爲證，以論清照如果再嫁，「不但不能再以趙氏嫠婦自居，更不能再度回到趙家，和趙氏家族共同生活。這是我國的族規，也是所謂禮教的名分問題。但是李清照自始至終和趙氏家族住在一起。……」按前文已經說明，邵氏之所以認爲清照晚年終老趙家，只是從〈打馬圖經自序〉的「兒輩」一語輾轉推論而得，並不可靠。另外也由於有些晚出的資料有稱她爲「趙令人」或「明誠之妻」的，而她也自稱「嫠婦」之故。這些問題，俞正燮、李慈銘等都已提及，且已爲後人駁斥。如王仲聞即云：

蓋李清照雖改嫁張汝舟，而旋即離異，改嫁之後，與趙明誠生前之
夫婦關係，並不因改嫁而消滅；與張汝舟離異之後，李與張之夫婦

關係，自不再存在。各家稱李清照爲趙明誠之妻，自是情理之常，不足爲未改嫁之證。（〈李清照事迹作品雜考〉）。

至清照自稱爲嫠，則其時趙明誠已死，與張汝舟亦已離異，又何以不能稱「嫠」？稱「嫠」又何以能證明其未改嫁？（同前）。

如前文所說，邵先生也曾見過王氏此文，却撇之不顧，在其論文中多次繚繞於這項論點上，實在令人費解。這是一。又此例引《禮記》事例，以論我國有此「族規」。「族規」一詞，太過奇特，一則我國固非一族構成；二則中華民族群賢哲思蠭出，即在先秦，也並非只有儒家思想一家，此或邵先生一時筆誤，且不深論。但時移代更，社會變遷，儒家倫理原則，或許千年不變，但涉及實施層面，則必隨當時社會現況以婉轉，此所以儒道能自強不息且日新又新也。《禮記》之說，是否能範圍宋代，實亦不無可疑。譬如今日男女婚媾，多半不需經過父母之命、媒妁之言的手續，即可結合而得到合法的地位。如果後人研討今日婚嫁情形，也舉《三禮》爲證，謂媒妁之言、父母之命爲「我國的族規」，不合此族規的，便證明其不可能存在。試問這種推論能否令人信從？從這一點實在已經是涉及邏輯與方法兩方面的問題了。這是二。類似這樣的例子並不止上述兩處，爲了節省篇幅，不擬一一列舉。

缺失之四是：選擇有利於己而迴避不利的證據，殊失客觀論事之態度。例如說到李清照家族貴盛，引清照〈蝶戀花〉一詞爲證。該詞全貌是這樣的：

永夜厭厭歡意少，空夢長安，認取長安道。爲報今年春色好，花光月影宜相照。　　隨意杯盤雖草草，酒美梅酸，恰稱人懷抱。醉莫插花花莫笑，可憐春似人將老。

邵先生爲了要證明清照「蔗境彌甘」，並非「晚節流蕩無依」，引了這首詞來，可能是由於此詞上片有「永夜厭厭歡意少」一語，覺得與彌甘的蔗境不合，因此乾脆只引下半闋，而將「杯盤草草」解爲自謙之辭。按李清照夫婦，生活素來節儉，自奉甚薄，即使在明誠任知府的時候亦是如此。他們夫婦，縮衣節食，簡省開支，購買金石書畫，這些都是有文獻可以案查的。清照老來，飽經喪亂，古器財物，或遭偷竊，或經變賣，所剩已然不多。〈蝶戀花〉中所謂杯盤草草，實在是說的酒食簡單，並不豐盛。此一則出於她多年儉樸的習慣，二則也恐怕是由於處境並不寬裕之故，因此該詞即使下半闋，也不能以之作爲「蔗境彌甘」之證。但我要指出的是迴避上片不予引用的這種極不客觀的學術態度，如果出諸蓄意，更是令人感到遺憾的事。

　　缺失之五是：若干資料，解釋錯誤，又據此錯誤之解釋，加以論斷。這種情形，前文也曾附帶提及，這裏再舉一例：邵文論清照收藏甚富，晚年生活並不貧困，舉米友仁題跋為證。按清照晚年，曾攜所藏米元章墨蹟求題於元章之子友仁，友仁嘗為題跋，全文如下：

　　　　易安居士一日攜前人墨蹟臨顧，中有先子留題，拜觀不勝感泣。先

　　　　子尋常為字，但乘興而為之，今之數字，可比黃金千兩耳，呵呵。

友仁目睹他父親的遺墨，感之念之，寶之愛之，自屬情理之常。他所以說「今之數字，可比黃金千兩耳」，實在緣於親情天性，珍之惜之，極言其可貴重而已，並非真值黃金千兩之數。這一點任何人都不會錯解，但邵文卻說：

　　　　據米友仁在跋中所說，米元章那幅字的價值可抵黃金千兩。

因以證明清照晚年「生活安適」「優裕」，「所攜書畫古董仍極貴重」，「即令出售古董字畫也可度日」，所以她「無再嫁的理由」。是否有錢便不必再嫁，其中顯然沒有邏輯關係；而誤解友仁題跋，更屬明顯的事實。試想明誠卒後，王繼先嘗到趙家收購古物，也不過帶了黃金三百兩。米元章的墨蹟，即時至今日，恐怕也賣不到千兩黃金，何況當時？

　　其他缺失，如前文有不一致者，有未查檢原始資料而生錯誤者，有作消極論證者；至若訛文誤字，所在多有，則更不一一指出。

　　總之，邵先生此文，於前人討論之要點既未能提出強有力的駁斥與可信從的新見，又有上述這些缺失，使人覺得，即使李清照再嫁的問題仍或有爭議商榷的餘地，但這篇論文在這個問題上是沒有多大意義與參考價值的。

　　不知我所提出的意見邵先生是否能勉予同意？如果不能，那便嚴重的唐突邵先生了。如幸獲同意，以我一介末學，對士林前輩作如此一無保留的批評，也是很失禮的；但一則欲藉以鍼砭鄉愿的時風，二則我豈能不愛真理麼？

《中外文學》第十三卷第五期）

附註

〔1〕該文文末云：「……千古悠悠之口，似皆以毀人名節為快。……但以宋代講求禮
　　教與理學的社會，乃有老婦五十而改嫁，嫁後三月而訟離，而此老婦竟為一代
　　才女李清照。其事之荒唐，實難令人輕信。」

〔2〕李清照生於西元 1084 年，卒於 1155 年左右。胡書成於宋高宗紹興十八年戊辰
　　八月，亦即西元 1148 年，見該書自序。

〔3〕據《碧雞漫志》自序，該書成於紹興十九年，亦即西元 1149 年。《郡齋讀書志》
　　則成於紹興二十一年，西元 1151 年，時清照六十八歲，見該書自序。

〔4〕洪适生於西元 1117 年，卒於 1184 年，據姜亮夫《歷代人物年里碑傳綜表》。

〔5〕黃盛璋〈李清照事迹考辨〉以爲《隸釋》一書是洪适任尚書右僕射時寫成，「書雖刻於越，實寫於杭」。

〔6〕見徐信義《碧雞漫志校箋》，民國 70 年師大博士論文。

〔7〕謝克家與趙明誠是表兄弟，謝克家的兒子謝伋，是晁說之的外甥，而晁說之是晁公武之從叔。又晁公武爲晁補之侄，晁補之與清照之父李格非都出自蘇軾之門。

羅慷烈

【談李清照（節錄）】

由於愛護備至，又引起了一件公案，就是她是否再醮的筆墨官司。本來和她同時人如王灼的《碧雞漫志》、胡仔的《苕溪漁隱叢話》都言之鑿鑿。《叢話》成書於宋高宗紹興十八年，《漫志》成於後一年，那時候她還在世。她在〈投翰林學士綦崇禮啓〉也提到改嫁的事。據當代學者、李清照研究專家王學初的考證，趙明誠卒於宋高宗建炎三年（1129）八月，她在紹興二年（1132）四十九歲時的夏天改嫁張汝舟，同年秋八月就夫婦反目離異。在宋代，婦人再嫁是尋常的事，例如宋太祖把王承衍的妻子再嫁，以便招王承衍做秦國大長公主的丈夫，事見《邵氏聞見錄》。范仲淹少孤，隨母再嫁朱氏，初名朱說；後來中了進士做了官，才請求歸宗，改變姓名。他的母親謝氏，並不因「失節」受歧視，還被封爲吳國夫人呢。這件事，歐陽修〈文正范公神道碑〉、《宋史·范仲淹傳》以至司馬光《涑水紀聞》等宋人筆記，都有記錄。郭稹的母親再嫁，已經脫離郭家；但她死後，郭稹向朝廷請假守制，宋仁宗不但批准，並且下令以後有類似的事情發生，准許官吏「解官申心喪」，事見《燕翼詒謀錄》。王安石因兒子王雱多病，同情媳婦的處境，把她改嫁別人，事見《澠水燕談錄》、《東軒筆錄》、《宋朝事實類苑》等。可知改嫁的事，連皇帝、達官貴人看來也不算甚麼一回事，等而下之更屬稀鬆平常了。何況南渡之初，李清照的處境非常艱苦，丈夫死了，兵荒馬亂，顛沛流離於洪州、越州、臺州、溫州、杭州等地，年將半百，舉目無親，難道不應找個依靠嗎？改嫁既是事實，又值得同情，也不算甚麼一回事，所以宋人並無異詞。

到了明、清，封建禮教對婦女枷鎖越來越緊，「餓死小事，失節大事」的荒謬思想已經深入人心，牢不可破。文人士大夫爲了維持他們心目中的李清照完美形象，才千方百計翻案，要給她立貞節牌坊，於是從徐燦到李慈銘一

大堆人，不辭勞苦，搬磚頭運石塊，經之營之，累數百年，似乎還不能確實建築起來。因為他們用以翻案的反證，不是站不住腳，就是想當然耳。其中曲折，一看王學初《李清照集校注》的附錄部份就知道，這裏不用多講。我覺得奇怪的是，這件公案直到現在仍聚訟紛紜。我想，以李清照那種敢於向禮教挑戰的性格，會稀罕這個貞節牌坊嗎？（《東亞學報》第 1 期）

侯健等

【李清照的生平與創作（節錄）】

在這家破人亡、災難接踵而至的年月裏，李清照還遇到過兩件不幸的事情。其一是，被人誣為有通敵之罪。趙明誠死後，有人誣陷他生前曾把珍貴的玉壺送給了金人，犯了所謂「玉壺頒金」之罪。這使李清照誠惶誠恐，為了表明自己忠於國家、忠於皇室的心迹，她不得不將許多珍貴的古銅器獻給了朝廷；在逃難時，也一直追隨皇帝鑾駕之後。李清照遭受這一政治迫害，可能是因為她當時的一些詩作無情地譏諷了朝中的投降派，使某些人懷恨在心，於是蓄意製造流言蜚語對她加以中傷。另一件事，是李清照在四十九歲時，改嫁給監諸軍審計司張汝舟。結婚不久，李清照發覺張犯有營私舞弊、貪贓虛報的罪行，即舉官告發丈夫。這本來是正義的行動，但是，按照當時的法律，妻子告發丈夫，要處二年徒刑。李清照因此被關押了九天，在親友的營救下才得以釋放。這一前後不過百日的婚姻，成了南宋不少文人譏諷李清照的口實。如胡仔在《苕溪漁隱叢話》中說：「易安再適張汝舟，未幾反目，有啓事與綦處厚云：『猥以桑榆之晚景，配茲駔儈之下材。』傳者無不笑之。」這些嘲諷之言給李清照帶來了極大的壓力，這在她的〈投內翰綦公崇禮啓〉中有所反映：「責全責智，已難逃萬世之譏；敗德敗名，何以見中朝之士。雖南山之竹，豈能窮多口之談？」由此可見，李清照在流離失所、孤苦無告的艱難處境中，還要忍受著這種來自封建禮教的精神迫害，再加上憂傷國難，懷念故土，使她只能在咨嗟悲歎中苦度時光。大約是在紹興二十五年（西元1155 年）左右，李清照逝世。（《李清照詩詞評注》）

陳蝶衣

【不愉快的「第二春」——李清照再嫁確證的補充】

關於宋代女詞人李清照的改嫁問題，十七日本版曾有專文刊出。其實除了《建炎以來繫年要錄》的記載之外，另有一項確證，更可以說明這一位女詞人的再醮，乃是百分之百的事實。

這一項確證，即是出於易安居士李清照自己手筆的一封信，名爲〈投翰林學士綦崇禮啓〉，原文分別輯入了《雲麓漫鈔》卷十四、《宋詩紀事》卷八十七；由於這是一份重要文件，特再錄誌如下：

「清照啓……敢茲塵瀆。」（按：以上有刪節）根據考證，此啓當是作於紹興二年九月或稍後，綦崇禮爲翰林學士之時。因爲按照《建炎以來繫年要錄》的記載，李清照與張汝舟鬧離婚，就是在此一年，張汝舟的「詔除名」與「柳州編管」，《繫年要錄》寫明是「紹興二年九月戊午朔」的事。

另據《咸淳毗陵志》卷十一載：張汝舟是毗陵人，崇寧五年進士。由此可知：他擔任的雖是「監諸軍審計司」的低微官職，但也是讀書出身，與一般計吏不同。

此時李清照已是四十九歲，正如她在書啓中所說，已到了「桑榆晚景」的時候。張汝舟何以會娶這一位孀居婦人爲妻？李清照何以再嫁之後不過百日就要鬧離婚？個中眞相，已是隱微難悉。以意推之，當是李清照的再嫁，在一般禮教社會人士的保守眼光看來，是一椿不名譽的事，因之不免會站在衛道的立場而「謝不與通」；如此一來，就使李清照有了陷入「孤立」困境的感覺。這是從書啓中的「責全責智，已難逃萬世之譏；敗德敗名，何以見中朝之士？」此數語的涵義看得出來的。

最大的原因當然還是她的再嫁，並不是一段愉快的「第二春」婚姻。設想李清照愛好研究的是「金石」，張汝舟在職務方面所親近的卻是「算盤」、「帳冊」；性格、工作全部都格格不入，自不免滋生「火鼠冰蠶，難同嗜好」的意念。

只是張汝舟的計吏工作，李清照該是早已知道的，再嫁應是她自己的決定。嫁後不久，又欲「訟而離之」，這只能反映了李清照選擇對象的太過輕率，未必完全是咎在張汝舟。

因此，凡是書啓中所用的一些「欲加之罪」字眼，類如「駔儈」、「凶醜」等等，只怕也是「過甚其詞」的說法。在紹興二年官階是「右承奉郎」的張汝舟，不僅被李清照說得那樣不堪，並且還在「訟離」之後受到了「徒」與「編管」的待遇；既失妻，又丟官，確實可說是倒盡了百輩子的霉了！

關於李清照的改嫁，時論之非議者甚多，略舉數例如下：

（一）《萍洲可談》：「本朝婦女之有文者，李易安爲首稱。易安名清照，元祐名人李格非之女。詩之典贍，無愧於古之作者。詞尤婉麗，往往出人意表，近未見其比。所著有《文集》十二卷、《漱玉集》一卷。然不終晚節，流落以死。天獨厚其才而嗇其遇，惜哉！」

（二）《詩女史》：「……然無檢操，再適張汝舟，未幾反目，有啓事與綦處厚云：『猥以桑榆之晚景，配茲駔儈之下材。』傳者笑之，晚節流落江湖間以卒。」

（三）《七修類稿》：「……但不知何爲有再醮張汝舟一事。嗚呼！去蔡琰幾何哉！此色之移人，雖中郎不免。」

（四）《碧里雜存》：「……蔡文姬、李易安失節可議，薛濤倚門之流，又無足言。」

（五）《古今女史》：「江道行曰：自古夫婦擅朋友之勝，從來未有如李易安與趙德甫者。佳人才子，千古絕唱。迨德甫逝而歸張汝舟，屬何意耶？文君忍恥，猶可以另眼相憐；易安再適，眞逐水桃花之不若矣！」

以上種種清議（皆錄自《李清照集校注》一書），可以獲知「人言可畏」到了如何嚴重的地步；也說明了李清照的不得不「惟求脫去」，藉以結束一段不愉快的「第二春」糾葛，說不定正是受了當時清議的壓力也！（民國 73 年 5 月 27 日《香港時報》）

徐培均

【改嫁的悲劇】

紹興二年（公元 1132 年），詞人生活中發生過一次很大的波折，那就是改嫁張汝舟。

自從趙明誠死後，李清照過了將近三年的寡居生活。在封建社會裏，一個婦女失去丈夫，其困難是不堪想像的。李清照自小生於官門，長於深閨，在家依靠父母，婚後依靠丈夫。趙明誠一死，她便流蕩無依，茫無歸宿。隨後連年戰爭，災難接踵而來。她孤身一人，嘗盡了顛沛流離的痛苦。紹興二年，她到了杭州，雖說得到暫時的喘息，可是她歷盡千難萬險的身軀，已經十分虛弱，不久就病倒了。喪夫、離亂，現在再加上疾病，使她的境況陷於無限的凄涼。這時張汝舟頻頻致意，殷勤通問，處於病中的李清照，感到十

分感激。後來張汝舟又一再遣媒說合，李清照也就勉強答應了這椿婚事。

　　但張汝舟是個勢利之徒，根據已知的史料，他又字飛卿，可能就是在建康期間趙明誠病歿前攜一「玉壺」來訪的那個張飛卿學士。當他娶李清照時，正以右承奉郎的銜頭，在池州爲監諸軍審計司，職務是管理軍隊的財務。任職期間，他「妄增舉數入官」〔1〕，貪污枉法，中飽私囊。他娶李清照這個年近半百的寡婦，不是愛她的才貌，而是愛她的財產。但一旦錢財到手，便露出猙獰面目，對李清照肆意凌辱，「日加毆擊」〔2〕。李清照不堪虐待，到處申訴，請求「外援」，終於驚動了皇帝，將這件案件「付之廷尉」〔3〕。這時李清照只求除夫妻關係，并不指望退回被侵吞的財產。一場官司打下來，有司判了張汝舟的罪，遣至「柳州編管」〔4〕。但按照宋朝法律，妻子告丈夫，縱然情節屬實，也得判徒刑兩年，因而李清照也被繫於囹圄。幸虧她有個親戚綦崇禮，這時正在朝中做翰林學士，在他的營救下，李清照的兩年徒刑才改爲九天。獲釋以後，她懷著無比感激的心情，特地給綦崇禮寫了一道「謝啓」。

　　李清照自紹興二年夏天改嫁，至同年九月離異，歷時約一百天，精神上受盡了折磨。這對她來說，是繼青州南逃，明誠病故，山海奔竄之後又一次沉重的打擊。一提及此事，她就無限傷心。她有一些詞章悲喜交織，情緒複雜，可能與這一段生活有關。如：「窗前誰種芭蕉樹？陰滿中庭，陰滿中庭，葉葉心心，舒卷有餘情。　　傷心枕上三更雨，點滴霖霪，點滴霖霪，愁損北人，不慣起來聽。」〔5〕上半闋寫窗前芭蕉生機旺盛，舒卷自如，詞人充滿欣羨之情。下半闋來一個跌宕，寫她深夜敧枕諦聽著打在芭蕉葉上的一點一滴的雨聲，心中愁思翻滾，悲苦萬分，一種流落他鄉之感，油然而生。另外還有一首，感情更加深摯沉痛：

　　　　天上星河轉，人間簾幕垂。涼生枕簟淚痕滋，起解羅衣聊問夜何其。

　　　　　　翠貼蓮蓬小，金銷藕葉稀。舊時天氣舊時衣，只有情懷不似舊

　　　家時。——〈南歌子〉

這首歌抒發了詞人傷今憶昔的情懷。上半闋是寫夏夜簾幕低垂，臥房內顯得格外的寧靜和幽暗，詞人撫枕悲泣，淚水浸濕枕席。她再也不能入睡，披起羅衣，徘徊中庭，看看天空，星移斗轉，於是她歎息著發問：夜啊！到了甚麼時候了？這句話表達了長夜難眠的心境，前面所說的「涼生枕簟」，實質上也是由這種心境產生出來的一種感覺。下半闋寫羅衣上飾有鑲金貼翠的蓮蓬和藕葉，此刻已顯得破舊。詞人以此顯示時間的推移和境域的變遷，從而寄

託了一種無可奈何的情緒。最後兩句一連用了三個「舊」字，以舊時的天氣、舊時羅衣襯託此刻的情懷，就是說天氣，衣裳都一樣，唯獨情懷不似從前。這裏所說的從前情懷，自然是指和趙明誠一起猜書鬥茶，觀燈赴宴，踏雪尋詩，或在一起鑒賞文物，「狂喜不支」。如今趙明誠已經不在，改嫁的丈夫張汝舟又是一個貪鄙的小人。和這樣的人生活在一起，不但興趣、愛好都不一致，而且備受欺凌虐待，所以她的情懷自然不似「舊家時」了。

　　關於李清照是否改嫁的問題，前人曾有不同意見的爭論。在宋人的記載中，如胡仔的《苕溪漁隱叢話》、王灼的《碧雞漫志》、晁公武的《郡齋讀書志》、洪适的《隸釋》、趙彥衛的《雲麓漫鈔》、李心傳的《建炎以來繫年要錄》、陳振孫的《直齋書錄解題》，對此是確認無疑的。其中《建炎以來繫年要錄》的記載尤爲具體，《雲麓漫鈔》還收有李清照的〈投內翰綦公崇禮啓〉。但自明、清以來，就不斷有人提出懷疑和異議。明初徐𤊹的《筆精》，首先提出此時李清照已老，而且出身官門，必無更嫁之理。以後黃溥的《閒中今古錄》、瞿佑的《香臺集》、朱彝尊的《明詩綜》、王士禎的《分甘餘話》，都爲李清照「辨誣」，但論點沒有超出徐氏。清代的俞正燮，更以編年方法排比李清照行實，寫了一篇很有分量的考證文章──〈易安居士事輯〉〔6〕，竭力爲李清照辯護，在學術界頗有影響。嗣後陸心源的《儀顧堂題跋》、李慈銘的《越縵堂乙集》，又就俞氏的說法加以補充和修正。直至近代，李清照的改嫁問題似乎已被否定。一九四九年以來，黃盛璋先生的〈李清照事迹考辨〉特闢專節，廣泛佔有資料，進行了深入的考查、分析，判別真僞，弄清是非，得出了李清照確曾改嫁的結論。目前看來，這個結論基本上是合理的、可靠的。(《李清照》)

附註

〔1〕見李心傳《建炎以來繫年要錄》卷五十八。

〔2〕見李清照〈投翰林學士綦崇禮啓〉。

〔3〕同註2。

〔4〕同註1。

〔5〕〈添字采桑子〉。

〔6〕見《癸巳類稿》卷十五。

平慧善

【李清照評傳（節錄）】

　　一一三二年，清照受騙曾再嫁張汝舟。張汝舟在池州任監諸軍審計司，管理軍隊財務。此人在建炎三年知臺州，建炎四年知明州時曾與清照相識。清照在追趕皇上行在途中，身帶許多笨重的書畫、行李，再加上一個婦道人家，確有諸多不便，這時遇到張汝舟，承他關照和給予方便。如今又在杭州相遇，自然也常有往來。張汝舟巧於辭令，頗善偽飾，不僅給清照留下好的印象，連清照的弟受其蒙騙，還以為他也是位有出身（指進士及第）的人。在清照生病期間，張汝舟備致殷勤，體貼關心，真令清照感激萬分。張汝舟見時機成熟，便又遣媒多次說合。清照沒有子息，老來無靠的憂慮常常侵襲著她，猶豫再三，終於答應。「畫虎畫皮難畫骨，知人知面不知心。」清照哪裏會料到笑容可掬、體貼溫存的張汝舟竟是個心術不正、銅臭薰天的小人！張汝舟原來是貪清照之財而結婚的。據說，當時一個宮中的醫官王繼先曾用三百兩黃金向清照購買古器，此事雖被明誠的親戚上奏皇上而止住，但清照尚餘的文物之吸引力也便可想而知了。張汝舟一旦娶了清照，便剝去偽裝，露出了本相。他先是千方百計，不知厭足地從清照手中攫取書畫、古器，當清照不肯滿足他的要求時，便折磨清照，欲置清照於死地，然後把她的財物全部侵吞。「可憐劉伶之肋，難勝石勒之拳。」清照乃弱柳之質，怎禁得住這惡棍在精神與肉體上的種種折磨！清照還發現張汝舟為監軍審計司，竟敢假造單冊，虛報冒領，侵吞公款。此時，張汝舟好比愛國正直的李清照眼中的砂粒，雖然清照再嫁不滿百日，卻毅然上告，檢舉張汝舟。這件事轟動了京城，高宗趙構派有司查核事實真相，結果查明屬實，張汝舟立即被撤除了官職，發配到柳州去了。《建炎以來繫年要錄》卷五十八中有如下的記載：紹興二年九月戊午朔，「右承奉郎監諸軍審計司張汝舟屬吏，以汝舟妻李氏訟其妄增舉數入官也。其後有司當汝舟私罪，徒，詔除名，柳州編管。十月己酉行遣。」關於李清照離異事，王灼《碧雞漫志》中云：「再嫁某氏，訟而離之。」

　　李清照雖然擺脫了小人的糾纏，但根據《紹興勅令格式》，以妻告夫，將處徒二年以上刑。幸好負責審理此案的兵部侍郎兼權直學士院的翰林學士綦崇禮，敬重清照的人格，並與趙家有親姻關係，經他營救，拘留了九天就把清照放了出來。清照對此十分感激，回家後寫了一封十分誠摯的信向綦崇禮致謝。信中敘說了自己受騙的經過：「信彼如簧之說，惑茲似錦之言。弟既可欺，持官文書來輒信；身幾欲死，非玉鏡架亦安知。」痛苦地回顧了張汝舟對自己的虐待：「彼素抱璧之將往，決欲殺之；遂肆侵凌，日加毆擊。」以及

自己告官的原因：「視聽才分，實難共處。」「身既懷臭之可嫌，惟求脫去。」
目的：「但祈脫死？莫望償金。」信中還眞誠地表達自己對綦崇禮的感激：「感
戴鴻恩，如眞出己。」以及經此波折後的羞愧擔憂心理：「責全責智，已難逃
萬世之譏；敗德敗名，何以見中朝之士？雖南山之竹，豈能窮多口之誤；惟
智者之言，可以止無根之謗。」

　　清照的這封〈投翰林學士綦崇禮啓〉，對我們了解清照這一曲折生活歷程
和晚年的不幸，確是一份極可貴的歷史材料。

　　對清照改嫁一事，歷來有爭論。有人不同意「改嫁說」，認爲清照出身名
門，相府之媳，年已五十而改嫁，絕不可能。其實改嫁與否，應以史實爲證，
而不是憑後人的想當然。從已有的資料來看，當時不少宋人都記載了清照改
嫁一事，連與清照有通家之誼的晁補之也提到清照改嫁一事。晁補之對清照
的人品十分稱讚，斷然不會造謠生事。〈投翰林學士綦崇禮啓〉是一份出自清
照之手的眞實史料，更是有說服力的。何況從宋代當時時尚來看，南宋初期，
理學尚未盛行，婦女改嫁並不是大逆不道的事。據史料記載，當時范仲淹、
賈似道的母親都改嫁過。范仲淹還規定，凡族中有女改嫁給錢三千；甚至連
皇族也對改嫁視爲平常。

　　清照改嫁一事，使人們看到了一位歷史的眞實的女詞人形象。她的不幸
遭遇，引起人們對她的深切的同情；她的嫉惡如仇的精神，更使人對她肅然
起敬。(《李清照及其作品》)

陳友琴

【李清照及其《漱玉詞》(節錄)】

　　《漱玉詞》今人已有新輯本《李清照集》。四印齋舊本只收清照詞五十闋，
後附錄安徽黟縣俞正燮（理初）所撰〈易安居士事輯〉。此文原見於俞正燮原
著《癸巳類稿》。〈事輯〉的主要作用在於辨明李清照在趙明誠死後並沒有改
嫁的歷史眞實，這是很重要的一篇文章。

　　〈金石錄後序〉是李清照紀念趙明誠和她共同經營的業迹，是有關文物
歷史的重要文獻之一。文中提到的張飛卿，據清陸心源〈儀顧堂題跋〉認爲
是妄傳李清照改嫁之說的張汝舟，並認爲就是張飛卿爲爭執古玩的事而捏造
的。李慈銘《越縵堂乙集》認爲汝舟之名與飛卿之字不相應，並非一人。

　　改嫁張汝舟之說，係惡人謗傷。清照高傲，目空一切，胡仔《苕溪漁隱

叢話》後集卷第三十三，有清照評唐五代宋詞人之詞，多摘疵病。胡仔評云：
「易安歷評諸公歌詞，皆摘其短，無一免者。此論未公，吾不憑也。」可見
清照自視甚高，品評詞人自不免於苛刻。論詞論人既嚴，便難免遭忌，改嫁
之說，是小人的中傷。俞正燮〈易安居士事輯〉解決了眾人關心的問題。

　　按海昌查揆撰〈李易安論〉，其中有云：李清照再適之說，向竊疑之。宋人
雖不諱再嫁，然考敘《金石錄》時，年已五十有餘。《雲麓漫鈔》所載〈投綦處
厚啓〉，殆好事者為之。蓋宋人小說，往往污蔑賢者，如《四朝聞見錄》之於朱
子，《東軒筆錄》之於歐公，比比皆是。又按陳文述詩云：「談娘善訴語何誣，
卓女琴心事本無。賴有琵琶查八十，清商一曲慰羅敷。」「宛陵新序寫烏絲，微
雨清寒〈本事詩〉。一樣沉冤誰解雪，《斷腸集》裏上元詞。」（按〈去年元夜詞〉
本為歐公所作也）《白香詞譜箋》卷四〈生查子〉「去年元夜時」雖作為朱淑眞
之作，但據《四庫提要》乃考證是歐陽修的作品。（《晚晴軒文集》）

陳祖英

【「妄增舉數入官」解】

　　在李清照研究中，歧異較大的是關於她是否再醮的問題。持再醮說的根據
主要是兩點：一是李清照〈投翰林學士綦崇禮啓〉（文長不錄，見南宋趙彥衛《雲
麓漫鈔》卷十四）；二是南宋李心傳《建炎以來繫年要錄》卷五十八紹興二年九
月戊午朔載：「右承奉郎、監諸軍審計司張汝舟屬吏，以汝舟妻李氏訟其妄增舉
數入官也。其後有司當汝舟私罪，徒，詔除名，柳州編管。十月己酉行遣。李氏，
格非女，能為歌詞，自號易安居士。」否認再醮說的認為第一項材料是經過篡
改，或偽造的；第二項材料根本不可信。筆者認為，即使第一項材料的眞偽一
時難以確證，而第二項材料的眞實性是沒有理由懷疑的，正如王學初所說：「《四
庫全書總目提要》稱《建炎以來繫年要錄》『最足以資考證』，所采以國史、日
曆為主，參之以稗史、家乘、志狀、案牘、奏議等等。核之全書，《提要》之說
可信。」況且尚有「再適張汝舟，未幾反目」（胡仔《苕溪漁隱叢話》），及「再
嫁某氏，訟而離之」（王灼《碧雞漫志》）等南宋人的著述為佐證。所以，李清
照的再嫁張汝舟，以及與其離異，不可能是造謠誣蔑。

　　根據上述李清照的親啓所載，李、張的結合，是因為張汝舟覬覦她手中殘
存的古物寶器，趁她病重將死之際，巧言如簧騙了婚。婚後，李清照發現張汝
舟是個「駔儈之下才」，用今天的話就是掮客、小人。他一面謀求奪取李清照的

古器，一面又毆打虐待她。李清照忍受不了，就向「廷尉」（相當於高級法院）告發了張汝舟。遺憾的是此啓沒有具體申述李清照是怎樣告發後夫的，顯然是投啓者故隱其事。因爲照當時的刑律，告發親人自己也要被判刑，至少是很不名譽的事；所以李清照在講到她爲此受牽連時，只說「居囹圄者九日」，看來她不願意把這一隱秘公諸於衆。而《建炎以來繫年要錄》則明確記載：「以汝舟妻李氏訟其妄增舉數入官也。」這一狀好厲害，罪名不輕，被告張汝舟無語以駁，因而受到編管柳州的很重的處分，李清照也因此得以與其離異。

那麼，甚麼叫「妄增舉數入官」呢？就筆者涉獵所及，古今李清照研究者對此事無具體闡釋，個別文章提到張汝舟被編管，是因爲貪污公物，接受賄賂。這種說法未曾引起人們的注意，對其正確與否亦未予置論。而這一問題與「玉壺頒金」，則是李清照生平中的兩件大事。現根據有關資料，先對「妄增舉數入官」加以紬繹：

所謂舉數是與科舉有關的。科舉起始於隋唐，至宋代進一步發展。在唐代，讀書人要考進士科，除了由學館推舉的在校就讀者之外，其他要經過縣一級的考試。縣一級通過，再由州一級考；州一級通過，便向中央申報。這叫做鄉貢。至此，應考者方可成爲舉子，或稱爲進士。每年秋季爲州一級考試，而後舉子於冬初集中到京都，履行一定的報到、驗證等手續，準備參加第二年春秋的中央一級考試。中央一級考試由禮部主持，所以又叫禮部試。禮部屬尚書省，因而又稱省試。唐代禮部試一般每年都要舉行，所取進士的名額大致在三十人左右。禮部試合格，稱及第；再經吏部試通過，就可授予官職。這是唐代考試的大概情況。

宋代地主經濟比唐代發達，一般地主隨著經濟地位的提高，也要求取得相應的政治地位。宋朝廷爲了鞏固政權，也需要擴大統治基礎。其措施之一，就是不僅繼承了唐代的科舉取士制度，并作了進一步發展：即大大擴充取士名額，廣泛吸收地主階級的知識分子參加中央和各級地方政權。宋代中央考試也由禮部主持。禮部試起初也是每年舉行，後來改爲三年舉行一次，但錄取名額卻大爲增加。據統計，北宋在太宗時所取進士在一百人以上，最多的一次將近一千三百人。眞宗咸平三年（公元 1000 年）規定三年一開科場，可取進士三百名，而實際上大大超出此數。據有關記載，北宋一百六十八年，舉行過八十一次考試，共取進士、諸科等六萬一千多名，平均每年取士三百六十餘人。最多的一科爲眞宗景德二年，所取爲三千零四十九人。

此外，宋代科舉中還有「特奏名」一項。所謂特奏名，就是舉子累試不中，到一定次數和年齡，不再經解試（地方州縣考試）與省試，就可直接參加殿試（由皇帝主持的考試）。不管是否合格，參與殿試者都賜予及第、出身、授予官職。《宋史》卷一五五〈選舉志〉一說：「凡士貢於鄉而屢絀於禮部，或廷試所不錄者，積前後舉數，參其年而差等之；遇（皇帝）親策士，則別籍其名以奏，徑許赴試，故曰特奏名。」所謂「舉數」，就是州府薦舉參加省試的次數。

由此可見，舉數，在宋代代表著一定的資歷，享有一定的特權。就是說，舉人只要積累到一定的舉數，達到一定的年齡，即使考試不及格，也可因特奏名而得以及第和授官。《宋史·選舉志》記太宗太平興國三年，「又閱貢籍，得十舉以上至十五舉進士、諸科一百八十餘人，并賜出身。」又記云：「（眞宗）咸平三年，親試陳堯咨等八百四十人，特奏名者九百餘人。」《文獻通考》卷三十一〈選舉考〉四記載仁宗時的一項規定，說景祐初年（公元 1034 年）詔：「進士三舉、諸科五舉，及嘗預先朝御試，雖試文不合格，毋輒黜落，皆以名聞。自此率以爲常。」又據《宋會要輯稿》的〈選舉〉四之三，記建炎二年四月七日詔，其中說：凡下第舉人，進士六舉曾經殿試，五舉曾經省試，并年四十以上，以及進士四舉曾經殿試，五舉曾經省試，并年五十以上，都可免解，徑赴殿試。建炎二年爲公元一一二八年，正當李清照四十五歲時，也是在她與張汝舟結合、離異的前四、五年。

正因爲如此，所以宋朝對於舉數的填寫有嚴格的規定。《宋史·選舉志》記舉子到京城後，須先向有關部門納「家狀」（相當於填寫家庭狀況表和本人履歷表），「家狀及試卷之首，署年及舉數、場第、鄉貫，不得增損移易」。即是在家狀中和試卷上，都要填明舉數，而這個舉數是「不得增損移易」的。如上所述，宋朝政府是要根據舉數來考慮是否給予特奏名的待遇。

宋代有關科舉的原料材料，還有一些留存到現在。其中有一種叫做《紹興十八年同年小錄》，記宋高宗紹興十八年（公元 1148 年）進士及第人名，在人名下除了記載出生年月日、籍貫，及祖上三代姓名、母姓、妻姓以外，還記載有舉數。如第一甲第一人王佐，記爲「一舉」；第一甲第二人董德，記爲「六舉」。南宋著名詩人尤袤，也是這一年進士，爲第一甲第三十七人，記爲「二舉」。書中還記載特奏名一人俞舜凱，注明爲「年五十二，六舉」。另有一種《寶祐四年錄》，是南宋理宗寶祐四年（公元 1256 年）的登科進士姓名

錄。如其中第一甲第一名文天祥，注明「治賦，一舉」；第一甲第三人楊起莘，「治《春秋》，三舉」；而第一甲第八人田眞子，注爲「治詩賦，免舉」。所謂免舉，當是因特奏名而參與殿試者。

　　有宋一代的科舉制，由於特奏名及其他規定而大大擴充取士的名額，因而造成冗官冗吏的弊病，這是宋史研究中的課題，這裏不予贅記。因取士名額的擴大而涉及到舉數的問題，則需要加以探討。由上面所引材料中，可見舉數的多少，對一個舉子來說，是十分重要的。宋朝對塡寫舉數所作的嚴格而明確的規定，說明當時可能有不少人爲了參加殿試和求得官職，而謊報應舉的次數，即增寫舉數。李清照訴訟張汝舟「妄增舉數入官」，就是指控他因謊報舉數而獲得官職。張汝舟無理駁回原告，因而受到貶責。

　　據竇儀等所編《宋刑統》卷二〈以官當徒除名免所居官〉條，記有「諸犯私罪以官當徒者，五品以上一官當徒二年，九品以上一官當徒一年」。所謂私罪「謂私自犯及對制詐不以實、受請枉法之類」。徒罪是可以贖的（見《宋刑統》卷一），而張汝舟竟然免官除名，并責柳州編管，可見宋代因科舉作弊所受責罰之重。李清照爲此曾招致物議，甚至坐過牢。她求綦崇禮說情得以寬免，投啓答謝，合乎情理。在尚未發現確鑿的證據之前，斷言此啓是篡改和僞造的，是沒有說服力的。（〈關於易安札記二則〉）

王水照

【李清照評傳（節錄）】

　　經過了幾年的蒙冤受辱，「頒金」案件約於本年（編者案：指紹興二年）洗刷清楚，此事曾得綦崇禮的幫助。綦是趙明誠的親戚，爲扈從趙構，逃往海上的少數大臣之一，在李清照追隨御舟入海時，大概曾請求他予以調解，而他也確實從中援手，所以她曾在九月左右作啓謝之。[1]

　　一波方平，一波又起，那些無恥之徒，并不就此罷休，竟然又製造了李清照「改嫁」的謠言，並竄改〈投翰林學士綦崇禮啓〉作爲證據，自此輾轉相傳，以訛傳訛。宋代材料中有關她「改嫁」的記載就有七家，成爲以後持「改嫁」說者的主要依據。明、清以來，許多人寫文章爲李清照「改嫁」辨誣，清代俞正燮、況周頤等都認爲〈謝啓〉是李清照因「頒金通敵」案的牽連，經綦崇禮的調解，事畢後所寫。近來黃墨谷有〈《投內翰綦公崇禮啓》考辨〉[2]一文，指出不可輕信有關宋人「改嫁」記載的理由，又提出關於〈謝

啓〉曾被竄改的論據，見解十分精闢。其實，〈謝啓〉中謬誤矛盾之處很多，足可證明其曾被人竄改。如「近因疾病，欲至膏肓；牛蟻不分，灰釘已具。嘗藥雖存弱弟，應門唯有老兵」。其中「弱弟」應爲在臨安任勅局刪定官的李迒，李清照於建炎三年金軍南下時就去依靠他，到紹興四年，她避難金華，曾撰《打馬圖經》，序中說「使兒輩圖之」，這「兒輩」當是與她一起避難的李氏子弟。可見李迒是有家室的朝廷官員，并非無獨立生活能力的童稚之輩。如果孀姊果眞患病「欲至膏肓」，自有較好的條件進行照顧看護，直至痊癒；而決不可能輕信媒言，聽任命在垂危的孀姊「改嫁」他人，所謂「呻吟未定，強以同歸」，可說是荒唐之至。又〈謝啓〉中說她「改嫁」時病情沉重，其時約在四月之前，據《老學庵筆記》則正當李清照作一聯「嘲張九成」之時；垂危之人，不可能有如此精力去撰作詩句，既非垂危，則所謂的「近因疾病，欲至膏肓」，「呻吟未定，強以同歸」等等，亦即「改嫁」說最強有力的第一手材料，也就不攻自破，沒有說服力，顯然出自竄改者的手筆。（《唐宋詞學論集》）

附註

〔1〕見《雲麓漫鈔》卷十四。

〔2〕黃墨谷《重輯李清照集》。

《李清照改嫁問題資料彙編》
編理後記

一

有關易安居士改嫁問題，自宋以來，歷經前人紛紜聚訟，迄今已八百餘載，似猶餘波未了。其實，易安之改嫁與否，此事無關宏旨；即令改嫁屬實，亦無損於易安之人格。惟改嫁與否一事，其間確牽涉及史料之眞僞與事實之是非，故其事仍有俟後人之深入探討，愼思明辨，以期獲得正確之結論。

本書之編理，目的即爲解決易安改嫁問題提供最完備而具系統之資料。舉凡與此問題有所關涉之材料，洪纖不遺，均予采錄。肇自有宋，以迄當世，所得共一百五十四則（篇），概依資料寫成或刊行年月先後爲序，予以彙編。讀者手此一書，當可減省無數尋覓之勞也。

茲爲更進一步發揮此《彙編》之作用及提供讀者更大之方便起見，特於編末撰作此編理後記，試將全部資料就其內容予以類別，並於需要之處略加闡說。讀者得此線索，於利用此《彙編》時，有如按圖索驥，自可坐收事半功倍之效。

茲將資料依時代先後爲序，分說如下：

二

本《彙編》采錄得宋人資料，凡二十六條，依內容大別爲三類：

第一類爲明確記載清照改嫁者，共九條，計爲：

王灼《碧雞漫志》卷二

朱彧《萍洲可談》卷中

胡仔《苕溪漁隱叢話》前集卷六十，又後集卷三十三

洪适《隸釋》卷二十六

晁公武《郡齋讀書志》卷四下

陳振孫《直齋書錄解題》卷二十一

李心傳《建炎以來繫年要錄》卷五十八

趙彥衛《雲麓漫鈔》卷十四

余素傾向於清照更嫁之說，所持根據即為上列九則資料。今人黃盛璋先生所
撰〈李清照事迹考辨〉八〈改嫁新考〉亦云：

記載清照改嫁既有這麼多人，有的寫書時還在清照生前，有的還是
趙、李兩家親戚或世交；書的性質又是史部、目錄、金石都有，不
僅都是小說筆記，連洪适這樣有資格清楚她晚年事迹的人，《隸釋》
這樣一部純粹學術著作也都說她改嫁，那麼材料的真實性就不能不
令人鄭重考慮了。要說這些材料還不可信，那麼我們不能不迷惑，
究竟甚麼材料才能使人相信呢？〔註1〕

盛璋先生此說分析得鞭辟入裏，可謂深得我心。

第二類資料共十四則，計為：

莊綽《雞肋編》卷中

謝伋《四六談麈》卷一

朱弁《風月堂詩話》卷上

周煇《清波雜志》卷八

洪邁《容齋隨筆》卷五

陸游《渭南文集》卷三十五，又《老學庵筆記》卷二

朱熹《朱子語類》卷一百三十

張端義《貴耳集》卷上

陳振孫《直齋書錄解題》卷八

岳珂《寶眞齋法書贊》卷九

劉克莊《後村先生大全集‧詩話》卷一百七十九

黃昇《唐宋諸賢絕妙詞選》卷十

〔註1〕見中華書局上海編輯所主編《李清照集‧參考資料》。

　　無名氏《瑞桂堂暇錄》

此類資料，其撰作年月均於清照改適之後，惟文中仍稱清照爲「趙令人李」，或「趙明誠妻」。故後人每引述此類資料以爲清照辨誣。今人王仲聞先生〈李清照事迹編年〉則辯之曰：

　　俞（正燮）氏又引謝伋《四六談麈》稱清照爲趙令人李、張端義《貴耳集》稱趙明誠妻，證明清照未曾再嫁。（夏承燾先生〈易安居士事輯後語二〉引陸游〈夫人孫氏墓誌銘〉稱爲「故趙建康明誠之配」，證其未再嫁，其理由與俞氏相同）。則清照雖再嫁離異，與趙明誠之夫婦關係並不因之而消滅，如不稱之爲「趙明誠妻」，將稱之爲「張汝舟之離異婦」乎？非深惡清照之人，必不出此。洪适《隸釋》明言趙明誠妻更嫁，而其文仍云：其妻易安居士。陳振孫《直齋書錄解題》說清照「晚歲頗失節」，而仍稱爲趙明誠妻。足以說明，凡稱之曰趙明誠妻者，並非即爲未改嫁之證據也。〔註2〕

王氏抽絲剝繭，層層解說，所辯良是。後人凡據上列資料欲以辨誣者，其說均無法成立。

　　第三類資料共三則，計爲：

　　朱熹《朱子語類》卷一百四十

　　趙師厚〈金石錄跋〉

　　周密《齊東野語》卷十

此類資料均未正面論及清照更嫁，惟後人每加徵引以爲辨誣。茲以朱熹一則爲例，略加闡說，以概其餘。《朱子語類》卷一百四十云：

　　本朝婦人能文，只有李易安與魏夫人。李有詩，大略云：「兩漢本繼紹，新室如贅疣，所以嵇中散，至死薄殷、周。」云云。中散非湯、武得國，引之以比王莽。如此等語，豈女子所能？

清人吳衡照《蓮子居詞話》卷二即據此則以辨誣云：

　　易安居士再適張汝舟，卒至對簿，有〈與綦處厚啓〉云云，宋人說部多載其事，大抵彼此衍襲，未可盡信。《宋史·李文叔傳》附見易安居士，不著此語。而容齋去德甫未遠，其載於《四筆》中，無微詞也。且失節之婦，子朱子文何以稱乎？反覆推之，易安當不其然。

〔註2〕見人民文學出版社主編《李清照集校註》。

〔註3〕

王守恂〈題李易安畫像〉詩亦曰：

> 一代文宗作女師，更從絹本得風姿；嚴嚴正氣朱元晦，未見吹求有
> 貶詞。

上列資料，既經後人徵引以爲辨誣，故亦一併蒐求采錄，以備參考。

三

元人資料與清照改嫁問題關涉者至少，本《彙編》采錄得僅四條，依內容分，大別爲三類：

第一類乃論清照失節可議者，只一則，即爲：

> 楊維楨《東維子集》卷七〈曹氏雪齋絃歌集序〉

第二類資料，與宋人之第二類相同，即文中於清照更嫁後仍稱之爲「趙明誠妻」者。此類資料共二則，計爲：

> 袁桷《清容居士集》卷四十六〈跋定武禊帖不損本〉
>
> 脫脫等《宋史》卷四百四十四〈李格非傳〉

第三類資料，與宋人之第三類相同，即資料雖未正面論及清照更嫁，惟後人辨誣有徵引及之者。資料僅一則，即爲：

> 夏文彥《圖繪寶鑑》卷四

四

明人資料，凡十五則，依內容可別爲四類。

第一類爲批評清照改適者，共十一則。計爲：

> 瞿佑《香臺集》卷下〈易安樂府〉
>
> 葉盛《水東日記》卷二十一
>
> 唐寅《《金石錄後序》評語〉
>
> 郎瑛《七修類稿》卷十七
>
> 董穀《碧里雜存》卷上
>
> 張鋋《草堂詩餘別錄》
>
> 酈琥《彤管遺編》續集卷十七
>
> 田藝蘅《詩女史》卷十一

〔註3〕旁點乃編者所加，下同。

　　趙世傑《古今女史》卷一引江文淮條

　　徐伯齡《蟬精雋》卷十四〈女子詠史〉

　　黃溥《閒中今古錄》

　第二類則爲替清照改適辨誣，采錄得一則，即：

　　徐𤊹《徐氏筆精》卷七

此條資料極具影響力，清人辨誣諸說均以徐氏之論爲嚆矢，故有略作闡說之必要。徐氏之言曰：

> 李易安，趙明誠之妻也。《漁隱叢話》云：「趙無嗣，李又更嫁非類。」且云：「其〈啓〉曰：『猥以桑榆之晚景，配茲駔儈之下材。』」殊謬妄不足信。蓋易安自撰〈金石錄後序〉，言明誠兩爲郡守，建炎己酉八月十八日疾卒。曾云：「余自少陸機作〈賦〉之二年，至過蘧瑗知非之兩歲，三十四年之間，憂患得失，何其多也。」作〈序〉在紹興二年，李五十有二，老矣。清獻公之婦、郡守之妻，必無更嫁之理。今各書所載〈金石錄序〉，皆非全文，惟余家所藏舊本，〈序〉語全載。更嫁之說，不知起於何人，太誣賢媛也。《容齋隨筆》及《筆叢》、《古文品外錄》俱非全文。

徐氏此說有明顯錯誤者二：一、依近人之考證，〈後序〉作年應爲紹興四年，亦有謂紹興五年，〔註4〕惟絕不能是「紹興二年」；二、清照乃清憲公（趙挺之）之媳，而非「清獻公（趙抃）之婦」。黃盛璋先生〈李清照事迹考辨〉駁斥徐說云：

> 明徐𤊹《筆精》首先提出清照改嫁說的不可信，其理由是：易安紹興二年作〈金石錄後序〉，年五十二，老矣，以清獻公之婦、郡守之妻，必無更嫁之理。徐氏以後不斷有人爲清照改嫁辨誣，例如黃溥《閒中今古錄》、瞿佑《香臺集》、朱彝尊《明詩綜》、王士禎《分甘餘話》、盧見曾〈重刊金石錄序〉……都提出類似的主張，但都沒有超出徐氏提出那兩點範圍（一、年老，二、宦家名門）。

黃先生又分析曰：

> 爲改嫁辨誣的還從事理上根據名門命婦與年老兩點，認爲此事絕不會發生，這也是不足爲據。婦女守節直到明、清兩代才愈趨嚴格，尤其是清代帝王特別加以鼓勵提倡。清代所謂「旌節」之典的記載，

────────────────

〔註4〕見夏承燾《唐宋詞論叢·〈易安居士事輯〉後語》。

－225－

多至不可勝計，其名義皆由清帝直接管理頒發；所以如此，目的實在轉移人民反清的視線。儒家所主張的「節操」觀念對異族統治很是不利，因此就設法想把「節操」重點轉為婦女守節問題。封建社會雖也認為改嫁是失節，當然不怎樣好；但在明、清以前，並沒有把此事看成十分不道德。《宋史·禮樂志》記治平、熙寧都有詔許宗女、宗婦再嫁。《續資治通鑑長編》也載元符二年八月丁酉詔宗女夫亡服闋，歸宮、改嫁者聽。范仲淹義田規制，曾立族女再嫁給錢三十千一條。葉水心是南宋的「理學名家」，但他為人撰墓志，於改嫁皆直書不諱。范仲淹、賈似道、宋度宗的母親都曾改嫁過。雖然清照改嫁也曾受到若干人的譏議，但從以上事實可以看出宋代的情形畢竟與明、清時代相差很遠。當建炎三年秋季以後，也就是明誠死後的幾個年頭，江南一帶人民完全過著水深火熱的災難生活，兇猛殘酷的金兵瘋狂地向東南追趕高宗，鐵蹄所及就遍遭焚擄屠殺，亂離時代的人民生活痛苦當然用不著說。清照以前四十多年太平日子完全生長深閨，過著養尊處優的生活，正當此時丈夫剛一死去，接隨而來的就是這樣長期亂離的生活。「葬畢，余無所之」，說明她當時的心境怎樣空虛、徬徨。六宮早已往上江疏散，皇帝也離開建康，而謠言四起，長江又傳要禁渡，自己絲毫沒有主意，最後想不出辦法，好像只有跟皇帝逃難是比較安全的辦法。此後一連串的倉皇逃命，狀況很是悲慘，迄今我們讀〈後序〉，對於她在明誠死後一段遭遇仍不能不寄予深切的同情。封建社會丈夫死了，婦女就失去依靠，而恰恰不幸又遭遇這樣災難時代。過去幾年逃難的生活是夠慘痛的，紹興二年時局雖然粗定，但強大的金兵仍時時有蠢動的可能，宋朝的江山雖早已被佔去大半，敵人的野心顯然並不以為足；長江並非天險，高宗又一貫採取逃跑主義，一個舊社會婦女哪裏有應付災難的經驗？兵荒馬亂所最需要的就是照顧與依託，若就情理論，這樣的考慮未始不合乎情理？王灼說她「晚節流蕩無依」，晁公武說她「晚節流落江湖間以卒」，足證她晚年生活也很悲慘。流落江湖，至無依靠，實與夫死有關；年老而猶考慮改嫁，正說明出於不得已。〈謝綦啟〉中自述其改嫁時猶豫不決心情，與情理也無違反之處，很難認為出於別人捏造。過去有的人對她改嫁加以詬責，有的人又

為她辯護，由於看問題的角度，多少都不免帶有偏見。今天要是拋
除傳統道德的觀點來考察這個問題，我們認為她之改嫁並不是不能
理解。

黃先生從各個方面進行條分縷析，一切皆顯得合情合理，無懈可擊。由是觀
之，徐氏以為清照「必無更嫁之理」之說，實無法成立。

第三類資料是以詩歌形式論說清照無改適之事，共二則，計為：

　　宋濂《宋學士集》卷三十二〈題李易安所書《琵琶行》後〉

　　王鴻〈柳絮泉詩〉

第四類亦以詩歌形式表示對改嫁事不滿者，資料僅一則，即為：

　　張嫻婧《翠樓集·讀易安〈漱玉集〉》

五

清人有關清照改嫁之資料甚富，共采錄得六十一則，大別為四類。

第一類為批評清照更嫁者，凡十一則，計為：

　　王士祿《宮閨氏籍藝文略》

　　王士禎《香祖筆記》卷九

　　徐釚《詞苑叢談》卷三

　　宋長白《柳亭詩話》卷二十七，及卷二十九

　　褚人穫《堅瓠集》七集卷一

　　永瑢等《四庫全書總目·集部·詞曲類》一

　　陸昶《歷朝名媛詩詞》卷七

　　梁紹壬《兩般秋雨庵隨筆》卷二

　　伍崇曜〈打馬圖經跋〉

　　劉聲木《萇楚齋三筆》

　　其中以梁紹壬、劉聲木二家之說最具通識。

第二類乃撰文為清照改適辨誣者，共三十三篇，計為：

　　盧見曾〈重刊金石錄序〉

　　俞正燮《癸巳類稿·易安居士事輯》

　　沈濤《瑟榭叢談》卷下（共二則）

　　吳衡照《蓮子居詞話》卷二，及卷四（計卷二，三則；卷四，一則）

　　陸以湉《冷廬雜識》卷四〈李易安朱淑真〉

陸鎣《問花樓詞話》

吳連周《繡水詩鈔》卷一

王培荀《鄉園憶舊》卷一

陸心源《儀顧堂題跋・癸巳類稿易安事輯書後》

李慈銘《越縵堂乙集・書陸剛甫觀察儀顧堂題跋後》

丁丙《善本書室藏書志》卷四十

端木埰〈漱玉詞序〉

王鵬運〈漱玉詞跋〉

謝章鋌《賭棋山莊集・詞話》卷七

葉廷琯《鷗陂漁話》卷一

許玉瑑〈校補《斷腸詞》序〉

薛紹徽《黛韻樓文集・李清照朱淑眞論》

蕭道管《道安室雜文・彙集易安居士詩文詞敍》

胡薇元《歲寒居詞話》（共二則）

楊士驤等《山東通志》卷一百四十一〈藝文志〉

陳廷焯《白雨齋詞話》卷二，又《雲韶集・詞壇叢話》（共四則）

況周頤〈書陸剛甫觀察儀顧堂題跋後按語〉，又〈校補《斷腸詞》跋〉

胡玉縉《許廎學林・打馬圖經跋》，又《四庫全書總目提要補正》

盧見曾、俞正燮、陸心源、李慈銘、況周頤諸氏辨誣之作，用力甚大，考證至詳，且彼此間互爲補正，因而影響亦較深遠。然不免仍多破綻，後歷經梁紹壬、劉聲木、黃盛璋、王仲聞等人逐點批駁，諸家辨誣之說，殆全部落空。

第三類資料是以詩歌形式婉諷清照改嫁之失當，僅一則，即爲：

趙執信《飴山詩集・登州雜詩之一》

第四類資料是以詩詞形式以辨無改適事，共十五則，計爲：

孫原湘〈聲聲慢詞並序〉

陳文述《頤道堂詩選》外集卷七〈題查伯葵撰〈李易安論〉後〉

顧太清〈金縷曲〉

杜文瀾《憩園詞話》卷四〈高陽臺〉

周樂〈題李易安遺像並序〉

史靜《閨秀正始集》

黃友琴《閨秀正始集・書雅雨堂重刊金石錄後並引》

樊增祥〈題李易安遺像並序〉

徐宗浩〈題李易安看竹圖小像〉

王守恂〈題李易安畫像〉，又〈題李易安看竹圖〉

李葆恂〈四印齋所刻《漱玉詞》題詩〉

王志修〈四印齋所刻《漱玉詞》題詩〉

鄭孝胥〈四印齋所刻《漱玉詞》題詩〉

況周頤《漱玉詞箋·〈浪淘沙〉「簾外五更風」》

六

民國以來，時人著作中探討及清照改嫁問題者亦不少。本《彙編》采錄得共四十九篇，依內容可分四類。

第一類為肯定清照曾更嫁，共二十二篇，計為：

王延梯《漱玉集》前言〉

黃盛璋〈趙明誠李清照夫婦年譜〉，又〈李清照事迹考辨〉

鄭經生〈李清照之再嫁〉

樸人〈李清照的再嫁〉

王仲聞〈李清照事迹作品雜考〉，又《李清照集校注》（共三則）、〈李清照事迹編年〉

何廣棪《李清照研究》（共三則）

王韶生《李清照研究》序〉

榮斌〈清照改嫁難以否認——從俞正燮的「辨誣」說到黃墨谷的再辨誣〉

張以仁〈《關於李清照再嫁之爭議》講評〉

羅慷烈〈談李清照〉

侯健等〈李清照的生平與創作〉

陳蝶衣〈不愉快的「第二春」——李清照再嫁確證的補充〉

徐培均〈改嫁的悲劇〉

平慧善《李清照評傳》

陳祖英〈「妄增舉數入官」解〉

其中以黃盛璋、王仲聞二氏所論最全面、最具代表性，因而亦最富參考價值。

第二類為替清照改嫁辨誣者，共二十二篇，計為：

謝无量《中國婦女文學史・兩宋詞人》

龍榆生〈漱玉詞敍論〉

劉毓盤《詞史・論宋七家詞》

夏承燾〈《易安居士事輯》後語〉

唐圭璋等〈論李清照的後期詞〉，又〈讀李清照詞札記・改嫁說再議〉、
　　〈讀詞四記・李清照絕無改嫁之事〉、〈《李清照研究》序〉

李敖〈李清照再嫁了嗎〉

謝康《詩聯新話》

原馬〈李清照再嫁記〉

葉樂〈李清照改嫁問題〉

朱中逵〈李清照冤誣考辨〉

李獨清〈李清照改嫁辨正〉

黃墨谷〈翁方剛《金石錄》本讀後——兼評黃盛璋《李清照事迹考辨》
　　中〈改嫁新考〉〉，又《投內翰綦公崇禮啓》考辨——兼評黃盛璋《李
　　清照事迹考辨》中〈改嫁新考〉〉

劉憶萱〈李清照研究中的問題——與黃盛璋先生商榷〉

鄭國弼〈李清照改嫁辨正〉

王光前〈桑榆晚景無人情——李清照再嫁問題的爭論〉

邵德潤〈關於李清照再嫁之爭議〉

陳友琴〈李清照及其《漱玉詞》〉

王水照《李清照評傳》

上列各文多針對黃盛璋先生〈李清照事迹考辨〉展開辯說，惟論證未見完備，
說服力亦未足夠，故均無法將黃文全面駁倒。

　　第三類資料乃以詩歌形式爲清照辨改嫁之誣，共四則，計爲：

郭則澐〈題《漱玉集》〉

王念曾〈冷衷先生新輯《易安居士全集》，授讀一過，有感於懷，走
　　筆作長謠，題於卷端，時癸亥端陽前一日也〉

葉恭綽〈題李易安三十一歲小像〉

夏承燾《瞿髯論詞絕句》

　　第四類資料僅一則，乃客觀介紹自宋以來對清照改嫁問題正反雙方之論
辯者，即：

李栖《漱玉詞研究》

七

以上將本《彙編》所收全部資料類別既竟，倘讀者能善加利用，當會發揮與索引相同之效用。憶余之研治易安及其作品，始於民國五十年，先後出版《李清照研究》及《李易安集繫年校箋》；今又蒐求與清照改嫁問題有關之資料，編理而成此《彙編》；易安泉下有靈，應許余爲知己。此書編理之時，屢獲良師益友鼎力相助；書成，又蒙潘重規教授俯允題耑；於此一併致以衷心之感謝。

民國七十六年八月二十二日撰就，時旅次台北。

（見載民國 77 年元月 4 日至 7 日《香港時報‧文化與生活》，又載《大陸雜誌》第七十七卷第二期、《中國書目季刊》第廿三卷第一期）

《李清照改嫁問題資料彙編》
補遺六則

　　余年來編理《李清照改嫁問題資料彙編》一書，所收資料凡一百五十四則（篇）；書既成，仍交臺北九思文化業有限公司刊行問世。〔註1〕而余所撰就之〈《李清照改嫁問題資料彙編》編理後記〉一文，則發表於《大陸雜誌》第七十七卷第二期上。〔註2〕近日授課之暇，披閱書冊，又發見與易安改嫁有關之資料六則，治學之難求全責備可知也。茲將所得資料迻錄如下，並試於適當之處略下「案語」，以作補遺。

　　第一則見厲鶚《宋詩紀事》卷八十七〈李清照條〉，其文曰：

> 清照號易安居士，濟南人，格非之女、趙挺之之子明誠妻。其母，
> 王狀元拱辰女，亦工文章。清照晚節不終，再適張汝舟，流落江湖
> 間，卒。有《漱玉集》。

案：此則資料全取材於宋人，與王灼《碧雞漫志》、朱彧《萍洲可談》、胡仔《苕溪漁隱叢話》、晁公武《郡齋讀書志》等所記述無異。厲鶚，字太鴻，又字雄飛，號樊榭，浙江錢塘人。生於康熙卅一年壬申（1692），卒於乾隆十七年壬申（1752）。《宋詩紀事》前有乾隆十一年厲氏樊榭山房刊本，近又有上海古籍出版社一九八三年六月胡道靜，吳玉如標點本，均非罕見之書。此則資料，編理《彙編》時竟未收，亦可謂失之眉睫矣。

〔註1〕　余曾撰就《李清照研究》一書，民國66年由臺北九思出版社印行，早經售罄。
　　　　該書近由九思再版。
〔註2〕　《大陸雜誌》此期，民國77年8月15日出版。

第二則見鄧廷楨《雙硯齋筆記》卷六，其文云：

> 李清照爲趙德父室（即著《金石錄》者）。樂府擅場，一時無二。〈聲聲慢〉一闋，純作變徵之音。發端連用十四疊字，眞是前無古人。後闋云：「守著窗兒，獨自怎生得黑。」押「黑」字尤爲險絕。閨襜得此，可號才難。乃或稱其所天既喪，不能矢〈柏舟〉之節。夫以青裳白髮之嫠婦，而猥以讕語相加誣。洵所謂小人好議論，不樂成人之美者。然亦其〈鳳皇臺上憶吹簫〉諸作，縣香側艷，有以召之。空穴來風，遂詒口實。故知閨房之秀，終以不工豪翰爲佳。昔涪翁好作綺語，乃爲法秀所訶。此在男子猶當戒之，況婦人乎！」

案：廷楨，字嶰筠，浙江海寧人。生於乾隆四十年乙未（1775），卒於道光廿六年丙午（1846）。《雙硯齋筆記》有民國十一年章鈺所署刊本，惟流傳不廣。今余所得者乃北京中華書局一九八七年三月版馮惠民點校之《學術筆記叢刊》本。與鄧氏同時有俞正燮者，[註3] 曾撰文萬餘言，以爲清照改嫁辨誣。其《癸巳類稿·易安居士事輯》亦謂「小人何足深責」，而「獨惜易安以美秀之才，好論文以中人忌」。二氏所論，不謀而合，若其符契。然俞文影響深遠，而廷楨此文，自清道光以來曾得讀之者似甚鮮少。是則，文之流傳後世，亦有幸有不幸也。

第三則見汪東《唐宋詞選識語》，其〈李清照〉條云：

> 易安能文，工詩畫，其詞尤卓然足以名家。《漁隱叢話》載其論詞之言曰：「江南李詞獨尚文雅，語雖甚奇，所謂亡國之音哀以思也。本朝柳屯田《樂章集》，大得聲稱於世，雖協音律，而詞語塵下。又有張子野、宋子京兄弟、沈唐、元絳、晁次膺輩繼出，雖時時有妙語，而破碎何足名家！至晏丞相、歐陽永叔、蘇子瞻，學際天人，作爲小歌詞，眞如酌蠡水於大海，然皆句讀不葺之詩耳，又往往不協音律。王介甫、曾子固，文章似西漢，若作小歌詞，則人必絕倒。乃知詞別是一家，知之者少。後晏叔原、賀方回、秦少游、黃魯直出，始能知之。而晏苦無鋪敍；賀少典重；秦少游專主情致而少故實，譬如貧家美女，雖極妍麗豐逸，而終乏富貴態。黃即尚故實而多疵病，譬如良玉有瑕，價自減半矣。」易安天才既高，故持論少所許

〔註 3〕俞氏字理初，安徽黟縣人。生於乾隆四十年乙未（1775），卒於道光廿年庚子（1840）。與廷楨同年而較早逝。

－234－

可。糾彈前輩，既中其病，又好譏切當世，惡之者眾，遂遭誣謗。〈謝綦崇禮〉一啓，千載引爲口實。至近世俞正燮始得博稽事實，以辨其妄。口舌之嫌，吁可畏已。

案：汪氏初名東寶，後改名東，字旭初，號寄庵、寄生、夢秋，江蘇吳縣人。生於光緒十六年庚寅（1890），卒於民國五十二年癸卯（1963），享年七十四歲。早歲畢業日本東京早稻田大學，繼師事餘杭章太炎先生，精小學，兼擅書畫；而於詞學一道，工力尤深。所著《夢秋詞》，舒徐綿邈，情韻交勝，酷似清眞。詞凡二十卷，一千三百八十餘闋，皆手自編定繕錄，一九八五年七月由齊魯書社影印行世。卷末附載汪氏〈詞學通論〉、〈唐宋詞選識語〉、〈鄭校《清眞集》批語〉，書不經見，固足珍者。此則錄自〈唐宋詞選識語〉，雖新義無多，與俞正燮〈易安居士事輯〉所論同其喉舌；然汪氏「口舌之嫌」、「好譏遭謗」諸說，亦宜備載，以資同好者參稽焉。

第四則見鮑幼文《鳳山集・讀詞札記二十三則》，其第七則云：

閱李清照《漱玉詞》一過，其清麗誠非諸家所及，惜僅五十餘首，恨其太少耳！末附俞理初〈易安居士事輯〉及陸心源〈《癸巳類稿・易安事輯》書後〉、李慈銘〈書陸剛甫觀察《儀顧堂題跋》後〉等文。俞文考訂精矣；李文亦足補理初之闕；陸說粗疏，如蒓客所云。得俞、李兩文，足以爲易安辨誣矣。〔註4〕

案：鮑氏名光豹，字幼文，別字猷聞，安徽歙縣人。生於清光緒廿四年戊戌（1898），卒於民國五十年辛丑（1961）。早歲受業於吳承仕檢齋先生及馬其昶通伯先生之門，邃於經史古文辭之學。曾任《歙縣志會要》編纂、安徽師範學院中文系副教授。晚年潛心研究漢語語詞，所撰論文，極爲語言學界稱道。鮑氏原撰有《徽墨叢談》一書，書稿已於文革動亂中散失。此《鳳山集》，一九八七年九月由學林出版社出版，其編理及標點工作則由鮑氏哲嗣鮑弘德負責。惜

〔註4〕此則末處，鮑弘德標點作：「俞文考訂精矣：李文足補理初之闕：陸說誠粗疏，——如蒓客所云：『得俞、李兩文，足以爲易安辨誣矣。』」案：如此標點，其誤有二：（一）「陸說誠粗疏」，乃李慈銘（蒓客）〈書陸剛甫觀察《儀顧堂題跋》後〉文中語意，（李文評陸，一則曰：「殊臆決不近理」；再則曰：「余故申而辨之，補俞氏之闕，正陸氏之誤，可爲不易之定論矣。」）故此處標點應作：「陸說誠粗疏，如蒓客所云。且「李」既指慈銘，則蒓客固不當謂「得俞，李兩文」云云。蓋末二句乃幼文先生評語。是則弘德所標點者，其誤甚明矣。又此則「足以爲易安辨誣矣」，原誤作「辯誣」，今逕改。

多錯誤，尤以此則爲然，余已於附注處說明之。鮑氏亦主清照無改嫁，故一則曰：「俞文考訂精矣；李文亦足補理初之闕。」再則曰：「得俞、李兩文，足以爲易安辨誣矣。」是則鮑氏篤信理初、蒓客之論，固可知矣。

第五則見吳其敏《坐井集》。其書〈陸游諱言易安改嫁〉條云：

> 王學初校註《李清照集》，撰有〈李清照事迹編年〉一篇。所稱李清照之嫁與東武趙明誠，時在建中靖國元年辛巳，年十八歲。其説出於李〈金石錄後序〉所自述，當視俞正燮元符二年適趙之言爲可靠。迄趙明誠以四十九之年，於建炎三年己酉八月十八日卒於建康，清照四十六歲。夫婦相處凡二十八年。未幾金兵南下，十一月建康告陷。從此禍亂頻仍，清照攜所有彝器書畫四方奔竄，生活既不安定，精神也非舒泰，而乃有於四十九歲時，再嫁張汝舟之一説。
>
> 其時張汝舟可見載籍者有二人，〈編年〉取毗陵人崇寧五年進士之張汝舟。又稱其「再嫁至離異，爲時不過百日」。推斷婚期當在紹興二年壬子之四五月間。與胡仔「未幾反目」，王灼「訟而離之」各説相符。但後人辯稱清照實未再嫁者尚多。亦有信其再醮，而曲爲之諱者。嘉興沈濤《瑟榭叢談》卷下載：「《老學庵筆記》，張子韶對策，有桂子飄香之語。放翁不曰張汝舟妻，而曰趙明誠妻。可見易安無改適之事。」所引述放翁之言，見《老學庵筆記》卷二。放翁作此，當在淳熙之末，去李清照下世已逾三十年。看來他是有意諱言其短暫時期之改適的。〔註5〕

案：其敏，廣東潮汕人，晚年久居香江，著述頗富。其文史雜文，每見載於報章，短小精悍，甚受讀者歡迎。《坐井集》即爲此類文史小品之結集，一九八七年十一月由三聯書店香港分店刊行。此則提及之陸游《老學庵筆記》、沈濤《瑟榭叢談》、王學初《李清照集校注》等有關清照改嫁資料，均經《彙編》采錄。惟於其敏所云「陸游諱言易安改嫁」，余則未敢以爲是也。王仲聞〈李清照事迹作品雜考〉曰：「蓋李清照雖改嫁張汝舟，而旋即離異。改嫁之後，與趙明誠生前之夫婦關係，並不因改嫁而消滅；與張汝舟離異之後，李與張之夫婦關係，自不再存在。各家稱李清照爲趙明誠妻，自是情理之常，不足

〔註5〕此則「《瑟榭叢談》卷下」，原誤作「《琴榭叢談》卷上」，茲逕改。又此則乃節錄成文，前一、二段與改嫁問題無涉，故刪之。

為未嫁之證。」〔註6〕王著《李清照集校注》又曰:「李清照雖再嫁離異,與趙明誠之夫婦關並不因之而消滅;如不稱之為『趙明誠妻』,將稱之為『張汝舟之離異婦』乎?非深惡清照之人,必不出此。洪适《隸釋》明言趙明誠更嫁,而其文仍云:其妻易安居士。陳振孫《直齋書錄解題》說清照『晚歲頗失節』,而仍稱為趙明誠妻。足以說明,凡稱之曰趙明誠者,並非即為未改嫁之證據。」〔註7〕竊謂王仲聞氏條分縷析,引據又堅實,上述二條所論固泰山不移。由是觀之,易安雖經改嫁離異,而仍被時人稱之為「明誠妻」者,乃事出本然,放翁實無庸為諱。是則其敏諱言改適之說,猶有未達之一間也。

第六則見王叔岷先生《南園雜詠》,其〈何廣棪學隸寄贈《李清照研究》及《李易安集繫年校箋》兩書並索題占此二十八字酬之〉詩云:

> 曠世才媛八百秋,遺編考校邁時流。黃花自有真標格,譏語褒詞一
> 例休。

案:當代中國學人中,余素表欽仰者,義寧陳寅恪先生、長沙楊樹達先生而外,即為西川王叔岷先生。先生擅詩文子史暨校讎之學,早年成《莊子校釋》、《陶淵明詩箋證稿》、《諸子斠證》諸書,飲譽一時;近歲又由中研院史語所刊行其著《史記斠證》,凡十大冊,功力精深,資料富贍,更蜚聲國際。十年前,余以研究鍾嶸《詩品》之故,經蘇瑩輝教授介紹,得奉教先生,時先生猶在新加坡南洋大學中文研究所任內。承先生不棄愚頑,惠函指導,受益良多。其時,余適先後出版《李清照研究》、《李易安集繫年校箋》二書,遂不揣冒昧,呈書求正。不意先生竟贈詩獎掖,快何如之。此詩先生後收入其所著藝文印書館本《南園雜詠》中。年前,台北九思文化事業有限公司有再版《李清照研究》之議,余乃決意將此詩置諸卷首,藉增榮寵。惟不知是何緣故,前為《彙編》時竟漏收此詩,亦可謂疏忽之甚矣!此詩末二句云:「黃花自有真標格,譏語褒詞一例休。」蓋余所撰《李清照研究》,力主易安再適張汝舟,先生殆不以為然耶?〔註8〕至先生「遺編考校邁時流」之譽,則吾豈敢!

民國七十八年二月五日,歲次戊辰除夕,撰就於香港清華文史研究所。

〔註6〕見載《文史》第二輯。王學初即王仲聞,乃王國維先生之仲子。

〔註7〕見該書〈附錄·李清照事迹編年〉頁283。(人民文學出版社1979年10月北京第一版)

〔註8〕叔岷先生後與余言,彼亦贊成易安改適之說。

引用書籍及期刊報紙目錄

壹、書　籍

1. 《金石錄》，宋·趙明誠，清乾隆雅雨堂刻本。
2. 《雞肋編》，宋·莊綽，涵芬樓排印本。
3. 《碧雞漫志》，宋·王灼，知不足齋叢書本。
4. 《四六談麈》，宋·謝伋，學津討原本。
5. 《苕溪漁隱叢話》，宋·胡仔，清耘經樓本。
6. 《風月堂詩話》，宋·朱弁，寶顏堂秘笈本。
7. 《隸釋》，宋·洪适，商務印書館影印明萬曆刊本。
8. 《清波雜志》，宋·周煇，知不足齋叢書本。
9. 《容齋隨筆》，宋·洪邁，四部叢刊續編影印宋刊本。
10. 《郡齋讀書志》，宋·晁公武，續古逸叢書本。
11. 《老學庵筆記》，宋·陸游，涵芬樓排印本。
12. 《渭南文集》，宋·陸游，商務印書館影印明弘治刊本。
13. 《朱子語類》，宋·朱熹（黎靖德編），清同治應元書院刻本。
14. 《貴耳集》，宋·張端義，叢書集成初編影印津逮秘書本。
15. 《直齋書錄解題》，宋·陳振孫，武英殿聚珍本。
16. 《寶真齋法書贊》，宋·岳珂，武英殿聚珍本。
17. 《建炎以來繫年要錄》，宋·李心傳，清光緒刻本。
18. 《雲麓漫鈔》，宋·趙彥衛，別下齋叢書本。
19. 《後村先生大全集》，宋·劉克莊，清賜硯堂鈔本。
20. 《齊東野語》，宋·周密，津逮秘書本。

21. 《唐宋諸賢絕妙詞選》，宋・黃昇，四部備要本。

22. 《瑞桂堂暇錄》，宋・無名氏，涵芬樓《說郛》本。

23. 《清容居士集》，元・袁桷，四部叢刊本。

24. 《東維子集》，元・楊維楨，四部叢刊本。

25. 《宋史》，元・脫脫等，百衲本廿四史影元刊本。

26. 《圖繪寶鑑》，元・夏文彥，借綠草堂刊本。

27. 《宋學士集》，明・宋濂，明嘉靖刊本。

28. 《香臺集》，明・瞿佑，鈔本。

29. 《水東日記》，明・葉盛，中華書局排印本。

30. 《七修類稿》，明・郎瑛，中華書局排印本。

31. 《碧里雜存》，明・董穀，寶顏堂秘笈本。

32. 《草堂詩餘別錄》，明・張綖，鈔本。

33. 《彤管遺編》，明・酈琥，明刻本。

34. 《詩女史》，明・田藝衡，明刊本。

35. 《徐氏筆精》，明・徐𤊹，芊園叢書本。

36. 《古今文致》，明・劉士鏻選（王宇增刪），明天啓刻本。

37. 《古今女史》，明・趙世傑編，明崇禎刊本。

38. 《蟬精雋》，明・徐伯齡，明鈔本（殘）。

39. 《閩中今古錄》，明・黃溥，明刊本。

40. 《翠樓集》，明・張嫻婧，明刊本。

41. 《崇禎歷城縣志》，明・宋祖法等，明刊本。

42. 《宮閨氏籍藝文考略》，清・王士祿，清刊本。

43. 《香祖筆記》，清・王士禎，清代筆記叢刊本。

44. 《詞苑叢談》，清・徐釚，清康熙刊本。

45. 《柳亭詩話》，清・宋長白，清康熙刻本。

46. 《飴山詩集》，清・趙執信，清刊本。

47. 《堅瓠集》，清・褚人穫，清代筆記叢刊本。

48. 《四庫全書總目》，清・永瑢等，商務印書館排印本。

49. 《歷朝名媛詩詞》，清・陸昶編，清刊本。

50. 《頤道堂詩選》，清・陳文述，清嘉慶刻本。

51. 《癸巳類稿》，清・俞正燮，商務印書館排印本。

52. 《瑟榭叢談》，清・沈濤，清道光刻本。

53. 《兩般秋雨庵隨筆》，清・梁紹壬，清代筆記叢刊本。

54. 《滂喜齋讀書記》，清・潘祖蔭，廣文書局本。

55. 《蓮子居詞話》，清・吳衡照，清同治退補齋重刻本。

56. 《憩園詞話》，清・杜文瀾，詞話叢編本。

57. 《冷廬雜識》，清・陸以湉，清代筆記叢刊本。

58. 《問花樓詞話》，清・陸鎣，詞話叢編本。

59. 《閨秀正始集》，清・惲珠輯，清道光刊本。

60. 《繡水詩鈔》，清・吳連周，清道光刊本。

61. 《鄉園憶舊》，清・王培荀，清道光刊本。

62. 《粵雅堂叢書》，清・伍崇曜，清咸豐刻本。

63. 《儀顧堂集》，清・陸心源，清光緒刻本。

64. 《越縵堂文集》清・李慈銘，北平圖書館鉛印本。

65. 《善本書室藏書志》，清・丁丙，清光緒刊本。

66. 《萇楚齋隨筆》，清・劉聲木，直介堂叢刊本。

67. 《四印齋所刻詞》，清・王鵬運輯，清光緒刊本。

68. 《賭棋山莊集》，清・謝章鋌，清光緒刊本。

69. 《石雪齋詩集》，清・徐宗浩，民國鉛印本。

70. 《鷗陂漁話》，清・葉廷琯，清同治刻本。

71. 《黛韻樓文集》，清・薛紹徽，民國三年刻本。

72. 《道安室雜文》，清・蕭道管，清光緒刊本。

73. 《歲寒居詞話》，清・胡薇元，詞話叢編本。

74. 《山東通志》，清・楊士驤等，民國四年山東通志刊印局鉛印本。

75. 《白雨齋詞話》，清・陳廷焯，詞話叢編本。

76. 《漱玉詞箋》，清・況周頤箋，清刊本。

77. 《海日樓札叢》，清・沈曾植，中華書局排印本。

78. 《許廎學林》，清・胡玉縉，中華書局排印本。

79. 《遐庵彙稿》，葉恭綽，自印本。

80. 《續修歷城縣志》，毛承霖等，民國十三年續修歷城縣志局排印本。

81. 《唐宋詞論叢》，夏承燾，古典文學出版社排印本。

82. 《瞿髯論詞絕句》，夏承燾，中華書局排印本。

83. 《漱玉集注》，王延梯注，山東文藝出版社排印本。

84. 《李清照集》，中華書局上海編輯所編，中華書局排印本。

85. 《李清照研究》，何廣棪，九思出版社排印本。

86. 《李易安集繫年校箋》，何廣棪校箋，里仁書局排印本。

87. 《李清照集校注》，王學初校注，人民文學出版社排印本。

88. 《李清照和她的作品》，王光前，大方文化事業公司排印本。

89. 《重輯李清照集》，黃墨谷，齊魯書社排印本。

90. 《詩聯新話》，謝康，自印本。

91. 《詞史》，劉毓盤，上海書店複印本。

貳、期　刊

1. 《山東省志資料》，1957 年第 3 期。

2. 《江海學刊》，1961 年第 8 期。

3. 《文星》，民國 52 年 5 月號。

4. 《文史》，1963 年 4 月第 2 輯。

5. 《臺灣國立師範大學國文研究所集刊》，民國 57 年 6 月第 12 期下冊。

6. 《藝林叢錄》，1973 年 1 月第 7 編。

7. 《台北商專學報》，民國 66 年 3 月。

8. 《貴陽師範學院學報》，1979 年第 1 期。

9. 《齊魯學刊》，1980 年第 6 期，1984 年第 2 期。

10. 《東亞學報》，1984 年第 1 期。

11. 《東方雜誌》，民國 73 年 10 月 1 日復刊第十八卷第 4 期，民國 73 年 11 月 1 日復刊第十八卷第 5 期。

12. 《中華文史論叢》，1985 年第四輯（總第卅六輯）。

參、報　紙

1. 《中央日報》，民國 50 年 3 月 6 日、民國 52 年 4 月 13 日。

2. 《星島晚報》，1970 年 7 月 9 日。

3. 《香港時報》，民國 73 年 5 月 27 日。

後　記

　　憶民國六十一年（1972）秋，余負笈香港珠海大學中國文學研究所，從王韶生（懷冰）教授游。因夙欽仰易安居士，爰以「李清照研究」為題，撰作碩士論文，蓋擬就易安生平及其學術作全方位之探討。進行之初，乃先考究古今學人相關研究論著，於資料上作廣徵博采；隨而細讀文獻，擷精取華，其中最服膺者尤在黃盛璋〈趙明誠李清照夫婦年譜〉、〈李清照事跡考辨〉及王仲聞〈李清照事迹作品雜考〉二家上，故本論文中頗多采用其說。日就月將，寢饋二載，乃將研究心得，撰成十餘萬言之學術成果。其後因論文創獲頗富，終以第一名畢業，獲榮譽碩士學位，深得所長羅香林（元一）教授、李璜（幼椿）教授所肯定。

　　民國六十六年（1977）十一月，本論文交臺北九思出版社出版，敬倩涂公遂（艾廬）教授題耑、王懷冰夫子賜序，均蒙寵錫有加。嗣後，續編撰《李易安集繫年校箋》，仍倩涂教授題耑，民國七十年（1981）元月由臺北里仁書局出版；書面世後，余藉之升等副教授。而後，又編成《李清照改嫁問題資料彙編》，則倩潘重規（石禪）教授題耑，民國七十九年（1990）八月，由臺北九思文化事業有限公司出版。上述諸書，西川王叔岷教授得而讀之，詒詩獎掖，詩中乃有「曠代才媛八百秋，遺編考校邁時流」等過譽之語；臺灣大學羅聯添教授亦曾以「李清照專家」相稱；二老揄揚有逾其實，愧不敢當也。

　　邇者，杜潔祥主編擬將拙著「李清照」三種，同時收入《古典文獻研究輯刊》第九編中，實深感戴。爰戮力增訂拙作，並撰「後記」以懷往事，俾留鴻爪云。

　　民國九十八年（2009）五月廿六日，撰於華梵大學東方人文思想研究所，時任教臺灣已十六載矣！